Der Zugang der Arbeitnehmer zum Recht

Schriften zum Arbeitsrecht und Wirtschaftsrecht

Herausgegeben von Abbo Junker

Band 115

PETER LANG

Berlin - Bruxelles - Chennai - Lausanne - New York - Oxford

Thomas Ittner

Der Zugang der Arbeitnehmer zum Recht

Rechtsdurchsetzung in Deutschland und Hongkong

PETER LANG

Berlin - Bruxelles - Chennai - Lausanne - New York - Oxford

Bibliografische Information der Deutschen Nationalbibliothek
Die Deutsche Nationalbibliothek verzeichnet diese Publikation in der Deutschen Nationalbibliografie; detaillierte bibliografische Daten sind im Internet über http://dnb.d-nb.de abrufbar.

Zugl.: München, Univ., Diss., 2023

D 19
ISSN 1433-4666
ISBN 978-3-631-91305-5 (Print)
E-ISBN 978-3-631-91309-3 (E-PDF)
E-ISBN 978-3-631-91310-9 (EPUB)
DOI 10.3726/b21470

Verlegt durch:Peter Lang GmbH, Berlin, Deutschland

info@peterlang.com http://www.peterlang.com/

Meiner Familie

Vorwort

Die vorliegende Arbeit wurde im Juni 2023 an der Ludwig-Maximilians-Universität München als Dissertation eingereicht. Das Rigorosum fand am 28. September 2023 statt. Gesetzgebung, Rechtsprechung und Literatur wurden bis zum Zeitpunkt der Einreichung berücksichtigt.

Besonderer Dank gebührt zunächst meinem Doktorvater Herrn Professor Dr. *Abbo Junker* für seine Anregung und Unterstützung während des Verfassens. Ebenso möchte ich Herrn Professor Dr. *Martin Franzen* für die sehr zügige Erstellung des Zweitgutachtens danken. Mein herzlicher Dank gilt außerdem meinen Kolleginnen und Kollegen am Zentrum für Arbeitsbeziehungen und Arbeitsrecht, insbesondere Frau Dr. *Anna Kuhn,* Frau *Wencke Salmen* und Herrn *Felix Norbury* sowie meinen Kolleginnen und Kollegen bei Equal Justice, insbesondere Ms. *Vivian Cheung* und Mr. *Suhail Bindra*, deren Hilfe für die erfolgreiche und effiziente Fertigstellung dieser Arbeit von entscheidender Bedeutung war. Dank gebührt auch Herrn *Frederik Fink* und Herrn *Constantin Beier* für ihre langjährige Unterstützung.

Des Weiteren bedanke ich mich sehr herzlich bei der Deutsch-Chinesischen Vereinigung für Arbeitsrecht, insbesondere Herrn Professor Dr. *Stefan Strassner*, für die großzügige Gewährung eines Druckkostenzuschusses.

Abschließend möchte ich meiner Familie, insbesondere meiner Frau, *Vanessa Lam*, meiner Großmutter, *Johanna Ittner*, sowie meinen Neffen und meiner Nichte danken, die mich nicht nur während der Promotionszeit vorbehaltlos unterstützten, sondern mir auch stets einen Ausgleich zur Recherchearbeit ermöglichten.

Hongkong, den 14. November 2023
Thomas Ittner

Gliederung

Inhaltsverzeichnis

Abkürzungsverzeichnis

a.E.	am Ende
a.e.c.	Argumentum e contrario
a.a.O.	Am angegebenen Ort
Abs.	Absatz
AcP	Archiv für die civilistische Praxis, ISSN 1868-7113
ADCL	Anuario de Derecho Constitucional Latinoamericano, ISSN 1510-4974
ADR	Alternative Dispute Resolution
AEUV	Vertrag über die Arbeitsweise der Europäischen Union
AGB	Allgemeine Geschäftsbedingungen
AGG	Allgemeines Gleichbehandlungsgesetz
Ann. Surv. Int'l & Comp. L.	Annual Survey of International & Comparative Law, ISSN 2169-7477
Anor	Another
AnwBl	Anwaltsblatt
AO – EO	The Annotated Ordinances of Hongkong – Employment Ordinance
AO – LTO	The Annotated Ordinances of Hongkong – Labour Tribunal Ordinance
APLR	Asia Pacific Law Review, ISSN 1875-8444
Appl. Psychol.	Applied Psychology: An International Review, ISSN 1464-0597
APuZ	Aus Politik und Zeitgeschichte, ISSN 2194-3621
ARB	Allgemeine Bedingungen für die Rechtsschutzversicherung
ArbGG	Arbeitsgerichtsgesetz
ArbGG [1926]	Arbeitsgerichtsgesetz in der Fassung von 1926
ARoS	Annual Review of Sociology, ISSN 1545-2115
ARP	Arbeitsschutz in Recht und Praxis, ISSN 2698-3710
Art.	Artikel
AS	Asian Survey, ISSN 1533-838X
AuR	Arbeit und Recht
BAG	Bundesarbeitsgericht
Bd.	Band
BeckOGK	beck-online.Großkommentar

BeckOK	Beck'scher Online-Kommentar
BeckRS	Beck'sche Rechtsprechungssammlung
BEEG	Bundeselterngeld- und Elternzeitgesetz
Begr.	Begründer
BetrVG	Betriebsverfassungsgesetz
BGB	Bürgerliches Gesetzbuch
BIP	Bruttoinlandsprodukt
BJIR	British Journal of Industrial Relations, ISSN 1467-8543
BMAS	Bundesministerium für Arbeit und Soziales
BMG	Bundesministerium für Gesundheit
BMJ	Bundesministerium der Justiz
BORO	Bill of Rights Ordinance (BORO), Cap. 383
Bschl.	Beschluss
Bspw.	Beispielsweise
Bt.-Drs.	Deutscher Bundestag Drucksache
BVerfG	Bundesverfassungsgericht
CACV	Civil Appeal Case Number
Cap.	Chapter
Cardozo L. Rev.	Cardozo Law Review, ISSN 2169-4893
CFAO	Court of Final Appeal Ordinance, Cap. 484
Chin. J.	The China Journal, ISSN 1835-8535
Clinical L. Rev.	Clinical Law Review, ISSN 1079-1159
Comp. Lab. L. & Pol'y J.	Comparative Labor Law & Policy Journal, ISSN 1095-6654
CPS	Comparative Political Studies, ISSN 1552-3829
CQ	The China Quarterly, ISSN 1468-2648
CRTPO	Contract (Rights of Third Parties) Ordinance, Cap. 623
CRTPO	Contract (Rights of Third Parties) Ordinance, Cap. 623
DCCC	Criminal Case Number
DCEO	Equal Opportunities Action Number
DCEOR	District Court Equal Opportunities Rules, Cap. 336G
DCO	District Court Ordinance, Cap. 336
DDO	Disability Discrimination Ordinance, Cap. 487
DGB	Deutscher Gewerkschaftsbund
EaID	Economic and Industrial Democracy, ISSN 1461-7099
ECO	Employees' Compensation Ordinance, Cap. 282
Ed.	Editor
EGMR	Europäischer Gerichtshof für Menschenrechte

ELLJ	European Labour Law Journal, ISSN 2399-5556
Em. Rts. & Emp. Pol'y J	Employee Rights and Employment Policy Journal, ISSN 1522-2225
EntGTranspG	Entgelttransparenzgesetz
EO	Employment Ordinance, Cap. 57
EO [1997]	Employment Ordinance, Cap. 57 in der Fassung vom 01.07.1997
EOC	Equal Opportunities Commission
ErfK	Erfurter Kommentar zum Arbeitsrecht
ERPL	European Review of Private Law, ISSN 1875-8371
ERRCCBO	Employee's Rights to Representation, Consultation and Collective Bargaining Ordinance, Cap. 530
ERRCCBO [1997]	Employee's Rights to Representation, Consultation and Collective Bargaining Ordinance, Cap. 530 in der Fassung vom 01.07.1997
et al.	Et alii / Et aliae
EU	Europäische Union
EuGH	Gerichtshof der Europäischen Union
EUR	Euro
EuZA	Europäische Zeitschrift für Arbeitsrecht, ISSN 1865-3030
f., ff.	folgende
FACV	Final Appeal Number (Civil)
FDH	Foreign Domestic Helper
FIUO	Factories and Industrial Undertakings Ordinance, Cap. 59
Fn.	Fußnote
FPfZG	Familienpflegezeitgesetz
FS	Festschrift
FSDO	Family Status Discrimination Ordinance, Cap. 527
gem.	gemäß
GHO	General Holiday Ordinance, Cap. 149
GrCH	Charta der Grundrechte der Europäischen Union
GBP	Great Britain Pound
h.M.	herrschende Meinung
HAG	Heimarbeitsgesetz
HCA	Civil Action Number
HCLA	Labour Tribunal Claim Number
HCMP	Miscellaneous Proceedings Number

HCO	High Court Ordinance, Cap. 4
HinwSchG	Hinweisgeberschutzgesetz
HKD	Hong Kong Dollar
HKDiscrLHdB	Butterworths Hong Kong Discrimination Law Handbook
HKEmpLawM	Hong Kong Employment Law Manual
HKEmplLHdB	Butterworths Hong Kong Employment Law Handbook
HKJLS	Hong Kong Journal of Legal Studies
HKJPA	Hong Kong Journal of Public Administration, ISSN 0252 9165
HKLJ	Hong Kong Law Journal, ISSN 0378-0600
Hrsg.	Herausgeber
HS.	Halbsatz
i.d.R.	in der Regel
i.S.v.	im Sinne von
i.V.m.	in Verbindung mit
IAB	Institut für Arbeitsmarkt- und Berufsforschung der Bundesagentur für Arbeit KdöR
IfDA	Institut für Demoskopie Allensbach
IJCLLIR	International Journal of Comparative Labour Law and Industrial Relations, ISSN 1875-838X
IJSoL	International Journal for the Semiotics of Law, ISSN 1572-8722
ILJ	Industrial Law Journal, ISSN 1464-3669
Int. J. Comp. L.L.I.R.	The International Journal of Comparative Labour Law and Industrial Relations, ISSN 0952-617X
Int. J. Speech Lang. Law	The International Journal of Speech, Language and the Law, ISSN 1748-8885
IntJDiscr&Law	International Journal of Discrimination and the Law, ISSN 2047-9468
IRL Review	Industrial and Labor Relations Review, ISSN 0019-7939
IRoAE	International Review of Applied Economics, ISSN 0269-2171
ISBN	International Standard Book Number
ISSN	International Standard Serial Number
J. Inst. Stud. Leg. Eth.	Journal of the Institute for the Study of Legal Ethics
J. R. Asiat.	Journal of the Royal Asiatic Society, ISSN 0035-869X
J. Law & Soc.	Journal of Law and Society, ISSN 1942-8219

JBE	Journal of Business Ethics, ISSN 1573-0697
JIR	Journal of Industrial Relations, ISSN 1472-9296
JLawTechPubPol	Journal of Law Technology and Public Policy, ISSN 2410-0889
JLR	Japan Labor Review, ISSN 1348-9364
JO	Jury Ordinance, Cap. 3
JoIntMigIntegr	Journal of International Migration and Integration, ISSN 1874-6365
JoLaSP	Journal of Law and Social Policy, ISSN 1557-2447
JoLM	Journal of Legal Medicine, ISSN 1521-057X
JoWIoChinaS	Journal of the Washington Institute of China Studies, ISSN 1936-9603
JR	Juristische Rundschau 0022-6920
Juridica Int.	Juridica International, ISSN 1406-1082
JurisPR-ArbR	juris PraxisReport Arbeitsrecht, ISSN 1860-1553
JZ	Juristenzeitung, ISSN 0022-6882
KSchG	Kündigungsschutzgesetz
L&Soc'yRev	Law & Society Review, ISSN 1540-5893
LAG	Landesarbeitsgericht
LANDS	Journal of Labor and Society, ISSN 2667-3657
LAO	Legal Aid Ordinance, Cap. 91
Law & Soc. Inquiry	Law & Social Inquiry, ISSN 1747-4469
LegCo	Hong Kong Legislative Council
Lfd.	Laufend
LFTR	Labour Tribunal (Fee) Rules, Cap. 25B
LH	Labor History, ISSN 1469-9702
lit.	litera
Loy. L.A.L. Rev.	Loyola of Los Angeles Law Review, ISSN 0147-9857
LPO	Legal Practitioners Ordinance, Cap. 159
LRO	Labour Relations Ordinance, Cap. 55
Ltd	Limited
LTO	Labour Tribunal Ordinance, Cap. 25
m. w. N.	mit weiteren Nachweisen
MECAB	Minor Employment Adjudication Board
MECABO	Minor Employment Claim Adjudication Board Ordinance, Cap. 453
MiLoG	Mindestlohngesetz
MLR	The Modern Law Review, ISSN 0026-7961

MPIfG	Max-Planck-Institut für Gesellschaftsforschung
MuSchG	Mutterschutzgesetz
MWO	Minimum Wage Ordinance, Cap. 608
NJW	Neue Juristische Wochenschrift, ISSN 0341-1915
Notre Dame L. Rev.	The Notre Dame Law Review, ISSN 0745-3515
NZA	Neue Zeitschrift für Arbeitsrecht, ISSN 0943-7525
OHLJ	Osgoode Hall Law Journal, ISSN 0030-6185
Ors	Others
OSHO	Occupational Safety and Health Ordinance, Cap. 509
para.	Paragraph
PDPO	Personal Data (Privacy) Ordinance, Cap. 486
pm	perspektive mediation, ISSN 2309-7515
ProstSchG	Prostituiertenschutzgesetz
RAG	Reichsarbeitsgericht
RdA	Recht der Arbeit, ISSN 0342-1945
RDO	Race Discrimination Ordinance, Cap. 602
Rn.	Randnummer
RoDC	Rules of the District Court, Cap. 336H
RoHC	Rules of the District Court, Cap. 336H
RVG	Rechtsanwaltsvergütungsgesetz
s.	Section
S.	Seite
S.C.L. Rev	South Carolina Law Review, ISSN 2168-4693
SAR	Special Administrative Region
SchiedsVZ	Zeitschrift für Schiedsverfahren, ISSN 1610-322X
SDO	Sex Discrimination Ordinance, Cap. 480
SGB	Sozialgesetzbuch
sic!	sic scriptum erat
Soc. Indic. Res.	Social Indicators Research, ISSN 1573-0921
sog.	sogenannt
ss.	Sections
SSRN	Social Science Research Network
TRaNS	TRaNS: Trans-Regional and -National Studies of Southeast Asia, ISSN 2051-364X
TUO	Trade Union Ordinance, Cap. 332
TVG	Tarifvertragsgesetz
TzBfG	Teilzeit- und Befristungsgesetz

u.a.	und andere
UC Irvine L. Rev.	UC Irvine Law Review, ISSN 2327-4522
UK	United Kingdom
Urt.	Urteil
US	United States (of America)
USD	United States Dollar
UWG	Gesetz gegen den unlauteren Wettbewerb
v	versus
Va. L. Rev.	Virginia Law Review, ISSN 1942-9967
VersR	Versicherungsrecht, ISSN 2662-4427
vgl.	vergleiche
WES	Work, Employment and Society, ISSN 1469-8722
WLR	Wisconsin Law Review, ISSN 0043 650X
Wroclaw Rev.	Wroclaw Review of Law, Administration & Economics, ISSN 2084-1264
WSI-Mitteilungen	Zeitschrift des Wirtschafts- und Sozialwissenschaftlichen Instituts der Hans-Böckler-Stiftung, ISSN 0342-300X
ZFA	Zeitschrift für Arbeitsrecht, ISSN 2366-2042
ZfAF	Zeitschrift für Arbeitsmarktforschung (Journal for Labour Market Research), ISSN 2510-5027
ZfRSoz	Zeitschrift für Rechtssoziologie, ISSN 2366-0392
ZIAS	Zeitschrift für ausländisches und internationales Arbeits- und Sozialrecht, ISSN: 0930-861X
ZJS	Zeitschrift für das juristische Studium, ISSN 1865-6331
ZKM	Zeitschrift für Konfliktmanagement, ISSN 1439-2127
ZPO	Zivilprozessordnung
ZRP	Zeitschrift für Rechtspolitik, ISSN 0514-6496
ZStW	Zeitschrift für die gesamte Strafrechtswissenschaft, ISSN 0084-5310
ZStW	Zeitschrift für die gesamte Strafrechtswissenschaft, ISSN 0084-5310

Im Übrigen wird verwiesen auf: *Kirchner*, Abkürzungsverzeichnis der Rechtssprache, 10. Auflage 2021.

§ 1 Einleitung

Der Begriff *Zugang zum Recht* dürfte bei vielen Dogmatikern[1] Stirnrunzeln hervorrufen. Auch wenn er in den letzten Jahren vor allem im Verbraucherschutzrecht immer häufiger diskutiert wird,[2] ist seine Bedeutung nach wie vor nebulös. 1

Die Intensität, mit der heute über den Zugang zum Recht diskutiert wird, steht jedoch in keinem Verhältnis zu der enormen Bedeutung dieser Materie. Welche Relevanz der Zugang zum Recht hat, zeigt ein Blick in die Rechtsgeschichte. Bereits im Preußischen Allgemeinen Landrecht heißt es: „*Wem die Gesetze ein Recht geben, dem bewilligen sie auch die Mittel, ohne welche dasselbe nicht ausgeübt werden kann.*" (Einleitung § 89).[3] Schon damals war dem Gesetzgeber also die Bedeutung der Verknüpfung von der materiellen Rechtslage mit der Rechtspraxis bewusst. 2

Dennoch widmet sich die arbeitsrechtliche Wissenschaft bislang selten der Frage, ob Arbeitnehmern diese Mittel zustehen bzw. ob sie für den Zugang der Arbeitnehmer zum Recht tatsächlich nützlich sind.[4] Der Grund hierfür ist nicht ersichtlich, insbesondere wenn man sich die gesellschaftspolitische Bedeutung der Konfliktlösung in diesem Rechtsgebiet vor Augen führt. 3

Will man den Zugang der Arbeitnehmer zum Recht in Deutschland analysieren, so drängt sich ein Rechtsvergleich geradezu auf. Auf diese Weise lassen sich nicht nur die Schwächen, sondern auch die Stärken des deutschen Systems herausarbeiten. Die vorliegende Monographie wählt für diesen Vergleich das Recht der Sonderverwaltungszone Hongkong, weil sie zwei elementare Besonderheiten aufweist: Zum einen ist die Pro-Kopf-Wirtschaftsleistung in beiden Rechtsordnungen vergleichbar,[5] zum anderen basiert das vom Common Law 4

---

1 Sofern der Autor im Text das generische Maskulinum verwendet, soll dies alle Geschlechter bzw. geschlechtlichen Identitäten umfassen. Dies dient allein der besseren Lesbarkeit.

2 Bspw. *Hidding*, Zugang zum für Verbraucher; *Brönneke/Willburger/Bietz* (Hrsg.), Verbraucherrechtsvollzug; *Fries*, Verbraucherrechtsdurchsetzung.

3 Zitiert nach: *Staatsbibliothek Berlin,* Allgemeines Landrecht für die Preussischen Staaten 1804, abrufbar: https://t1p.de/ts2nn (zuletzt abgerufen: 02.06.2023).

4 Vgl. *Rasnača*, ELLJ 2021, 405 (406).

5 BIP pro Kopf in Deutschland (2021): EUR 50 795, *Statistisches Bundesamt,* Basistabelle BIP je Einwohner, abrufbar: https://t1p.de/cw2nq (zuletzt abgerufen: 02.06.2023); in Hongkong (2021): 49.613 USD, *Wirtschafts- und Handelsbüro Hongkong in Berlin,* Auf einen Blick, abrufbar: https://t1p.de/2meoz, zuletzt abgerufen: 02.06.2023).

geprägte Arbeitsrecht Hongkongs auf dem *Laissez-faire*-Prinzip (ausführlich: Rn. 81) und wird kaum durch kollektive Arbeitnehmervertretungen beeinflusst.[6] Vor einem wirtschaftlich vergleichbaren Hintergrund wählen die beiden Rechtsordnungen also grundlegend unterschiedliche Ansätze, deren neuere Entwicklungen sich jedoch überraschend ähneln.

5 Um diesen Vergleich auf eine fundierte Grundlage zu stellen, definiert die Monographie zunächst den Begriff *Zugang zum Recht* (§ 2). Im Anschluss konkretisiert sie diesen Begriff auf das Arbeitsrecht und legt den Rahmen der Analyse fest (§ 3). Diese Grundsätze werden im folgenden Kapitel (§ 4) auf die Rechtslage in Hongkong übertragen, wobei Hindernisse und Förderungsansätze des Zugangs zum Recht herausgearbeitet und analysiert werden. Anschließend widmet sich die Monographie den zentralen Unterschieden (§ 5) und Gemeinsamkeiten (§ 6) der beiden Rechtsordnungen. Das deutsche Recht wird hierbei nicht umfassend dargelegt, sondern nur in seinen Grundzügen und Besonderheiten zum Vergleich herangezogen. Im siebenten Kapitel (§ 7) stellt die Monographie abschließend rechtspolitische Überlegungen an.

6 In der Analyse versucht die Arbeit den Bogen von der Makro- zur Mikrorechtsvergleichung zu spannen, indem sie ausgewählte Problemstellungen vertieft behandelt, diese aber stets in den größeren Kontext des systematischen Verständnisses stellt.[7] Der Vergleich erfolgt aus dem Blickwinkel des *Zugangs der Arbeitnehmer zum Recht*, der sowohl den Inhalt als auch den Maßstab des Vergleichs vorgibt.[8] Die Monographie wird daher nicht zwei Rechtsordnungen abstrakt miteinander vergleichen, sondern nach dem *Prinzip der Funktionalität*[9] die rechtlichen und tatsächlichen Besonderheiten in Hongkong und Deutschland analysieren. Auch wenn sich die Arbeit dabei in erster Linie auf formelle Rechtsquellen stützt, versucht sie gleichzeitig, eine politische und soziale Einordnung vorzunehmen, um die Interessen der Arbeitnehmer besser verstehen zu können.[10]

---

6 Zur Bedeutung der wirtschaftlichen Vergleichbarkeit: *Kahn-Freund,* MLR 1974, 1 (23).

7 Zum Begriff des Makro- bzw. Mikrovergleichs: *Junker,* NZA 2002, 131 (131); *Husa,* Rechtstheorie 2016, 397 (397 f.).

8 Zur Bedeutung des *Blickwinkels* im Zuge der Rechtsvergleichung: *Junker,* in: FS Canaris, Bd. 2, S. 705 (706).

9 Näher: *Junker,* in: FS Canaris, Bd. 2, S. 705 (706 f.).

10 Zur Bedeutung dieses Aspekts: *Kahn-Freund,* MLR 1974, 1 (27); *Junker,* in: FS Canaris, Bd. 2, S. 705 (711 ff.).

Hongkong verfügt über zwei Amtssprachen[11] (Englisch, Chinesisch[12]), der Autor nutzt für diese Monographie indes stets die englischsprachigen Quellen. Um deren sprachliche Genauigkeit nicht zu beeinträchtigen, werden englische Begriffe nur dort ins Deutsche übersetzt, wo dies geboten erscheint. Soweit der Autor aus Gerichtsentscheidungen der Hongkonger Gerichte zitiert, verwendet er stets die amtlich veröffentlichte Fassung[13] und die dort gewählte Schreibweise der Parteien. 7

Als Quellen dienen die (wenig umfangreiche) Fachliteratur, Urteile sowie Gesetzestexte aus Hongkong. Darüber hinaus flossen die Erfahrungen des Autors als Rechtsreferendar und *Legal Case Officer* bei zwei Nichtregierungsorganisationen in Hongkong in die Arbeit ein. 8

---

11 Das Chinesische genießt indes einen gewissen Vorrang, Art. 9 Basic Law.

12 Das Basic Law Hongkongs spricht von „*Chinese language*", ohne diese genauer zu definieren. *De facto* wird zumeist mündlich im kantonesischen Dialekt und schriftlich im traditionellen Chinesisch kommuniziert.

13 Die Justizverwaltung Hongkongs *(Judiciary)* unterhält hierfür einen Online-Dienst *(Legal Reference System)*. Die Webseite ist abrufbar unter: https://legalref.judiciary.hk/lrs/common/search/search.jsp (zuletzt abgerufen: 02.06.2023).

§ 2 Definition des Zugangs zum Recht

Was genau unter dem Begriff *Zugang zum Recht* zu verstehen ist, ist weitgehend ungeklärt. Der Begriff wird nicht kongruent verwendet,[14] sondern mit unterschiedlichen, zum Teil widersprüchlichen Werten oder Bedeutungen verbunden. 9

A. Einordnung des Begriffs

Im deutschen Recht wird der Begriff *Zugang zum Recht* bislang nicht verwendet oder gar definiert.[15] Im Unionsrecht hingegen ist der Begriff anerkannt. Dort prägt er das Recht an zahlreichen, teils prominenten Stellen. 10

Nach Art. 81 Abs. 2 lit. e AEUV haben der Europäische Rat und das Europäische Parlament Maßnahmen zu erlassen, die den *„effektiven Zugang zum Recht"* sicherstellen. Auch Art. 67 Abs. 4 AEUV sieht die Union in der Pflicht, beim Grundsatz der gegenseitigen Anerkennung von Entscheidungen in Zivilsachen den *„Zugang zum Recht"* zu *„erleichtern"*. In der Verordnung (EG) Nr. 4/2009[16] widmet der europäische Gesetzgeber dem *„Zugang zum Recht"* sogar ein ganzes Kapitel (V), wobei selbiger primär mit dem Anspruch auf Prozesskostenhilfe in Verbindung gebracht wird. 11

Der europäische Gesetzgeber ist sich also der Differenz zwischen idealer Rechtslage und Rechtswirklichkeit bewusst. Er identifiziert hierbei primär prozessrechtliche Hindernisse. Bei der Konkretisierung des Begriffs ist das europäische Recht dennoch wenig hilfreich. Dies scheitert schon daran, dass selbst die Organe der EU den Terminus *Zugang zum Recht* nicht kongruent verwenden. So ist in den englischsprachigen Fassungen von Dokumenten der Europäischen Union einheitlich von *„access to justice"* die Rede, in der deutschen Fassung wird dies aber wahlweise mit *Zugang „zur Justiz"*,[17] *„zum* 12

---

14 Vgl. *Hidding*, Zugang zum Recht für Verbraucher, S. 52; *Kilian*, AnwBl 2008, 236 (236).

15 Zu letzterem: *Hidding*, Zugang zum Recht für Verbraucher, S. 52.

16 Verordnung (EG) Nr. 4/2009 des Rates v. 18.12.2008 über die Zuständigkeit, das anwendbare Recht, die Anerkennung und Vollstreckung von Entscheidungen und die Zusammenarbeit in Unterhaltssachen, veröffentlicht im Amtsblatt der Europäischen Union vom 10.01.2009.

17 So die Übersetzung von *„access to justice"*, in: *Agentur der Europäischen Union für Grundrechte*, Handbuch zu den europarechtlichen Grundlagen des Zugangs zur

Recht"[18] oder „*zum Gericht*"[19] übersetzt. Ein einheitliches oder abschließendes Verständnis, was genau erforderlich ist, um den *Zugang zum Recht* positiv zu beeinflussen, lässt sich daraus folglich nicht ableiten.

13 Auch ein vergleichender Blick auf andere Rechtsordnungen ist wenig aufschlussreich. Der bereits erwähnte Begriff *access to justice*, der im deutschsprachigen Rechtsraum zumeist als Leitbild für entsprechende Diskussionen dient,[20] wird auch in englischsprachigen Rechtskreisen nicht einheitlich definiert.[21]

14 Mangels einer eindeutigen Definition wird der Begriff in der Wissenschaft zumeist anwendungsorientiert bestimmt, d.h. der *Zugang zum Recht* wird über seine Hindernisse definiert.[22] Hervorgehoben werden spezifische Hindernisse wie etwa die Dauer, die Formalität und die Kosten des (gerichtlichen) Verfahrens.[23] Der Fokus liegt zum Teil auf den Hindernissen des Zugangs zu den Gerichten,[24] zum Teil aber auch auf den außergerichtlichen Möglichkeiten der Rechtsdurchsetzung.[25] Die Hindernisse der Komplexität des Verfahrens bzw. des Rechts sollen dann häufig durch den Zugang zu Rechtsberatung oder außergerichtlichen Streitbeilegungsmöglichkeiten überwunden werden.[26] Offen bleibt dabei jedoch, was eigentlich das Substrat des *Zugangs zum Recht* ausmacht, bzw. wie der ideale *Zugang zum Recht* aussieht. Um dieses Substrat

---

Justiz; englische Version: *European Agency for Fundamental Rights*, Handbook on European law relating to access to justice.

18 So die Übersetzung von „*access to justice*", in: *Kommission der Europäischen Gemeinschaften*, Grünbuch KOM(93) 576. Englische Version: *Commission of the European Communities*, Green Paper KOM(93) 576.

19 So die Übersetzung von „*access to justice*", in: *EuGH* 13.04.2014 – C-530/11 Rn. 1 – Commission v United Kingdom.

20 Vgl. *Fries*, Verbraucherrechtsdurchsetzung, S. 4.

21 *Rouas*, Achieving access to justice in a Business and Human Rights Context, S. 25; *Hidding*, Zugang zum Recht für Verbraucher, S. 52 m. w. N.; vgl. *Pepper*, J. Inst. Stud. Leg. Eth. 1999, 269 ff.

22 Vgl. *Rouas*, Achieving access to justice in a Business and Human Rights Context, S. 26.

23 *Hidding*, Zugang zum Recht für Verbraucher, S. 54 f.; vgl. *Kilian*, AnwBl 2008, 236 (237).

24 *Váradi*, Verfahrenshilfe im Zivilprozess, S. 24.

25 Vgl. *Fries*, Verbraucherrechtsdurchsetzung, S. 4.

26 Vgl. *Blasi*, Loy. L.A.L. Rev. 2009, 913 (914.); vgl. *Fuchs*, in: Interdisziplinäre Rechtsforschung, S. 243 (246). Zur Entwicklung dieser Forderungen innerhalb der Debatte über den Zugang zum Recht: *Lindblom*, ERPL 2008, 63 (64 f.).

näher zu bestimmen, lohnt sich ein Blick auf Begriffe, die häufig im Zusammenhang mit dem *Zugang zum Recht* verwendet werden.

Zunächst kann auf den Begriff der *Rechtsmobilisierung (mobilization of the* 15
law) zurückgegriffen werden, der zumeist bereits parallel zum Begriff *Zugang zum Recht* verwendet wird.[27] Populär wurde der Begriff spätestens durch seine Verwendung im *Civil Litigation Research Project* (CLRP)[28] an der *University of Wisconsin* aus dem Jahr 1983.[29] Im Gegensatz zu früheren Studien über den *Zugang zum Recht* fokussierte dieses Forschungsprojekt nicht die Vorgänge vor Gericht, sondern nahm die gesamte Transformation aus einem alltäglichen Disput in ein gerichtliches Verfahren in den Blick.[30] Aus diesem Ansatz entwickelte sich erstmals die Einteilung einer rechtlichen Transformation in die drei Schritte *naming, blaming* und *claiming.*[31] Diese wird in Kapitel 3 (Rn. 28 ff.) unter besonderer Bezugnahme auf das Arbeitsrecht ausführlich diskutiert.

Im Zentrum der Rechtsmobilisierungsforschung steht die Erkenntnis, dass 16
ein Großteil der Rechtskonflikte nie vor Gericht ausgetragen wird,[32] was besonders für Konflikte von sozial benachteiligten Anspruchsinhaber gilt.[33] Vor diesem Hintergrund gilt es, Rechtskonflikte ganzheitlich zu betrachten, d.h. nicht nur auf das Gerichtsverfahren zu fokussieren.

Daneben entwickelt sich seit einiger Zeit der Begriff *unmet legal needs.* 17
Dieser Begriff, der sich nicht deckungsgleich ins Deutsche übersetzen lässt, fokussiert den sozialen Kontext, der den jeweiligen Rechtskonflikten zugrunde liegt.[34] Er soll insbesondere die Diversität der Anspruchsinhaber und die daraus resultierenden Probleme der Rechtsdurchsetzung hervorheben und beruht auf der empirischen Erkenntnis, dass unterschiedliche Teile der Gesellschaft

---

27 So etwa bei: *Wrase* et al., Zugang zum Recht in Berlin, S. 11 f.; *Fuchs*, in: Interdisziplinäre Rechtsforschung, S. 243 (246).

28 *Trubek* et al., Civil Litigation Research Project.

29 *Albiston/Sandefur*, WLR 2013, No. 1, 101 (103); *Olesen/Hammerslev*, J.Law & Soc. 2021, 295 (296). Eine einheitliche oder wenigstens überwiegende Definition des Begriffs existiert indes nicht. Vielmehr wird der Begriff auch in Bezug auf gesellschaftspolitische Transformationen verwendet, siehe hierzu: *Arrington*, CPS 2019, 310 (315).

30 *Albiston/Sandefur*, WLR 2013, 101 (103); *Kritzer*, L&Soc'yRev 1980, 503 (503).

31 *Olesen/Hammerslev*, J.Law & Soc. 2021, 295 (296); *Felstiner/Abel/Sarat*, L&Soc'yRev 1980, 631 ff.

32 *Albiston/Sandefur*, WLR 2013, 101 (103); *Felstiner/Abel/Sarat*, L&Soc'yRev 1980, 631 (649), *Wrase* et al., APuZ 2021, 48 (50).

33 *Portillo*, Sociology Compass 2011, 949 (950); vgl. *Wrase* et al., APuZ 2021, 48 (50).

34 Vgl. *Lawton/Sandel*, JoLM 2014, 29 (31 f.); vgl. *Florian*, Juridica Int. 2021, 111 (115).

Rechtsprobleme unterschiedlich wahrnehmen. Dabei wird das Rechtsproblem nicht isoliert betrachtet, sondern als Teil eines *Problem-Clusters* verstanden.[35] Die Ursachen dieses Clusters zu identifizieren, ist ein wesentlicher Inhalt der Forschung zu *unmet legal needs*.[36] Auch dieser Begriff wird in engem Zusammenhang mit dem Begriff *access to justice* verwendet.[37]

B. Eigene Bestimmung

18 Bei der folgenden eigenen Bestimmung des *Zugangs zum Recht* muss von vornherein eingeräumt werden, dass eine endgültige oder abschließende Definition nicht möglich ist. Schon der Begriff *Recht* ist kaum objektivierbar,[38] erst recht nicht, wenn man versucht, den Begriff *justice* vergleichend heranzuziehen. Was die Gesellschaft bzw. die einzelnen Vertragsparteien als *Recht* ansehen, entzieht sich häufig einer rechtswissenschaftlichen Beurteilung und ist nicht zuletzt von subjektivem bzw. kollektivem Empfinden geprägt.[39] Auch der Begriff *Zugang* ist denkbar vage.

19 Einigkeit besteht jedoch zumindest darüber, dass anerkannt werden muss, dass der *Zugang zum Recht* auf einer Diskrepanz zwischen der faktischen Wirklichkeit des Vertragsverhältnisses und dessen Idealzustand unter Beachtung aller anwendbaren vertraglichen oder gesetzlichen Bestimmungen beruht.[40] Die Ursache dieser Diskrepanz bleibt ebenso unberücksichtigt wie die Frage der Billigkeit des Idealzustands, bei dem alle vertraglichen und gesetzlichen Pflichten eingehalten werden.[41] Nicht der Inhalt des geschriebenen Rechts oder der Vereinbarung der Parteien soll untersucht werden, sondern die formell- und materiell-rechtlichen Bestimmungen über die Durchsetzung bestehender Ansprüche.

---

35 *Kilian,* AnwBl 2008, 236 (238).

36 *Kilian*, AnwBl 2008, 236 (238). Die Grenzen dieses Begriffs sind jedoch inkohärent bzw. gar nicht definierbar, eine derartige Kritik findet sich bei: *Curran/Noone*, JoLaSP 2007, 63 (82 f.)

37 So etwa bei: *Wrase* et al., Zugang zum Recht in Berlin, S. 6; *Kilian,* AnwBl 2008, 236 (238).

38 Vgl. *Blankenburg*, Mobilisierung des Rechts, S. 1 f.

39 Vgl. *Curran/Noone*, JoLaSP 2007, 63 (82 f.); vgl. *Blankenburg/Schönholz*, Zur Soziologie des Arbeitsgerichtsverfahrens, S. 32 f.

40 Vgl. *Kommission der Europäischen Gemeinschaften*, Grünbuch KOM(93) 576, S. 4.

41 Vgl. *Blankenburg*, Mobilisierung des Rechts, S. 2 ff.; Vgl. *Hidding*, Zugang zum Recht für Verbraucher, S. 57.

Kern des hier zugrunde gelegten Begriffs des *Zugangs zum Recht* ist daher ein Verständnis, das durch die Begriffe der *Rechtsmobilisierung* und *unmet legal needs* geprägt ist, nämlich die Transformation einer tatsächlichen, rechts- oder vertragswidrigen Situation in eine gesetzes- oder vertragskonforme Situation. 20

Hierbei ist es notwendig, aber nicht ausreichend, die gerichtliche oder außergerichtliche Rechtsdurchsetzung zu analysieren.[42] Häufig fehlt es den Rechteinhabern an der Fähigkeit, die Umstände eines Rechtsverhältnisses rechtlich einzuordnen oder an dem Wissen, wie sie ihre Rechtsposition durchsetzen können.[43] Aus den gleichen Gründen greift es auch zu kurz, sich auf den Zugang zu anwaltlicher Beratung zu konzentrieren. Zwar ist die anwaltliche Beratung oft elementar für die Rechtsdurchsetzung, doch darf nicht übersehen werden, dass sie in der Regel erst dann in Anspruch genommen wird, wenn der Ratsuchende bereits davon überzeugt ist, einen Anspruch zu haben.[44] 21

Ferner ist zu berücksichtigen, dass das Vertragsverhältnis zwischen zwei Personen nicht nur durch das individuelle Handeln einer Partei, sondern auch durch die Intervention eines Dritten beeinflusst werden kann.[45] Insbesondere Behörden können von Amts wegen in den fortdauernden rechtswidrigen Zustand eingreifen. Plastisch gesprochen: Der *Zugang zum Recht* kann nicht nur selbst beschritten, sondern auch durch Dritte bereitet werden. 22

Der *Zugang zum Recht* – nach dem hier gelegten Verständnis – gliedert sich somit in eine individuelle und eine kollektive Ebene.[46] Diese werden im Folgenden als *individuelle* (näher: Rn. 36 ff.) bzw. *kollektive Rechtsdurchsetzung* (näher Rn. 70 ff.) bezeichnet. Die *individuelle Rechtsdurchsetzung* ist wiederum zu unterteilen in die *(Erlangung der) Kenntnis des subjektiven Rechts* sowie die *Rechtsdurchsetzung im engeren Sinne* (näher zu dieser Unterscheidung: Rn. 36 ff.). 23

---

42 *Felstiner/Abel/Sarat*, L&Soc'yRev 1980, 631 (636); damit unterscheidet sich der Begriff *Zugang zum Recht* vom Justizgewährungsanspruch in Art. 19 Abs. 4 GG bzw. Art. 20 Abs. 3 GG. Näher zu letzterem: *Halder/Ittner*, ZJS 2018, 275 (277 m. w. N.).

43 *Kilian*, AnwBl. 2008, 236 (237). Bestätigt wird dies durch eine Studie des *Hong Kong Department of Justice*, die eine wesentliche Unkenntnis der Optionen der Rechtsdurchsetzung aufdeckte: *Department of Justice*, Consultancy Study on the Demand for and Supply of Legal and Related Services, 2008, S. 266 Rn. 3.6.

44 Vgl. *Blasi*, Loy. L.A.L. Rev. 2009, 913 (914 ff.). *Rhode* weist zudem auch treffend auf die Gefahr durch unzureichend qualifizierte Anwälte hin: *Rhode*, Loy. L.A.L. Rev. 2009, 869 (872 ff.).

45 Anders wohl: *Fries*, Verbraucherrechtsdurchsetzung, S. 5 f.

46 Vgl. *Fuchs*, in: Interdisziplinäre Rechtsforschung, S. 243 (245).

24 Der *Zugang zum Recht* kann nicht binär betrachtet werden, er ist nicht entweder offen oder blockiert, sondern je nach Ausgestaltung unterschiedlich effektiv.[47] Der Grad der Effektivität der *individuellen Rechtsdurchsetzung* hängt davon ab, ob die gesetzlichen Regelungen den Rechteinhaber tatsächlich in die Lage versetzen, seine Rechte wahrzunehmen.[48] Dies bestimmt sich nach der Schwierigkeit, Kenntnis von seinen Rechten zu erlangen, den ökonomischen Risiken, die mit der Geltendmachung seiner Ansprüche verbunden sind, und der Realisierbarkeit der zwangsweisen Durchsetzung im Rahmen eines fairen Verfahrens innerhalb eines angemessenen Zeitraums.[49] Die Effektivität der *kollektiven Rechtsdurchsetzung* richtet sich nach der rechtlichen und materiellen Ausstattung von inner- und außerbetrieblichen Kontrollinstanzen.

25 Zusammenfassend wird der Zugang zum Recht wie folgt definiert:

26 Die Transformation eines vormals vertrags- oder gesetzeswidrigen tatsächlichen Status einer Rechtsbeziehung durch individuelle bzw. kollektive Rechtsdurchsetzung. Hierbei setzt die individuelle Rechtsdurchsetzung voraus, dass das Rechtssubjekt Kenntnis seiner Rechtsposition nimmt und Schritte der Rechtsdurchsetzung im engeren Sinne einleitet; die kollektive Rechtsdurchsetzung erfordert, dass rechtsdurchsetzende Akteure vorhanden und handlungsfähig sind.

27 Die Effektivität des Zugangs zum Recht richtet sich danach, inwieweit die rechtliche Transformation durch die jeweilige Rechtsordnung gefördert und behindert wird. Konkret also, inwieweit diese Regeln dem Rechteinhaber ermöglichen, Kenntnis von seiner subjektiven Rechtsposition zu nehmen, ökonomische Risiken einer Rechtsdurchsetzung entgegenstehen, ein faires Verfahren die Rechtsdurchsetzung ermöglichen kann und inner- und außerbetriebliche Kontrollinstanzen befähigt sind, das Recht durchzusetzen.

---

47 *Marabotto*, ADCL 2003, 291 (294); *Kocher*, juridikum 2012, 63 (63); vgl. *Blankenburg/Schönholz*, Zur Soziologie des Arbeitsgerichtsverfahrens, S. 32.

48 Vgl. *Kocher*, juridikum 2012, 63 (63).

49 Zu letzterem: *Lörcher*, in: Effective Enforcement of EU Labour Law, S. 57 (73 f.).

§ 3 Der Zugang der Arbeitnehmer zum Recht

Nach der allgemeinen Definition des *Zugangs zum Recht* sowie seiner Effektivität werden diese Vorgaben nun auf die arbeitsrechtliche Rechtsdurchsetzung in Deutschland und Hongkong konkretisiert. Dabei wird zunächst der Untersuchungsrahmen abgesteckt, d.h. die Begriffe *Arbeitnehmer* und *Rechte der Arbeitnehmer* näher bestimmt. Anschließend werden die wesentlichen Einflussfaktoren auf den Zugang der Arbeitnehmer zum Recht abstrakt bestimmt, um auf dieser Grundlage die jeweilige Rechtsordnung konkret zu beurteilen. 28

A. Begriffsbestimmung

I. Arbeitnehmer

Zunächst ist zu klären, wessen Zugang zum Recht im Folgenden untersucht werden soll, wer also in den beiden Rechtsordnungen als *Arbeitnehmer* gilt. Da allein die Bestimmung des deutschen Arbeitnehmerbegriffs Gegenstand unzähliger Monographien ist,[50] muss die hier vorgenommene Analyse gewisse Unschärfen in Kauf nehmen. 29

Wie in Deutschland wird auch in Hongkong zwischen Arbeitnehmern *(employee)* und Selbstständigen *(independent contractor)* unterschieden.[51] Auch in Hongkong zieht man hierfür alle Umstände des Einzelfalls heran *(overall impression approach).*[52] Im Rahmen dieser Prüfung maß der *Court of Final* 30

---

50 Etwa: *Dürschmied*, Ehrenamt und Arbeitnehmerbegriff; *Fischels*, Der Arbeitnehmerbegriff; *Hohe*, Arbeitnehmerbegriffe im Recht der Europäischen Union.

51 *Kho/Shaheera/Yee*, in: HKEmpLawM, Bd. 1, A.7; *Walsh/Tam/Wong*, Hong Kong Employment Law, S. 52; *Majid* et al., HKLJ 2012, 865 (885); für den Arbeitsvertrag wird der Begriff *contract of employment/service*, für den freien Dienstvertrag der Begriff *contract for service* verwendet, vgl. *Walsh/Tam/Wong*, Hong Kong Employment Law, S. 52. Daneben existiert – wie in Deutschland – die Kategorie der Auszubildenden (*apprentices*), vgl. *Ng*, Labour Law in Hong Kong, S. 98 Rn. 226 ff.

52 *Judicial Committee of the Privy Council*, Lee Ting-Sang v Chung Chi-keung and Another, 08.03.1990, [1990] UKPC 9 [Das *Judicial Committee of the Privy Council* ist seit 1833 eine Art oberstes Appellationsgericht der britischen Überseegebiete und war damit bis zum 30.06.1997 auch oberstes Appellationsgericht für Hongkong, diese Aufgabe nimmt nunmehr in Hongkong der *Court of Final Appeal* war, *Lo/Cheng/Chui*, The Hong Kong Legal System, S. 144]; so auch: *Court of Final Appeal*, Poon Chau Nam v Yim Siu Cheung, 13.03.2007, FACV 14/2006, Rn. 18;

Appeal in der Rechtssache Poon Chau Nam v Yim Siu Cheung folgenden Merkmale besondere Bedeutung bei: Der Grad der Weisungsbefugnis; das ökonomische Risiko bzw. die Erfolgsbeteiligung; die Eingliederung in die Organisation des Arbeitgebers; ob der Arbeitnehmer auf eigenen Rechnung handelt; ob Arbeitsmittel bereitgestellt werden; die Modalitäten der Steuer- und Versicherungslast; der Wille der Parteien und die traditionelle Struktur der jeweiligen Branche bzw. des Berufs.[53]

31 Im Wesentlichen[54] deckt sich der Arbeitnehmerbegriff des Arbeitsrechts in Hongkong mithin mit den Wertungen des § 611a Abs. 1 BGB, auch wenn es insbesondere in den Randbereichen des Arbeitnehmerbegriffs wie etwa in der sog. *Gig-economy* zu Unterschieden kommen kann.[55]

32 Soweit in dieser Monographie von Arbeitnehmern die Rede ist, sind damit Personen gemeint, deren Arbeitsverhältnis in den gemeinsamen Kernbereich des Arbeitnehmerbegriffs beider Rechtsordnungen fällt.

II. Recht des Arbeitnehmers

33 Das allgemeine Verständnis des Begriffs *Recht der Arbeitnehmer* variiert zwischen den Rechtsordnungen. In Hongkong wird das Diskriminierungs- und Deliktsrecht i.d.R. nicht vom Begriff *employment law* erfasst, entsprechende Ansprüche fallen auch nicht in die Zuständigkeit der Arbeitsgerichtsbarkeit (näher: Rn. 135 ff.).

34 Gleichwohl liegt dieser Monographie ein weiter, dem deutschen Verständnis entsprechender Begriff des *Rechts der Arbeitnehmer* zugrunde. In Anlehnung an § 2 Abs. 1 Nr. 3 ArbGG sollen daher alle Rechte, die aus dem Arbeitsverhältnis resultieren, als *Recht der Arbeitnehmer* verstanden werden, unabhängig

---

Kho/Shaheera/Yee, in: HKEmpLawM, Bd. 1, A.8; *Walsh/Tam/Wong,* Hong Kong Employment Law, S. 53.

53 *Court of Final Appeal*, Poon Chau Nam v Yim Siu Cheung, 13.03.2007, FACV 14/2006, Rn. 20 zur Bedeutung der Entscheidung unter Hinweis auf weitere auf die Entscheidung bezugnehmende Urteile: *Downey*, in: HKEmplLHdB, 7. Aufl., s. 3 EO Rn. 3.02; *Walsh/Tam/Wong*, Hong Kong Employment Law, S. 53.

54 Das Hongkonger Arbeitsrecht knüpft einen Großteil der Schutzmechanismen an das Erfordernis des *continuous employment* (hierzu näher bei Rn. 363 ff.). Diese Unterscheidung ist zwar für die faktische Rechtsstellung der Betroffenen äußerst relevant, nicht jedoch für die rechtliche Qualifikation der Stellung als *employee*.

55 *Tat/Chiu*, Critical Sociology 2022, Vol. 48 (7–8), 1169 (1173); *Wong*, Should the law on labour protection for "gig workers" in Hong Kong be reformed?, S. 7 ff.).

davon, wie diese in Hongkong materiell- oder prozessrechtlich verstanden werden.

B. Allgemeine Hindernisse des Zugangs zum Recht

Nachdem der Rahmen der Analyse bestimmt wurde, wird im Folgenden die aufgestellte Definition des Zugangs zum Recht auf das Arbeitsrecht spezifiziert. Hierfür analysiert die Monographie allgemeine Hindernisse und Förderungsansätze des Zugangs der Arbeitnehmer zum Recht. 35

I. Individuelle Rechtsdurchsetzung

1. Die Kenntnis des subjektiven Rechts

Der erste Schritt, den Arbeitnehmer vollziehen müssen, um ihr Recht durchzusetzen, besteht darin, sich ihres (subjektiven) Rechts bewusst zu werden. Dies wiederum setzt voraus, dass sie die Rechtswidrigkeit des Handelns ihres Arbeitgebers erkennen. In der Rechtssoziologie wird dieser Vorgang mit dem Schlagwort „*naming*" beschrieben.[56] 36

Allerdings ist bereits dieser erste Schritt mit erheblichen Hindernissen verbunden. Nur mit einer gewissen Erwartungshaltung können Arbeitnehmer (negative) Erfahrungen als rechtliche Probleme identifizieren.[57] Diese Verknüpfung findet vermutlich nur bei einem Bruchteil der zivilrechtlichen Probleme überhaupt statt,[58] die Mehrheit der Betroffenen zieht die Inanspruchnahme von Angeboten zur Rechtsdurchsetzung dementsprechend überhaupt nicht in Betracht.[59] Im arbeitsrechtlichen Kontext ist dieses mangelnde Rechtsbewusstsein von großer Relevanz.[60] Die Arbeitsvertragsparteien sind sich nur selten bewusst, welche vertraglichen oder gesetzlichen Regelungen zwischen ihnen gelten. Da die Parteien in einer regelmäßig auf Dauer angelegten sozialen Beziehung stehen, bestimmen vielmehr tradierte Verhaltensmuster und informelle Regeln das Arbeitsverhältnis.[61] Dementsprechend nehmen Arbeitnehmer 37

---

56 *Felstiner/Abel/Sarat*, L&Soc'yRev 1980, 631 (635).

57 *Blankenburg*, Mobilisierung des Rechts, S. 32; *Blankenburg*, ZRP 1976, 93 (93); vgl. *Felstiner/Abel/Sarat*, L&Soc'yRev 1980, 631 (635); *Fuchs*, in: Interdisziplinäre Rechtsforschung, S. 243 (245).

58 *Sandefur*, ARoS 2008, 339 (342); *Fritz-Mauer*, Naming, SSRN 2022, S. 22.

59 *Sandefur*, S.C.L. Rev. 2016, 443 (448 f.); *Poppe*, UC Irvine L. Rev. 2021, 781 (783).

60 *Kocher*, Effektive Mobilisierung von Beschäftigtenrechten, S. 24

61 *Blankenburg*, Mobilisierung des Rechts, S. 41; *Blankenburg/Schönholz*, Zur Soziologie des Arbeitsgerichtsverfahrens, S. 28.

langanhaltende schädigende Zustände oftmals nicht als solche wahr, sondern sehen diese als integralen Bestandteil der Arbeitswirklichkeit.[62] *Däubler* verweist hier treffend auf das Beispiel der Reinigungskraft, die es für *„normal"* empfindet, dass nur die tatsächlich geleisteten Stunden bezahlt werden.[63]

38 Soweit ein Arbeitnehmer eine Handlung zunächst als schädigend wahrnimmt, muss er ihr und dem Verursacher ein konkretes Unrecht zuschreiben *(blaming)*.[64] Das heißt, er muss das Unrechtsbewusstsein in einen konkreten Zusammenhang mit einem entsprechenden Rechtsanspruch auf Handeln, Dulden oder Unterlassen gegen den Arbeitgeber stellen.[65] In diesem Stadium ist es nicht unbedingt erforderlich, dass der Arbeitnehmer den Anspruch rechtlich korrekt oder genau qualifiziert. Er muss aber jedenfalls in der Lage sein, seinen Rechtsanspruch grob einzuordnen, d.h. es muss für ihn ohne ernsthafte Zweifel feststehen, dass er einen Anspruch innehat.

39 Der Zugang zum Recht wird in dieser Phase durch die besondere Komplexität der arbeitsrechtlichen bzw. arbeitsvertraglichen Regelungen erschwert. Um die daraus resultierenden Unklarheiten zu beseitigen, kontaktieren Personen sowohl in Deutschland[66] als auch in Hongkong[67] zunächst oftmals Freunde und Familienmitglieder. Dies führt jedoch in beiden Rechtsordnungen nur selten zu neuen Erkenntnissen; nur ein Drittel der Bürger erhalten – so eine aktuelle Umfrage – eine adäquate Hilfe zur Lösung ihres rechtlichen Problems.[68]

40 Arbeitnehmer, die das Gefühl haben, dass ihr Arbeitgeber ihnen ihre Rechte vorenthalten würde, dürften daher häufig Schwierigkeiten begegnen, dieses Gefühl näher zu spezifizieren, um eine Grundlage für eine Auseinandersetzung zu schaffen. Diese Probleme betreffen strukturell die gesamte Bevölkerung, im Besonderen aber Bevölkerungsschichten mit geringerem Bildungsniveau oder geringerer kultureller Verwurzelung und Sprachkompetenz.[69]

---

62 Vgl. *Blankenburg/Schönholz*, Zur Soziologie des Arbeitsgerichtsverfahrens, S. 19; *Levitsky*, L&Soc'yRev 2008, 551 (568 f.).

63 *Däubler*, AuR 1995, 305 (307).

64 *Felstiner/Abel/Sarat*, L&Soc'yRev 1980, 631 (636).

65 Vgl. *Miller/Sarat*, L&Soc'yRev 1980, 525 (527).

66 *World Justice Project*, Global Insights on access to justice, S. 43. Die Zahlen beziehen sich auf alle Arten von rechtlichen Problemen.

67 *World Justice Project*, Global Insights on access to justice, S. 49.

68 Deutschland (33 %), Hongkong (23 %), *World Justice Project*, Global Insights on access to justice, S. 43 u. 49.

69 Vgl. *Weyrich*, in: Interdisziplinäre Perspektiven auf Soziale Menschenrechte, S. 275 (277), Antwort der Bundesregierung auf die kleine Anfrage der MdB *Ferschl* et al., 24.09.2020, Bt.-Drs. 19/22801, S. 2.

In der arbeitsrechtlichen Praxis sind *naming* und *blaming* i.d.R. nicht abschließend voneinander zu trennen, vielmehr bedarf es häufig einer initialen Aufklärung über das konkrete Recht, bevor eine Schädigung wahrgenommen wird.[70] Eine strikte Unterscheidung zwischen *naming* und *blaming* ist daher für die Zwecke dieser Monographie weder notwendig, noch sinnvoll; beide Schritte werden daher unter dem Oberbegriff *Kenntnis des subjektiven Rechts* zusammengefasst. 41

2. *Rechtsdurchsetzung im engeren Sinne*

Soweit der Arbeitnehmer Kenntnis seines Rechtsanspruchs erlangt, bedarf es im zweiten Schritt der Rechtsdurchsetzung im engeren Sinne. Dazu muss der Arbeitnehmer seine Rechte aktiv gegenüber dem Arbeitgeber einfordern, während dieser sich zumindest anfänglich weigert, den bestehenden Zustand zu ändern. Hierbei spricht man auch von „*claiming*".[71] 42

Unter *claiming* sind grds. alle Handlungen zu verstehen, mit denen der Arbeitnehmer versucht, eine (vermeintlich) bestehende subjektive Rechtsposition zu realisieren. Dazu gehören mündliche Aufforderungen, aber auch die gerichtliche Geltendmachung. Obwohl bereits die erste Aufforderung zu einer Änderung der als schädigend empfundenen Situation führen kann, sind häufig weitere Schritte erforderlich, um die Einhaltung der Regelungen zu gewährleisten. In diesem Fall kann der Arbeitnehmer sein Recht bei Gericht einfordern, er kann aber auch außergerichtliche oder behördliche Schritte einleiten. Negativ kann das *claiming* vom „*lumping*" abgegrenzt werden.[72] Letzteres beschreibt die Aufgabe der Rechtsposition und damit den Verzicht auf dessen (weitere) Geltendmachung. 43

Eine Besonderheit der Rechtsdurchsetzung im Arbeitsverhältnis besteht zum einen in der Diversität der beteiligten Institutionen,[73] zum anderen in der Komplexität der zugrunde liegenden Sozialbeziehung.[74] Hat der Arbeitnehmer erst einmal erkannt, dass die Praxis seines Arbeitsverhältnisses von den gesetzlichen Regelungen abweicht, sind die weiteren Handlungsoptionen keineswegs binär. Vielmehr steht dem Arbeitnehmer sowohl in Hongkong als auch in Deutschland mit Gewerkschaften, Betriebsräten und behördlichen 44

---

70 Vgl. zur Abgrenzung allgemein: *Baer*, Rechtssoziologie, § 7 Rn. 10.

71 *Felstiner/Abel/Sarat*, L&Soc'yRev 1980, 631 (636).

72 Vgl. *Miller/Sarat*, L&Soc'yRev 1980, 525 (527).

73 Vgl. *Blankenburg*, Mobilisierung des Rechts, S. 51.

74 *Blankenburg/Schönholz*, Zur Soziologie des Arbeitsgerichtsverfahrens, S. 51.

Anlaufstellen (u.a.) neben den gerichtlichen Anlaufstellen ein breites Netz unterschiedlicher Akteure zur Verfügung. Je nachdem, welche dieser Institutionen der Arbeitnehmer zur Streitbeilegung wählt, ergibt sich eine unterschiedliche Eskalation des Konflikts in der Sozialbeziehung.[75]

45 Die Hindernisse, die einen Arbeitnehmer davon abhalten, sein Recht durchzusetzen, sind naturgemäß vielfältig. Häufig wird ein Bündel von Motiven ausschlaggebend dafür sein, sich mit der gegebenen Situation abzufinden. Dennoch werden im Folgenden entsprechende Motive grob eingeordnet.

a) Rechtssoziologische Hindernisse

46 Die Durchsetzung von Rechten ist kein streng berechenbarer Prozess, der einer (ökonomischen) Logik folgt. Selbst wenn es objektiv sinnvoll oder gar risikolos wäre, setzen Arbeitnehmer ihre Ansprüche nicht immer durch. Vielmehr hängt sowohl das *Ob* als auch das *Wie* der Rechtsdurchsetzung von unterschiedlichen gesellschaftlichen und persönlichen Faktoren ab.[76] Vor diesem Hintergrund werden im Folgenden rechtssoziologische Hindernisse betrachtet. Dabei trennt der Autor die Darstellung nicht nach Rechtsordnung. Zwar spielen zweifellos kulturelle Einflüsse bei der Entscheidung über die Rechtsdurchsetzung eine Rolle. Die allgemeinen Faktoren und Barrieren der Rechtsdurchsetzung sind indes – unter Berücksichtigung der jeweiligen rechtlichen Regelungen – universell übertragbar.[77]

47 Wird ein Anspruch nicht durchgesetzt, ist dies vornehmlich auf eine subjektive Kosten-Nutzen-Rechnung zurückzuführen.[78] Überwiegt das Interesse an der Durchsetzung nicht die befürchteten Kosten, wird der Anspruch aufgegeben (sog. *rationale Apathie)*.[79] Dies bedeutet indes nicht, dass die Entscheidung objektiv *rational* wäre. Vielmehr sind die Entscheidungsparameter sowie die Bewertung der konkreten Kosten und Nutzen in hohem Maße subjektiv und von eigenen Werten und ideologischen Vorstellungen abhängig.[80]

---

75 Vgl. *Blankenburg/Schönholz*, Zur Soziologie des Arbeitsgerichtsverfahrens, S. 32.

76 *Munkholm*, Re-Inventing Labour Law Enforcement, S. 51.

77 Vgl. *Wrase* et al., APuZ 2021, 48 (50).

78 *Blankenburg,* Mobilisierung des Rechts, S. 53; abwägend: *Latzel*, Verhaltenssteuerung, Recht und Privatautonomie, S. 46 f., 644.

79 Vgl. *Luzak*, ERPL 2016, 81 (85 ff.); *Tonner*, in: Verbraucherrechtsvollzug, S. 17 (18); *„rationales Desinteresse"* bei *Wrase* et al., Zugang zum Recht in Berlin, S. 10.

80 Vgl. *Latzel*, Verhaltenssteuerung, Recht und Privatautonomie, S. 46 f.; *Žižek*, The Sublime Object of Ideology, S. 48 f.; *Žižek*, Cardozo L. Rev. 1995, 925 (930).

Das Durchsetzungsinteresse wird jedoch i.d.R. überwiegen, wenn die Sozialbeziehung bereits fundamental gestört ist, etwa nach dem Ausspruch einer Kündigung.[81] Eine (konfliktfreie) Fortsetzung des Sozialverhältnisses ist dann kaum noch möglich.[82] Ziel ist daher meist nur noch die geordnete „Abwicklung".[83] 48

Ist die Sozialbeziehung jedoch noch (teilweise) intakt, wird der Arbeitnehmer eine differenziertere Entscheidung treffen. Allgemein gilt, dass ein menschliches Interesse besteht, langfristig in einer als positiv wahrgenommenen Situation zu verbleiben, welches das Interesse nach einem kurzfristigen Erfolg oftmals übersteigt.[84] Gleichzeitig gilt: je persönlicher und komplexer eine Sozialbeziehung und je stärker das Interesse der Beteiligten an deren Aufrechterhaltung ist, desto unwahrscheinlicher ist es, dass das Durchsetzungsinteresse überwiegt.[85] 49

Diese Erkenntnis ist für das Arbeitsrecht von besonderer Bedeutung. Arbeitsbeziehungen dauern i.d.R. lang an,[86] die Parteien des Arbeitsverhältnisses werden Rechtsverletzungen also eher hinnehmen, als die Sozialbeziehung durch einen offenen Konflikt zu gefährden.[87] 50

Die gerichtliche Geltendmachung eines Anspruchs stellt regelmäßig die schärfste Form der Eskalation dar, insbesondere weil das arbeitsgerichtliche Verfahren nicht die Hintergründe des Konflikts bzw. die informellen Absprachen bzw. Traditionen der Parteien berücksichtigt, sondern grds. auf eine 51

---

81 *Kocher*, in: Rechtstatsachen und Rechtswirkungen im Arbeits- und Sozialrecht, S. 41 (43); *Blankenburg/Rogowski*, J.Law & Soc. 1986, 67 (75); *Kocher*, juridikum 2012, 63 (64).

82 *Blankenburg/Schönholz*, Zur Soziologie des Arbeitsgerichtsverfahrens, S. 51; *Schymik*, ZKM 2023, 61 (61); vgl. *Regierungsentwurf*, BT-Drs. 12/5468, S. 22.

83 Vgl. etwa bezogen auf das britische *Employment Tribunal*: *Kirk*, WES 2018, 975 (984); vgl. *Schymik*, ZKM 2023, 61 f.

84 *Baer*, Rechtssoziologie, § 7 Rn. 8. Vgl. in Bezug auf das Interesse der Personalverantwortlichen an einer *„stabilen Beschäftigung"*, *Endemann/Schramm*, ZfRSoz 2013, 107 (110 m. w. N.).

85 *Blankenburg*, ZfRSoz 1980, 33 (36); *Wrase* et al., APuZ 2021, 48 (53); *Blankenburg/Rogowski*, J.Law & Soc. 1986, 67 (75).

86 2021 gaben 63,5 % der Befragten in Deutschland an, ihr aktuelles Arbeitsverhältnis dauere 5 Jahre oder mehr an, *Statistisches Bundesamt*, Dauer der Beschäftigung beim aktuellen Arbeitgeber, 2021, abrufbar: https://t1p.de/xelfk (zuletzt abgerufen: 08.06.2023).

87 Vgl. *Blankenburg/Rogowski*, J.Law & Soc. 1986, 67 (75); *Blankenburg*, ZfRSoz 1980, 33 (36 f.); *Greiner*, AuR 2016, 92 (92).

finale Entscheidung aufgrund der gesetzlichen und vertraglichen Regelungen abzielt.[88] Arbeitsgerichte können daher oftmals nur die Gestaltung der Bedingungen der Vertragsbeendigung begleiten, nicht aber die Sozialbeziehung aufrechterhalten, bzw. wiederherstellen.[89]

52 Wie Arbeitnehmer die Kosten eines Rechtsstreits einschätzen, ist jedoch untrennbar mit der gesellschaftlichen Rezeption solcher Rechtsstreitigkeiten[90] und den Möglichkeiten der Rechtsdurchsetzung verbunden. So lässt sich gesellschaftlich eine gewisse Abneigung gegenüber der gerichtlichen Durchsetzung von Ansprüchen erkennen. *Hirsch* beschreibt diese diffuse Angst vor Unsicherheit und Ausgeliefertseins treffend als *„Gerichtsphobie“*.[91] *Felstiner* et al. sprechen von der *„esoteric nature of court processes“*.[92]

53 Ein Grund für die *„Gerichtsphobie“* dürfte darin liegen, dass viele Arbeitnehmer kaum Kenntnisse über den Ablauf von Gerichtsverfahren haben. In der Rechtssoziologie haben sich in diesem Zusammenhang die Begriffliche *„one shotter“* bzw. *„repeat player“* herausgebildet.[93] Der *one shotter* ist ein Rechtssubjekt, das nur selten oder zum ersten Mal einen rechtlichen Konflikt offen austrägt.[94] Der *repeat player* verfügt durch wiederholte rechtliche Auseinandersetzungen über besondere Kenntnisse bzw. ausgeprägte Erfahrungen.[95] Im Arbeitsrecht wird der Arbeitgeber aufgrund einschlägiger Erfahrungen bzw. Ressourcen i.d.R. als *repeat player*, der Arbeitnehmer als *one shotter* anzusehen sein.[96] Diese Rollenverteilung kann indes ausgeglichen werden. Gewerkschaften,

---

88 Vgl. *Miller/Sarat*, L&Soc'yRev 1980, 525 (526); *Poppe*, UC Irvine L. Rev. 2021, 781 (797).

89 *Blankenburg*, Mobilisierung des Rechts, S. 41.

90 Vgl. *Baer*. Rechtssoziologie, § 7 Rn. 29; *Kocher*, juridikum 2012, 63 (68).

91 *Hirsch*, in: Verbraucherrechtsvollzug, S. 207 (208); ähnlich: *Blankenburg*, ZRP 1976, 93 (93).

92 *Felstiner/Abel/Sarat*, L&Soc'yRev 1980, 631 (648). Ähnlich: *Däubler*, AuR 1995, 305 (308). *Eckert* et al. sprechen von einem *Imageproblem* der Zivilgerichtsbarkeit, welches sich nicht vollends rational erklären lässt; *Eckert* et al., Erforschung der Ursachen des Rückgangs der Eingangszahlen bei den Zivilgerichten, S. 318.

93 *Galanter*, L&Soc'yRev 1974, 95 (97 ff.); *Wrase* et al, APuZ 2021, 48 (53); *Kocher*, juridikum 2012, 63 (63).

94 *Galanter*, L&Soc'yRev 1974, 95 (97).

95 *Galanter*, L&Soc'yRev 1974, 95 (97).

96 *Galanter*, L&Soc'yRev 1974, 95 (109); *Hirsh*, L&Soc'yRev 2008, 239 (249). Dies zeigt auch eine Studie aus Großbritannien, nach der nur 9 % der klagenden Arbeitnehmer, aber 47 % der beklagten Arbeitgeber bereits zuvor in einem Verfahren vor dem *Employment Tribunal* beteiligt waren, *Department for Business*, Energy and Industrial Strategy, BEIS Research Paper Number 2020/007, 2020, S. 39,

Betriebsräte, Arbeitgeberverbände oder Rechtsanwälte können den *one shotter* unterstützen, da sie selbst als *repeat player* über die notwendigen Erfahrungen verfügen.[97] Gleichwohl ist hierfür eine grundsätzliche Konfliktbereitschaft und eine initiale Rechtskenntnis aufseiten des *one shotter* notwendig, d.h. er muss die Rechtsdurchsetzung jedenfalls in Erwägung ziehen.[98]

Für den deutschen Rechtskreis verdient eine Befragung des *Soldan-Instituts* Aufmerksamkeit. Darin gaben 53 % der befragten Rechtsanwälte an, dass ihre Mandanten generell konfliktscheuer geworden seien und weniger Bereitschaft zeigten, Konflikte eskalieren zu lassen.[99] Dies deckt sich mit einer Erhebung des ROLAND-Rechtsreports im Jahr 2021. Dort gaben die Befragten im Durchschnitt an, erst bei einem Streitwert von EUR 3.683 Ansprüche gerichtlich geltend zu machen.[100] Bemerkenswert ist, dass die Höhe dieser Summe bei Inhabern einer Rechtsschutzversicherung nur unwesentlich geringer ausfiel.[101] Die *Gerichtsphobie* ist also keineswegs nur kostenrechtlich zu begründen, sondern muss zu einem gewissen Teil auf Ängste und Sorgen vor dem gerichtlichen Verfahren zurückgeführt werden. 54

Das Phänomen der *Gerichtsphobie* ist indes nicht auf Deutschland begrenzt, sondern ein universell zu beobachtendes Phänomen.[102] Zwar werden in Hongkong keine vergleichbaren Zahlen erhoben, eine Studie des *Department of Justice* aus dem Jahr 2008 ergab jedoch, dass nur 28 % der Befragten, die in den letzten zwölf Monaten mit schwierigen Problemen *(difficult-to-solve problems or disputes)* am Arbeitsplatz konfrontiert gewesen waren, irgendeine Form der Rechtsdurchsetzung versucht hatten *(action taken)*.[103] 55

---

abrufbar: https://t1p.de/7tvt2 (zuletzt abgerufen: 07.06.2023). Gegebenenfalls ist aber auch eine ausgeglichene bzw. umgekehrte Rollenverteilung denkbar, etwa bei sog. *AGG-Hoppern* (näher: *Albiston*, L&Soc'yRev 1999, 869 [874]).

97 *Galanter*, L&Soc'yRev 1974, 95 (114); *Wrase* et al., APuZ 2021, 48 (54).

98 *Galanter*, L&Soc'yRev 1974, 95 (114).

99 *Kilian*, AnwBl 2022, 418 (419).

100 *ROLAND-Gruppe/IfDA*, ROLAND-Rechtsreport 2022, S. 21. Diese Zahl wurde im ROLAND-Rechtsreport 2023 nicht erhoben, es darf aber nicht davon ausgegangen werden, dass erhebliche Abweichungen bestanden hätten.

101 *ROLAND-Gruppe/IfDA*, ROLAND-Rechtsreport 2022, S. 21.

102 Vgl. Hierzu nur: *Felstiner/Abel/Sarat*, L&Soc'yRev 1980, 631 (648); *Farrow*, OHLJ 2014, Vol. 51 No. 3, 957 (974).

103 *Department of Justice*, Consultancy Study on the Demand for and Supply of Legal and Related Services, S. 176 Rn. 4.14. Für die Studie wurden 10.385 Fragebögen ausgewertet.

56 Geht man also davon aus, dass Arbeitnehmer sowohl in Deutschland als auch in Hongkong eine diffuse „*Phobie*" vor der gerichtlichen Rechtsdurchsetzung haben, so ist die Existenz von außergerichtlichen Streitbeilegungsmöglichkeiten von großer Bedeutung. Besteht eine solche Möglichkeit, kann der Arbeitnehmer die Kosten des Rechtsstreits differenziert abwägen, was bspw. dazu führen kann, dass er sich für eine außergerichtliche Durchsetzung des Anspruchs entscheidet, während ihm die Kosten einer gerichtlichen Durchsetzung zu hoch erscheinen.[104]

57 Im Rahmen der außergerichtlichen Streitbeilegungsmöglichkeiten sind betriebsinterne Angebote von Bedeutung. Sie sind i.d.R. weniger eskalativ als ein Gerichtsverfahren, da der Streit hierbei früher ausgetragen wird.[105] Gleichzeitig ist der Ausgang des Verfahrens i.d.R. das Ergebnis einer Aushandlung, die nicht nur die gesetzlichen Regelungen berücksichtigt, sondern auch die Erwartungen der Arbeitsvertragsparteien einbezieht. *Blankenburg/Schönholz* konnten bereits im Jahr 1979 aufzeigen, dass der Anteil der gewerkschaftlich organisierten Kläger vor den Arbeitsgerichten proportional geringer war als der Anteil nicht-organisierter Arbeitnehmer. Sie führten dies auf die stärkere betriebliche Interessenvertretung zurück, die eine gerichtliche Auseinandersetzung *per se* obsolet mache.[106]

58 Erachtet der Arbeitnehmer den Nutzen der Auseinandersetzung höher als die damit verbundenen Kosten, muss auf der zweiten Stufe das Ziel der Auseinandersetzung betrachtet werden. Hier ist das Phänomen des „*bargaining in the shadow of the law*" relevant. Die Rechtsdurchsetzung zielt dabei nicht auf den beantragten Rechtsfolgenausspruch ab, vielmehr dient der Prozess nur als Grundlage für anderweitige Verhandlungen bspw. über eine (monetäre) Kompensation.[107]

---

104 Dies belegen bspw. die Zahlen des Roland Rechtsreports 2023. 51 % der dort Befragten gaben dabei an, man könne mit den Mitteln der außergerichtlichen Streitbeilegung viele Auseinandersetzungen belegen, *ROLAND-Gruppe/IfDA*, ROLAND-Rechtsreport 2022, S. 25. Auch die Zahl der Schlichtungsanträge vor der Universalschlichtungsstelle des Bundes berechtigt zu einer derartigen Annahme, vgl. *Bundesamt der Justiz*, Verbraucherschlichtungsbericht, 2022, S. 15, abrufbar: https://t1p.de/k299z (zuletzt abgerufen: 07.06.2023).

105 Vgl. *Blankenburg/Schönholz*, Zur Soziologie des Arbeitsgerichtsverfahrens, S. 32.

106 *Blankenburg/Schönholz*, Zur Soziologie des Arbeitsgerichtsverfahrens, S. 87 f.

107 Vgl. *Kocher*, Effektive Mobilisierung von Beschäftigtenrechten, S. 19, 28; Vgl. *Blankenburg*, Mobilisierung des Rechts, S. 64. *Junker* verwendet den eingängigen Begriff „*Abfindungspoker*" im Kündigungsschutzprozess; *Junker*, Gutachten B für den 65. Deutschen Juristentag 2004, B75.

Rechtssubjekte streben nicht nur nach der Zuerkennung der geforderten Rechtsstellung, sondern zusätzlich oder alternativ, danach ein bestimmtes, nicht rechtliches Ziel zu erreichen.[108] Das arbeitsgerichtliche Verfahren kann diesem Bedürfnis nur bedingt gerecht werden. Da es in der Regel an bestimmte Anträge und Rechtsnormen gebunden ist und auch nur über diese entscheiden kann, ist es kaum in der Lage, die Komplexität der sozialen Beziehungen aufzunehmen und die dem Verfahren zugrunde liegenden Interessenkonflikte aufzulösen.[109] 59

Das Feld rechtssoziologischer Hindernisse ist, wie dargelegt, sehr divers und kaum zu überblicken. Eine überzeugende empirische Analyse dieser Hindernisse in Bezug auf die arbeitsrechtliche Rechtsdurchsetzung liegt indes weder für Deutschland noch für Hongkong vor. Eine nähere Analyse dieser Faktoren könnte sich allenfalls auf Mutmaßungen oder anekdotische Evidenz stützen und wäre für eine fundierte Analyse wenig ergiebig. Diese Monographie nimmt daher keine detaillierte soziologische Analyse der einzelnen Rechtsordnungen vor. Dennoch werden die folgenden allgemeinen Grundsätze der Analyse zugrunde gelegt, um die Hintergründe der Hindernisse und die Möglichkeiten zur Förderung des Zugangs zum Recht besser zu verstehen. 60

1. Die Entscheidung, Ansprüche gegen den eigenen Arbeitgeber ggf. zwangsweise durchzusetzen, basiert auf einer Abwägung der wahrgenommenen Kosten und des möglichen Nutzens. Dabei wird die gerichtliche Rechtsdurchsetzung i.d.R. nur eine *ultima ratio* darstellen, da diese die Sozialbeziehung am stärksten gefährdet.
2. Aufgrund der unbekannten und potentiell einschüchternden Atmosphäre eines Gerichtsverfahrens wird die gerichtliche Auseinandersetzung mit besonderen Kosten verbunden.
3. Die Entscheidung zur Rechtsdurchsetzung kann zum einen durch die Ausgestaltung des Rechtsdurchsetzungsverfahrens, insbesondere durch die Reduzierung der offenen Konfrontation sowie durch die Möglichkeit der Hinzuziehung von Vertrauenspersonen bzw. Vertretern beeinflusst werden.

---

108 Hierbei stehen vor allem abstrakte Begriffe wie *Gerechtigkeit* und *das Prinzip* im Vordergrund; vgl. *Eckert* et al., Erforschung der Ursachen des Rückgangs der Eingangszahlen bei den Zivilgerichten, S. 98.

109 Vgl. *Blankenburg/Schönholz*, Zur Soziologie des Arbeitsgerichtsverfahrens, S. 51.

b) Ökonomische Hindernisse

61 Wie bereits beschrieben, bestehen Zusammenhänge zwischen allgemein soziologisch begründbaren Hindernissen sowie spezifischen, berechenbaren Faktoren. Deutlich wird dies an den ökonomischen Hindernissen der Rechtsdurchsetzung. Einen wesentlichen Aspekt der Kosten-Nutzen-Abwägung (Rn. 47) stellen naturgemäß die ökonomischen Konsequenzen dar. In zahlreichen Fällen dürften diese ökonomischen Faktoren den Ausschlag für die Nichtdurchsetzung geben.

62 Zunächst ist grds. zwischen unmittelbaren und mittelbaren ökonomischen Hindernissen zu unterscheiden. Unter unmittelbaren Hindernissen versteht der Autor Kosten, die unmittelbar mit der Einleitung eines (außer-)gerichtlichen Streitbeilegungsverfahrens verbunden sind. Dies können bspw. Gerichts- oder Anwaltskosten sein. Unter mittelbaren Hindernissen versteht der Autor solche monetären Vorteile, die in der Folge einer rechtlichen Auseinandersetzung entfallen, ohne dass sie direkt mit dem Ausgang des Verfahrens verbunden sind. Beendet der Arbeitgeber in der Folge der Auseinandersetzung das Arbeitsverhältnis oder nimmt er eine geplante Beförderung nicht vor, so manifestiert sich ein mittelbares ökonomisches Risiko der Rechtsdurchsetzung.[110]

63 Gerade die mittelbaren ökonomischen Einbußen sind indes eine regelmäßig vernachlässigte, gleichwohl oftmals entscheidende Hürde der Durchsetzung der eigenen Ansprüche.[111] Diese trifft insbesondere Arbeitnehmer, da sie das Arbeitsverhältnis als ökonomische Grundlage ihrer Existenz nicht riskieren möchten und daher oftmals allenfalls nach dessen Beendigung die prozessuale Durchsetzung in Betracht ziehen.[112]

c) Rechtliche Hindernisse

aa) Prozessrechtliche Hindernisse

64 Einen wesentlichen Einfluss auf die Effektivität der Rechtsdurchsetzung und damit auch auf den Zugang zum Recht hat das Prozessrecht.[113] Hindernisse resultieren hierbei insbesondere aus solchen Regelungen, die die Durchsetzung des Anspruchs in besonderer Weise zeitlich verzögern[114] und die streitige

---

110 Vgl. *Kocher*, juridikum 2012, 63 (64); *Däubler*, AuR 1995, 305 (308).

111 Vgl. *Fritz-Mauer*, SSRN 2022, S. 25.

112 Vgl. *Pfarr/Kocher*, Kollektivverfahren im Arbeitsrecht, S. 21; *Kocher*, juridikum 2012, 63 (64).

113 Vgl. *Fuchs*, in: Interdisziplinäre Rechtsforschung, S. 243 (246).

114 Vgl. insoweit das Verständnis des *fair trial* Grundsatzes des EGMR, bspw. EGMR, H. v France, 24.10.1989, 10073/82, Rn. 55.

Entscheidung durch spezifische prozessrechtliche Gestaltungen weniger berechenbar machen. Daneben kommt der Verzahnung von außergerichtlicher und gerichtlicher Rechtsdurchsetzung besondere Bedeutung zu.

Ferner bestehen prozessrechtliche Hindernisse dann, wenn das entsprechende Recht keine angemessene Sachverhaltsermittlung sicherstellt bzw. die Parteien nicht die Möglichkeit haben, dem Verfahren zu folgen und auf ihn Einfluss zu nehmen.[115] 65

bb) Materiellrechtliche Hindernisse

Dem materiellen Recht als Durchsetzungshindernis wird in der Regel zu wenig Beachtung geschenkt. Dabei wird übersehen, dass es weniger auf den Umfang der gewährten Rechte ankommt, als vielmehr auf deren tatsächliche Durchsetzbarkeit.[116] 66

Von besonderer Bedeutung ist dabei die innere Schlüssigkeit einer materiellen Rechtsnorm. Gewährt eine Rechtsnorm dem Arbeitnehmer an sich einen spezifischen Schutz, zieht ein Verstoß gegen diese Norm aber kaum Konsequenzen nach sich oder ist sie leicht zu umgehen, so ist die entsprechende materielle Rechtslage in sich nicht kohärent. Der Zugang des Arbeitnehmers zum Recht wird dann durch eine entsprechend unzureichende Rechtsfolgenregelung behindert. 67

Auch die Frage der Darlegungs- und Beweislastverteilung ist für den Zugang zum Recht relevant.[117] Ist eine Rechtslage zwar an sich für den Arbeitnehmer günstig, stellt sie aber hohe Anforderungen an die Darlegungs- und Beweislast des Arbeitnehmers, kann dies im Extremfall zu einer faktischen Unmöglichkeit der Rechtsdurchsetzung führen, wodurch das entsprechende Recht *de facto* keinen zwingenden Einfluss auf Arbeitsverhältnisse nehmen wird. 68

Schließlich ist auch die Berechenbarkeit der Erfolgsaussichten der Durchsetzung eines Anspruchs ein wesentliches Kriterium. Hängt die Gewährung eines Rechts von unvorhersehbaren Faktoren ab, so muss der betroffene Arbeitnehmer bei der Abwägung über die Rechtsdurchsetzung, den möglichen Risiken besonderes Gewicht beimessen, da er diese nicht realistisch einschätzen kann. 69

---

115 Vgl. *Klaming/Giesen*, TISCO Working Paper Series on Civil Law and Conflict Resolution Systems No. 002/2008, S. 5.

116 Vgl. *Baer*, Rechtssoziologie, § 7 Rn. 30.

117 Vgl. *Baer*, Rechtssoziologie, § 7 Rn. 30.

Dies führt dazu, dass er im Zweifel auch bei einer an sich günstigen Rechtslage wegen der potentiellen Risiken von einer Rechtsdurchsetzung absieht.[118]

II. Kollektive Rechtsdurchsetzung

70 Unter dem Begriff *Kollektive Rechtsdurchsetzung* versteht diese Monographie die Rechtsdurchsetzung, die nicht durch den individuell betroffenen Arbeitnehmer, sondern durch staatliche oder privatrechtliche Institutionen und Verbände initiiert und durchgeführt wird.[119] Der entscheidende Unterschied zur individuellen Rechtsdurchsetzung besteht in der Passivität des individuellen Rechteinhabers. Mit anderen Worten: Bei der kollektiven Rechtsdurchsetzung liegt die Hoheit über die Durchführung des Verfahrens nicht beim Rechteinhaber, sondern beim Dritten. Der Dritte kontrolliert das *Ob* und das *Wie* der Rechtsdurchsetzung. Es spielt also keine Rolle, ob der einzelne Arbeitnehmer Kenntnis von seinem Recht hat, da die Durchsetzung des Anspruchs nicht von ihm abhängt. Der Dritte wiederum ist speziell mit der Durchsetzung solcher Rechte betraut, d.h. er ist regelmäßig in der Lage, die gesetzlichen Ansprüche zu überblicken.

71 Während Arbeitnehmer oft durch mittelbare ökonomische Risiken von der Rechtsdurchsetzung abgehalten werden (Rn. 61), kann diese entscheidende Hürde mit der kollektiven Rechtsdurchsetzung umgangen werden, da der Dritte nicht in einem Abhängigkeitsverhältnis zum Arbeitnehmer steht.

72 Die kollektive Rechtsdurchsetzung kann systematisch durch Regelungen erschwert werden, die die faktischen Befugnisse der Behörden beschränken, bzw. sofern keine ausreichende Rechtsgrundlage eines Interagierens gegeben ist.

---

118 Vgl. *Eckert* et al., Erforschung der Ursachen des Rückgangs der Eingangszahlen bei den Zivilgerichten, S. 19. Genau entgegengesetzt argumentiert *Shackleton*, indem er den Gang zum (englischen) *Employment Tribunal* als Resultat der unklaren Rechtslage darstellt. Diese Argumentation greift zu kurz, da sie annimmt, dass Arbeitnehmer im signifikanten Maße „ins Blaue hinein" klagen. Dies kann in Anbetracht der dargestellten Hindernisse nicht nachvollzogen werden. Siehe hierzu: *Shackleton*, Employment Tribunals, S. 54 f.

119 Angelehnt an: *Fuchs*, in: Interdisziplinäre Rechtsforschung, S. 243 (245).

§ 4 Der Zugang der Arbeitnehmer zum Recht in Hongkong

Im Folgenden analysiert der Autor, welche Regelungen des Rechts in Hongkong auf den Zugang zum Recht einwirken. Hierfür wird zunächst der Ablauf dargestellt und daraufhin auf Hindernisse und Förderungsansätze der individuellen und kollektiven Rechtsdurchsetzung eingegangen. 73

A. Geschichtliche Entwicklung

Die Geschichte des Arbeitsrechts in Hongkong ist ein Abbild der wechselhaften Vergangenheit der heutigen Sonderverwaltungszone.[120] In den Jahrhunderten vor der Kolonialisierung des heutigen Hongkongs durch die Briten, prägten vor allem lokale Fischerdörfer die gesamte kantonesische Region. Diese war überaus divers und lange Zeit nicht stringent durch die chinesischen Monarchien geprägt.[121] Unter der *Qing*-Dynastie nahm der Einfluss der chinesischen Monarchie zu, spätestens als 1810 im heutigen Bezirk *Kowloon* eine Festungsanlage errichtet wurde.[122] Zwar war das damalige China militärpolitisch und industriell unterentwickelt und konnte der Invasion und Besetzung durch die Briten im Jahr 1841[123] nicht standhalten, das Rechtssystem der *Qing*-Dynastie war indes recht fortschrittlich.[124] 74

Im Zuge der Kolonialisierung wurde die Rechtsordnung der *Qing*-Dynastie auf dem Gebiet des heutigen Hongkong vollständig beseitigt und durch eine neue, dem Common Law entlehnte Rechtsordnung ersetzt.[125] Die 75

120 *Tai*, in: Law and Legal Institutions in Asia, S. 62 (63).

121 Ausführlich zur Bevölkerungsgeschichte: *Balfour*, J. R. Asiat., 134 ff.

122 *Sinn*, J. R. Asiat. 1987, 30 (30 f.).

123 Die Kolonialisierung erstreckte sich zunächst nur auf die Halbinsel *Hong Kong Island* wurde in den folgenden Jahrzehnten aber auch auf das Festland ausgedehnt, bis 1898 aufgrund eines (umstrittenen) Pachtvertrages für 99 Jahre die nördlich von *Kowloon* gelegenen *New Territories*. Nach dem Auslaufen dieses Vertrages am 30.06.1997 wurden alle Gebiete vom Vereinigten Königreich an die Volksrepublik China zurückgegeben. Vgl. hierzu: *Blakemore*, in: National Geographic v. 07.08.2019.

124 *Tai*, in: Law and Legal Institutions in Asia, S. 62 (63 f.).

125 *Chiu*, in: Working Papers Series No. 37, S. 3; vgl. *Meyer*, Internationale Schiedsgerichtsbarkeit in Hongkong und Deutschland, S. 39.

Rechtsordnungen Hongkongs und Englands waren in dieser Zeit nicht identisch, vielmehr erließ der – förmlich von dem jeweils herrschenden britischen Monarchen eingesetzte[126] – *Governor* in Zusammenarbeit mit dem *Legislative Council* (LegCo) und dem *Executive Council* – die beide nicht demokratisch legitimiert waren – eigenständige Gesetze.[127]

76 Mit dem *handover* am 30. Juni 1997 wurde die Staatsgewalt vom Vereinigten Königreich an die Volksrepublik China zurückübertragen. Dabei wurden Hongkong auf 50 Jahre befristete Autonomierechte versprochen *(one country – two systems)* und durch entsprechende Regelungen im *Basic Law* Hongkongs kodifiziert.[128] Zu diesen Autonomierechten gehört auch die Eigenständigkeit des Rechtswesens (Art. 19 Basic Law). Gerichtliche Streitigkeiten in Hongkong werden daher nicht auf Gerichte außerhalb der Sonderverwaltungszone *(Special Administrative Region – S.A.R.)* transferiert.[129]

77 In der Sonderverwaltungszone gilt weiterhin das Common Law. Alle Gesetze oder Entscheidungen, die vor dem *handover* erlassen wurden bzw. ergangen sind, sind weiterhin bindend.[130] Das neuere englische Recht gilt immer noch als Referenzmaßstab, an dem sich die Gerichte und der Gesetzgeber orientieren.[131]

---

126 I. Hong Kong Letters Patent 1917 in der Fassung von 1997, abrufbar: https://t1p.de/ptfx4 (zuletzt abgerufen: 09.06.2023).

127 *Kuan/Lau*, Chin. J. 1995, 239 (242 ff.). Der LegCo wurde erst zum Ende der Kolonialzeit reformiert, erst ab 1995 wurden seine Mitglieder vollständig durch direkte Wahlen bestimmt. Nach dem *handover* wurde die Zusammensetzung des LegCo erneut eingeschränkt. Vgl. hierzu: *LegCo*, Thematic Website: Historical Development of the Legislature, abrufbar: https://t1p.de/om532 (zuletzt abgerufen: 09.06.2023).

128 Insbesondere im Zuge der Schaffung des *National Security Law* kamen Zweifel am materiellen Fortbestehen der Eigenständigkeit der Hongkonger Verwaltung auf. Kritisch hierzu: *Wissenschaftlicher Dienst des Bundestages*, Das chinesische Sicherheitsgesetz für die Sonderverwaltungszone Hongkong in der rechtlichen Diskussion, WD 2 – 3000 – 049/20, S. 13 f.

129 Vgl. *Feldmann*, Verfassungsblog v. 30.06.2017.

130 Art. 8 Basic Law sowie s. 7 Hong Kong Reunification Ordinance. Es muss allerdings stets überprüft werden, ob diese Entscheidungen gegen das Basic Law verstoßen, dieses ist vorrangig. Ausführlich: *Meyer*, Internationale Schiedsgerichtsbarkeit in Hongkong und Deutschland, S. 37; *Lo/Cheng/Chui*, The Hong Kong Legal System, S. 178.

131 *Court of Final Appeal*, A Solicitor (24/07) v The Law Society of Hong Kong, 13.08.2008, FACV 24/2007, Rn. 16 f.; *Geffken*, Arbeit in China, S. 164 f.

Die (Festland-)chinesischen Arbeitsgesetze wiederum finden in Hongkong weder indirekt noch direkt Anwendung.[132]

Seit einigen Jahren ist in Hongkong eine zunehmende Erosion demokrati- 78
scher und rechtsstaatlicher Werte zu beobachten. Während zunächst vor allem Repressionen gegen Oppositionspolitiker[133] und Journalisten[134] beobachtet wurden, wird mittlerweile die Einschränkung der Autonomie der Rechtsprechung in der Sonderverwaltungszone angemahnt.[135] Aufsehen erregten hier u.a. der Strafprozess gegen den ehemaligen Verleger der Tageszeitung *Apple Daily, Jimmy Lai Chee-ying* im Jahr 2022[136] sowie die Intervention pekingtreuer Politiker gegen die Ernennung von *Maria Candace Yuen Ka-ning* zur Richterin am *Court of Final Appeal* im Jahr 2021.[137] In zivilrechtlichen Angelegenheiten scheinen die Gerichte allerdings (bislang) noch nicht erkennbar eingeschränkt zu werden,[138] die weitere Entwicklung bleibt allerdings abzuwarten.

Die Geschichte des Arbeitsrechts in Hongkong ist ähnlich wechselhaft. Erste 79
arbeitsrechtliche Regelungen wurden 1902 in der *Employers and Servants Ordinance* kodifiziert, diese zielte aber primär darauf ab *Magistrates* zu befähigen, Geld- oder Freiheitsstrafen zu verhängen (ss. 13, 18).[139] Das Arbeitsrecht wurde

---

132 *Geffken*, Arbeit in China, S. 164. Auf dem Gebiet des Verfassungs- sowie Sicherheitsrechts existieren indes Überschneidungen, bzw. Gesetzgebungskompetenzen der Volksrepublik, ausführlich hierzu: *Meyer*, Internationale Schiedsgerichtsbarkeit in Hongkong und Deutschland, S. 36 f.

133 Entschließung des Europäischen Parlaments vom 21.01.2021 zur Unterdrückung der demokratischen Opposition in Hongkong, Az. 2021/2505(RSP).

134 Reporter ohne Grenzen listet Hongkong in Bezug auf seine Pressefreiheit auf Platz 148 von 180: *Reporter ohne Grenzen*, Hongkong, 2022, abrufbar: https://t1p.de/oxwxs (zuletzt abgerufen: 09.06.2023).

135 *Wintour*, in: The Guardian v. 26.05.2022.

136 Der *Court of Final Appeal* verwarf ein *appeal* der Regierung gegen die Zulassung eines britischen Rechtsanwalts als Prozessvertreter *Lais*. Hieraufhin legte die Regierung Hongkongs dem Ständigen Komitee des Nationalen Volkskongresses der Volksrepublik China die Frage nach der Zulässigkeit der Vertretung durch einen ausländischen Anwalt, in Angelegenheiten, die die nationale Sicherheit betreffen vor, wodurch *de facto* eine Instanz über dem *Court of Final Appeal* außerhalb von Hongkong geschaffen wurde. Vgl. hierzu: *Lau/Lam/Zheng*, in: South China Morning Post v. 29.11.2022.

137 *Riordan/Liu*, in: Financial Times v. 23.06.2021.

138 *World Justice Project*, Hong Kong SAR, China – Civil Justice, 2022, abrufbar: https://t1p.de/ey58r (zuletzt abgerufen: 09.06.2023).

139 Historischer Gesetzestext abrufbar: https://t1p.de/j68k5 (zuletzt abgerufen: 10.06.2023)

also primär als Ordnungsrecht verstanden. Eine umfassende Regelung von arbeitsrechtlichen Beziehungen war damit noch nicht verbunden.[140]

80 Nach der zwischenzeitlichen japanischen Besetzung Hongkongs während des Zweiten Weltkriegs wanderten ab Ende der 1940er Jahre mehrere Millionen Chinesen vom Festland nach Hongkong ein. Dadurch stieg die Anzahl arbeitswilliger Personen abrupt und massiv an.[141] Der Mangel an existenzsichernden Unterstützungsleistungen sowie die bedrückenden Wohnverhältnisse, denen insbesondere Einwanderer ausgesetzt waren,[142] führten zur Bereitschaft, nahezu jede Berufstätigkeit aufzunehmen. Die Situation wurde noch dadurch verschärft, dass ein Großteil der Arbeitsverhältnisse vom Staat kaum reguliert wurde.[143]

81 Erst mit dem Inkrafttreten der *Employment Ordinance* (EO) im Jahr 1968 begann die damalige Kolonialverwaltung, den Arbeitsmarkt zu regulieren.[144] Der Grund hierfür waren weiterhin weniger soziale als vielmehr sicherheitspolitische Erwägungen. Die (fortwährend) prekären wirtschaftlichen Verhältnisse zu dieser Zeit[145] hatten zu ernsthafter Besorgnis über mögliche gewalttätige Auseinandersetzungen geführt.[146] Ein Ende der *Laissez-faire*-Wirtschaftspolitik war damit jedoch nicht verbunden, denn auch die EO vermittelte nur sehr eingeschränkte Arbeitnehmerrechte.[147] Dieser regulatorische Freiraum wurde in Hongkong – anders als im Vereinigten Königreich – auch nicht von den Gewerkschaften ausgefüllt. Diese verfügten nie über einen hinreichenden Einfluss (ausführlich: Rn. 436 ff.)

82 Aufgrund der beispiellosen wirtschaftlichen Entwicklung Hongkongs in den letzten Jahrzehnten wurde ein beachtlicher Wohlstand erzeugt, der die Situation der Bürger fundamental veränderte. Dieser Wohlstand ist indes zunehmend ungleich verteilt, was zu neuen sozialen Verwerfungen und einer anhaltend hohen wirtschaftlichen Abhängigkeit der Arbeitnehmer, insbesondere in den unteren Lohngruppen führt.[148] Nach wie vor existieren starke

140 Vgl. *Downey*, in: HKEmplLHdB, 7. Aufl. 2022, Introduction S. 1 ff.
141 *Clayton*, LH 2021, 470 (474).
142 Vgl. *Goodstadt*, Poverty in the Midst of Affluence, S. 115 ff.
143 Vgl. *Clayton*, LH 2021, 470 (476).
144 *Labour Department*, Employment Ordinance, abrufbar: https://t1p.de/pmwy6 (zuletzt abgerufen: 06.07.2023).
145 Vgl. *Goodstadt*, Poverty in the Midst of Affluence, S. 114 f.
146 *Geffken*, Arbeit in China, S. 166 f.
147 *Petersen*, Em. Rts. & Emp. Pol'y J 2001, 627 (630 f.); *Glofcheski*, HKLJ 2013, 1 (1); *Ng*, HKJPA 1982, 31 (32).
148 *Wong*, Fixing Inequality in Hong Kong, S. 291 f.

Ähnlichkeiten im gesellschaftlichen Bild des Arbeitslebens. So ist der Arbeitsmarkt in Hongkong weiterhin von kleinen und mittleren Unternehmen mit maximal 100 Beschäftigten geprägt. Rund 45 % aller Arbeitnehmer (ohne Beamte) in Hongkong sind für solche Unternehmen tätig.[149]

Auch der rechtspolitische Hintergrund des Arbeitsrechts setzt die historische Entwicklung fort, indem er weiterhin auf eine weitgehende Autonomie privatrechtlicher Vereinbarungen und sehr verhaltene staatliche Interventionen setzt.[150] Hauptziel der EO ist nach wie vor die Gewährleistung eines Mindestmaßes an Unterstützung für Arbeitnehmer (*minimum benefits to workers*).[151] 83

Dennoch kann eine eigenständige Neuentwicklung des Arbeitsrechts nach 1997 nicht geleugnet werden. Nicht zuletzt der Mindestlohn, der 2011 eingeführt wurde, zeigt einen (gewissen) Richtungswechsel in der Arbeitsmarktpolitik (näher: Rn. 523) 84

B. Individuelle Rechtsdurchsetzung

I. Kenntniserlangung über das subjektive Recht

Der Zugang zum Recht setzt voraus, dass Arbeitnehmer ihre Rechte kennen. Die Probleme, die diesen Vorgang in Hongkong begleiten, unterscheiden sich kaum von denen in Deutschland, gleichwohl existieren einige spezifische Hürden sowie Förderungsansätze, auf die näher einzugehen ist. 85

Das Problem der mangelnden Rechtskenntnis im Common Law wurde erstmals 1963 gesetzlich aufgegriffen, als in England und Wales das Recht auf eine schriftliche Niederlegung der Bestimmungen des Arbeitsvertrags festgeschrieben wurde.[152] In der damaligen Kronkolonie Hongkong folgte eine ähnliche Regelung mit der Einführung der EO im Jahre 1968 (s. 44 EO). 86

Davon abgesehen wurde während der Zeit Hongkongs als Kronkolonie wenig Wert auf die Verständlichkeit des Rechts und der Gerichtsverfahren gelegt. Obwohl seit den 1970er Jahren über 88 % der Einwohner Hongkongs 87

---

149 *Trade and Industry Department*, Statistik März 2021, abrufbar unter: https://t1p.de/7k90y (zuletzt abgerufen: 09.06.2023).

150 *Chiu/So/Tam*, AS 2008, 673 (700 f.); *Glofcheski*, in: The Modernization of Labour Law and Industrial Relations in a Comparative Perspective, S. 423 (427 ff.); *Ng*, Labour Law in Hong Kong, S. 69 Rn. 138.

151 *Court of Appeal*, Ong Man Sum Claimant v Wonderland Sea Food Restaurant O/b Long Yield Co. Ltd, 18.10.2006, CACV 241/2005, Rn. 5.

152 *Morris*, in: Making Employment Rights Effective, S. 7 (8).

den kantonesischen Dialekt des Chinesischen als Muttersprache sprechen,[153] wurde dieser erst im Jahr 1987 als zweite Amtssprache neben dem Englischen anerkannt; erst seit dem Jahr 1995 können auch Verhandlungen vor den ordentlichen Gerichten in dieser Sprache abgehalten werden.[154] Diese Änderungen konnten die Probleme die Verständlichkeit des Rechts allerdings nur teilweise lösen, zahlreiche Hürden bestehen weiterhin.

1. Hindernisse

a) Anzahl der Rechtsquellen

88 Ähnlich wie in Deutschland ist das Arbeitsrecht in Hongkong nicht streng kodifiziert. Die zentrale Rechtsquelle ist die EO, sie bildet den gesetzlichen Rahmen, in dem sich Arbeitsverträge bewegen.[155] Daneben existieren noch etwa 25 weitere *ordinances,*[156] die direkt oder indirekt Einfluss auf das Arbeitsrecht haben,[157] denen aber zumeist nur eine untergeordnete Bedeutung zukommt.

89 Darüber hinaus wird das Recht durch die Entscheidungen der Gerichte Hongkongs geprägt, denen über den Einzelfall hinaus bindende Wirkung zukommt.[158] Jede Entscheidung des *Court of First Instance of the High Court,* des *Court of Appeal of the High Court*[159] oder des *Court of Final Appeal* ist daher

153 *Department of Statistics/University of Hong Kong*, The Population of Hong Kong, 1974, S. 19, abrufbar: https://t1p.de/t2izm (zuletzt abgerufen: 10.06.2023).

154 *Yeung/Leung*, IJSoL 2013, 135 (136).

155 *Walsh/Tam/Wong*, Hong Kong Employment Law, S. 6.

156 Als *ordinance* werden Gesetze bezeichnet, die eine Mehrzahl von Regelungen vereint. *Ordinances* bestehen aus einzelnen *sections.* Das Wort *ordinance* entspricht folglich der Bedeutung der englischen Bezeichnung *„act"*. Eine passgenaue Übersetzung ins Deutsche ist nicht möglich, da die deutschen Formulierungen stark variieren (Gesetz, Gesetzbuch, Ordnung, etc.). Die einzelnen Regelungen, die eine *ordinance* schaffen bzw. verändern, werden als *„bills"* bezeichnet und werden vom LegCo ausgearbeitet und beschlossen (Vgl. Annex II Nr. 7 f. Basic Law).

157 Bspw. General Holidays Ordinance, Minimum Wage Ordinance, Occupational Safety and Health Ordinance, Contracts for Employment outside Hong Kong Ordinance; Auflistung bei: *Walsh/Tam/Wong*, Hong Kong Employment Law, S. 2 f.

158 *Demeyere*, SchiedsVZ 2008, 279 (283).

159 Der *Court of First Instance* und der *Court of Appeal* sind eigenständige rechtliche Organe und bilden zusammen den *High Court.* Der *Court of First Instance* ist sowohl Eingangs- als auch Rechtsbehelfsinstanz, der *Court of Appeal* ist die allgemeine Rechtsbehelfsinstanz. Ausführlich: *Lo/Cheng/Chui*, The Hong Kong Legal System, S. 147 ff. Aufgrund der Eigenständigkeit dieser Gerichte sowie zur einfacheren Lesbarkeit wird auf den Zusatz *of the High Court* im Folgenden verzichtet.

nicht nur eine Orientierungshilfe, sondern eine eigenständige Rechtsquelle.[160] Auch Urteile von Spruchkörper im Vereinigten Königreich, wie z. B. dem *Appellate Committee of The House of Lords (House of Lords)*, oder des *Judicial Committee of the Privy Council (Privy Council)* können noch immer bindend sein, sofern sie vor dem 01.07.1997 verkündet wurden (Rn. 76). Hierdurch sind zahlreiche für das Arbeitsrecht relevante Grundsätze des Common Law weiterhin bindend, etwa die *doctrine of estoppel*[161] oder der *common law damages* (vgl. Rn. 332 ff.).

b) *Komplexität der* Employment Ordinance

Die EO ist nicht zuletzt aufgrund ihres Aufbaus schwer verständlich. Zwar werden zu Beginn eines Kapitels zentrale Rechtsbegriffe definiert, was der Einheitlichkeit dienlich ist, die Struktur der einzelnen Abschnitte ist jedoch für den Laien kaum verständlich. 90

Ein Beispiel für die Komplexität der Rechtsbegriffe der EO ist das Feiertagsrecht. Die EO (s. 2) nennt vier unterschiedliche Feiertagsbegriffe, nämlich *statutory holiday, alternative holiday, substituted holiday* bzw. *a day on which an employee is required by section 39(4) to be granted a holiday.* Daneben existieren 17 *general holidays* (Schedule GHO), an denen Banken, Bildungseinrichtungen, öffentliche Ämter und Regierungsstellen geschlossen sind.[162] Der Arbeitgeber ist grds. nicht verpflichtet, Arbeitnehmer an *general holidays* freizustellen. Nur wenn ein *general holiday* mit einem der 13 *statutory holidays* (s. 39 para. 1 EO)[163] zusammenfällt, besteht eine Pflicht zur Freistellung und Lohnfortzahlung.[164] Der Arbeitgeber muss die Arbeitnehmer aber nicht zwingend an diesem Tag freistellen, er kann die Freistellung auch an einem anderen Tag nachholen (s. 39 para. 2 u. 3 EO – *alternative bzw. substituted holiday*). 91

160 *Lo/Cheng/Chui*, The Hong Kong Legal System, S. 159 ff.

161 Hierzu etwa: *Court of First Instance*, 朴哲洙 (Park Chul Soo) v 瑞慶建築材料有限公司 (Swee Kheng Building Material Co Ltd), 29.09.2021, HCLA 1/2021. Begründet wurde die *doctrine of estoppel*, die der deutschen *culpa in contrahendo* ähnlich ist, durch: *House of Lords*, Hughes v Metropolitan Railway Company, 05.06.1877, [1877] UKHL 1.

162 *Hong Kong Government*, General Holidays for 2022, abrufbar: https://t1p.de/43jij (zuletzt abgerufen: 06.06.2023).

163 *Labour Department*, Statutory Holidays for 2023, abrufbar: https://t1p.de/bmqby (zuletzt abgerufen: 08.06.2023).

164 *Walsh/Tam/Wong*, Hong Kong Employment Law, S. 187. Dies umfasst aber nur Arbeitnehmer mit einem *continuous contract* hierzu ausführlich: Rn. 363 ff.

92 Auch die sprachliche Gestaltung führt zu Verständnisproblemen.[165] Der Grund hierfür liegt in dem Umstand, dass das positive Recht in Common Law Rechtsordnungen üblicherweise der Bestimmtheit von Gerichtsurteilen ähneln soll.[166] Das Gesetz soll also ebenso final wie ein Urteil zur Lösung neuer Sachverhalte herangezogen werden können. Gleichzeitig wird der systematischen Auslegung eine eher untergeordnete Rolle beigemessen, weshalb die Klarheit des Wortlauts jeder einzelnen Vorschrift von größter Bedeutung ist.[167] *Kahn-Freund* beschreibt diesen Ansatz instruktiv: „*In a country in which statutes are deliberately couched in an esoteric language invented by lawyers for the use of lawyers it is difficult to rely on the educative role of legislation.*“[168]

93 Von einer solchen „*esoteric language*“ ist auch die EO geprägt. So werden bspw. in s. 32M para. 2 EO in einem Satz mit 198 Wörtern die Teilvoraussetzungen von Abhilfeentscheidungen im Kündigungsschutzrecht ausgeführt. 120 Wörter umfasst s. 15 para. 2C EO, die die Berechnung von Mutterschutzgeld betrifft. Der Sprachstil wirkt hier nicht nur auf Nicht-Muttersprachler abweisend.[169]

94 Auch die Struktur der EO zeichnet sich nicht durch große Verständlichkeit aus. Seit ihrer Verkündung im Jahr 1968 wurden zahllose Ergänzungen oder Änderungen vorgenommen, ohne dass das Gesetz jemals vollständig überarbeitet worden wäre. Dies führt zu ungewöhnlichen Nummerierungen (bspw. ss. 31YAA; 31ZG EO) und zu einer eher geringen Übersichtlichkeit. Verstärkt wird dies noch dadurch, dass es keine den deutschen Einführungsgesetzen vergleichbare Verordnung gibt, sondern auch spezielle Regelungen in der EO

165 Zur Komplexität der Gesetzessprache in Hongkong generell: *Yeung/Leung*, Int. J. Speech Lang. Law 2019, Vol. 26.2, 231 (236 ff.).

166 *Meyer*, Internationale Schiedsgerichtsbarkeit in Hongkong und Deutschland, S. 38.

167 *Meyer*, Internationale Schiedsgerichtsbarkeit in Hongkong und Deutschland, S. 38.

168 *Kahn-Freund*, The MLR 1970, 241 (241). Der Kommentar bezieht sich auf das englische Recht, welches in seiner Struktur indes nicht vom Recht in Hongkong abweicht.

169 Dies verdeutlicht bspw. s. 15 para. 2C EO: „*Despite subsection (2)(b), if for any reason it is impracticable to calculate the monthly average of the wages earned by a female employee in the manner provided in that subsection, the amount may be calculated by reference to the wages earned by a person who was employed at the same work by the same employer during the period of 12 months immediately before the date of termination of the employee's contract of employment, or, if there is no such person, by a person who was employed in the same trade or occupation and at the same work in the same district during the period of 12 months immediately before the date of termination of the employee's contract of employment.*“

zitiert werden. Hierzu zählt bis vor kurzem bspw. s. 32KB EO, in der ausgeführt wurde, unter welchen Voraussetzungen die Verweigerung einer COVID-19-Impfung einen Kündigungsgrund *(reason for dismissal)* darstellen kann.

c) Kein Schutz vor unklaren Vertragsbedingungen

95 Die Verwendung von Allgemeinen Geschäftsbedingungen ist in Hongkong nicht gesetzlich geregelt. Zwar existiert zwingendes Arbeitsrecht (vgl. s. 70 EO),[170] wie bspw. der Anspruch auf *payment in lieu of notice* (vgl. s. 7 EO), von dem die Parteien nicht abweichen können. Darüber hinaus bestehen aber keine Regularien über die Klarheit bzw. Verständlichkeit vertraglicher Regelungen.

d) Keine innerbetrieblichen bzw. gewerkschaftlichen Beratungsangebote

96 Eine dem Betriebsrat vergleichbare Institution kennt das Hongkonger Recht nicht (zu den zwischenzeitlichen gesetzlichen Bemühungen siehe Rn. 443 ff.). Dementsprechend besteht für Arbeitnehmer nicht die Möglichkeit, von diesem spezialisierten Gremium Rechtsinformationen zu erhalten.

97 Auch eine dem deutschen System[171] vergleichbare kostenlose gewerkschaftliche Rechtsberatung gibt es in Hongkong nicht (näher zur aktuellen Situation von Gewerkschaften in Hongkong Rn. 447 f.).

e) Keine Beratungshilfe

98 Die durchschnittlichen Kosten einer anwaltlichen Beratung sind in Hongkong wesentlich höher als in Deutschland (ausführlich: Rn. 243 ff.). Dennoch gibt es in Hongkong im Bereich des Arbeitsrechts keine der deutschen Beratungshilfe vergleichbare Institution und damit auch keinen Anspruch auf vor- und außergerichtliche Rechtsberatung für Bedürftige.[172] Arbeitnehmer mit Fragen bspw. zu Lohnansprüchen oder dem Kündigungsschutz können nur dann

---

170 *Ng*, Labour Law in Hong Kong, S. 73 Rn. 148.

171 *Vereinigte Dienstleistungsgesellschaft*, ver.di-Rechtsschutz, abrufbar: https://t1p.de/7iodr (zuletzt abgerufen: 06.06.2023), *Industriegewerkschaft Metall*, Rechtsschutz, abrufbar: https://t1p.de/7bxdh (zuletzt abgerufen: 06.06.2023).

172 Die Unterstützung des *Legal Aid Department*, auf die später (vgl. Rn. 232) näher eingegangen wird, umfasst das Arbeitsrecht nur in Ausnahmefällen. Denn nach Schedule 2 Part 1 Nr. 1 und 3 LAO fallen nur Verfahren der ordentlichen Gerichtsbarkeit in den Anwendungsbereich des *legal aid scheme*. Für das Arbeitsrecht hat dies zur Folge, dass nur Verfahren im Antidiskriminierungsrecht, Deliktsrecht bzw. Kompensationsrecht oder Rechtsbehelfsverfahren gegen Entscheidungen des *Labour Tribunal* oder MECAB gefördert werden können.

anwaltliche Hilfe in Anspruch nehmen, wenn sie diese selbst finanzieren können. Daneben bestehen indes behördliche Informationsstellen (Rn. 103 ff.) und ehrenamtliche Beratungen (Rn. 114 ff.), auf die später näher eingegangen wird.

99 Selbst wenn der Arbeitnehmer das nachfolgende Verfahren vor dem *Labour Tribunal* gewinnt, hat er keinen Anspruch auf Erstattung von Rechtsanwaltskosten gegenüber dem Arbeitgeber (ausführlich: Rn. 176). Aufgrund der Höhe dieser Kosten ist eine anwaltliche Beratung somit nur in wenigen Fällen finanziell rentabel, da die Anwaltskosten die erhaltenen Zahlungen zumeist übersteigen dürften.[173]

f) Keine Formerfordernisse

100 Die EO sieht weder für die Begründung noch für die Beendigung von Arbeitsverhältnissen Formvorschriften vor. Vielmehr besteht eine eigene Regelung (s. 31L EO), die die Rechtsfolgen einer *constructive dismissal* – also einer Art konkludenten Kündigung[174] – regelt.

101 Diese Regelungen können zu Unklarheiten über den Status des Arbeitsverhältnisses führen. Sofern eine Vertragspartei das Arbeitsverhältnis im Sinne einer *constructive dismissal* beendet, könnte sie später der Gegenpartei vorwerfen, selbst durch das folgende Fernbleiben von der Arbeit das Arbeitsverhältnis beendet zu haben.[175]

2. Förderungsansätze

102 Die geschilderte Komplexität der EO ist weitestgehend anerkannt und soll durch unterschiedliche Art und Weise behoben werden.

a) Labour Relations Division *des* Labour Department

103 Das *Labour Department* ist die Arbeitsbehörde in Hongkong. Ihr obliegt die Überwachung sowohl des privaten als auch des öffentlichen Arbeitsrechts (welches eine solche Unterscheidung nicht vornimmt).

---

173 Zu diesem Ergebnis kam auch eine von der Regierung Hongkongs in Auftrag gegebene Studie aus dem Jahr 2008, die den Zustand der Rechtsberatungsangebote allgemein untersuchte. *Department of Justice*, Consultancy Study on the Demand for and Supply of Legal and Related Services, 2008, S. 261 Rn. 2.18.

174 Vgl. *Walsh/Tam/Wong*, Hong Kong Employment Law, S. 531.

175 Vgl. hierzu: *Court of Appeal*, Bachicha v Poon Shiu Man Henry, 18.07.2000, CACV 55/2000.

104 Das *Labour Department* soll sowohl restriktiv als auch präventiv tätig werden. Bei Fragen zur EO können sich Arbeitnehmer und Arbeitgeber an die *Labour Relations Division* des *Labour Department* wenden *(consultation)*.[176] Hierfür betreibt das *Labour Department* in allen Bezirken Hongkongs Büros, die den Bürgern der Stadt offenstehen.[177] Die Beratung erfolgt kostenfrei.[178]

b) Equal Opportunities Commission

105 Neben dem *Labour Department* nimmt auch die *Equal Opportunities Commission* (EOC) Aufgaben im Rahmen der öffentlichen Rechtsinformation wahr. Sie ist der deutschen Antidiskriminierungsstelle des Bundes (in gewissem Maße) vergleichbar.

106 Die EOC ist kein offizieller Teil der Regierung Hongkongs, sondern genießt ein gewisses Maß an Autonomie.[179] Ihre finanziellen Mittel stammen jedoch aus dem öffentlichen Haushalt.[180] Ihre Zuständigkeit bezieht sich auf die Unterstützung bei der Einhaltung der vier *Discrimination Ordinances* (SDO, DDO, FSDO, RDO).

107 Die EOC informiert Einzelpersonen auf Anfrage *(enquiry)* über die Inhalte der gesetzlichen Regelungen.[181] Im Geschäftsjahr 2020/2021 wurden 24.303 derartige Anfragen beantwortet. Der Umfang dieser Beratungstätigkeit wird vor allem im Vergleich zu den Zahlen der Antidiskriminierungsstelle des Bundes deutlich, die im Jahr 2021 lediglich 5.617 Anfragen bearbeitete,[182] obwohl die Einwohnerzahl Deutschlands mehr als zehnmal so hoch ist.[183]

---

176 *Hou*, Means of Transformation, S. 25.

177 Eine Aufzählung der vorhandenen Büros und deren örtlicher Zuständigkeit: *Labour Department*, Offices of Labour Relations Division, abrufbar: https://t1p.de/tkfpb (zuletzt abgerufen: 10.06.2023).

178 Home Affairs Department, Your Guide to Services in HK, 2022, S. 17, abrufbar: https://t1p.de/kz47d (zuletzt abgerufen: 25.05.2023).

179 *Hou*, Means of Transformation, S. 30.

180 *EOC*, Annual Report 2020/2021, S. 9, abrufbar: https://t1p.de/m7ohb (zuletzt abgerufen: 01.06.2023).

181 s. 83 SDO; s. 79 DDO; s. 61 FSDO; s. 77 RDO.

182 Antidiskriminierungsstelle des Bundes, Jahresbericht 2021, abrufbar: https://t1p.de/1qvz1 (zuletzt abgerufen: 06.06.2023).

183 In Deutschland: 84,3 Mio. Statistisches Bundesamt, Amtliche Einwohnerzahl, 2022, abrufbar: https://t1p.de/wmue6 (zuletzt abgerufen: 06.06.2023); in Hongkong: 7,35 Mio. Hong Kong Government, Hong Kong – the Facts, 2022, abrufbar: https://t1p.de/sgh81 (zuletzt abgerufen: 06.06.2023).

c) *Informationspflichten des Arbeitgebers*

108 Arbeitgeber in Hongkong sind nach Part X EO verpflichtet, ihren Arbeitnehmern bestimmte Informationen zu übermitteln. Diese Regelungen ähneln dem deutschen Nachweisgesetz. Die Informationspflichten umfassen die Höhe des Lohns, Zusatzzahlungen sowie die Modalitäten der Zahlung und die Länge der Kündigungsfrist (s. 44 EO).

109 Unterbleibt die Unterrichtung, kann dies mit einer Geldstrafe geahndet werden kann (s. 63D EO).[184] Ebenso wie das deutsche Nachweisgesetz[185] sieht das die EO indes keine Beweiserleichterungen für den Fall einer gerichtlichen Auseinandersetzung vor. Ein wirksamer Schutz des Auskunftsanspruchs des Arbeitnehmers ist damit nur solange gewährleistet, wie die Regelungen der Nachweisrichtlinie von den Behörden ordnungsgemäß überprüft werden.

d) *Digitale Angebote des Staates*

110 Es existieren diverse staatliche digitale Angebote, die die Rechtsinformation zum Inhalt haben.

111 Die EOC informiert auf ihrer Webseite sowie in Radio-, Print, und Fernsehbeiträgen über diskriminierungsrelevante Themen. Darüber hinaus bestand von 2006 bis 2020 das Rundfunkprojekt *Equal Opportunities Diversity Project* in Zusammenarbeit mit dem Radiosender *RTHK Radio 2*. Außerdem existieren Auftritte in den diversen sozialen Medien.[186]

112 Im Jahr 2022 kofinanzierte die EOC ein interaktives Informationsprojekt der Nichtregierungsorganisation *Equal Justice 平義社 Ltd*.[187] Das Projekt mit dem Namen „*PAT*" bietet interaktive Informationen über die Rechte schwangerer Arbeitnehmerinnen und ermöglicht die automatische Erstellung

---

184 An der ähnlichen Regelung in Deutschland bestehen aufgrund der geringen maximalen Höhe europarechtliche Bedenken: vgl. hierzu: *Tillmanns*, in: Europäisches Arbeits- und Sozialrecht, S. 653 (658 – Rn. 12 m. w. N.).

185 Im deutschen Recht wäre ein Fehlen der entsprechenden Information allenfalls im Rahmen der Beweiswürdigung gem. § 286 ZPO denkbar (*Daum*, NZA 2021, 920 [922]). Damit dürfte Art. 15 Abs. 1 lit. a. (EU) 2019/1152 unzureichend umgesetzt sein, a.A. *Daum,* NZA 2021, 920 (922).

186 Für den gesamten Absatz: *EOC*, Annual Report 2020/2021, S. 86 ff., https://t1p.de/m7ohb (zuletzt abgerufen: 01.06.2023).

187 Öffentliche Mitteilung von *Equal Justice 平義社 Ltd* vom 15.06.2022, abrufbar: https://t1p.de/r1cxv (zuletzt abgerufen: 06.06.2023); der Autor war als *Legal Case Officer* bei *Equal Justice 平義社 Ltd* beschäftigt.

entsprechender Mitteilungen an den Arbeitgeber sowie eine Software zur Berechnung der Höhe der während des Mutterschaftsurlaubs zustehenden Bezüge.[188]

In einer Kooperation zwischen dem *Department of Justice* und der *University of Hong Kong* wird das *Community Legal Information Centre* (CLIC) betrieben.[189] Auf der zugehörigen Website werden Informationen zu verschiedenen Rechtsgebieten – insbesondere zum Arbeitsrecht[190] – thematisch und prozessorientiert aufbereitet. Ratsuchende können sich so einen ersten Überblick über das materielle und prozessuale Recht verschaffen, wobei sie durch die Aufbereitung der entsprechenden Informationen in kleine Themenkomplexe unterstützt werden sollen. 113

e) Pro Bono *Rechtsberatungsangebote*

Der staatlich subventionierte *Duty Lawyer Service* organisiert ein sog. *Free Legal Advice Scheme*, in dessen Rahmen Rechtsanwälte auf freiwilliger Basis eine kostenfreie Rechtsberatung anbieten. Die (einmalige) Beratung findet in sog. *Legal Advice Centres* statt und dauert zwischen 20 und 30 Minuten. Eine dauerhafte Vertretung erfolgt nicht.[191] 114

Darüber hinaus unterhält der *Duty Lawyer Service* ein sog. *Tel-Law Scheme*, in dessen Rahmen automatisierte Auskünfte zu bestimmten Rechtsgebieten, insbesondere zum Arbeitsrecht, erteilt werden.[192] Eine individuelle Rechtsberatung findet in diesem Rahmen nicht statt. 115

Die *Law Society*[193] unterhält die *Free Legal Helpline*. Ähnlich dem Angebot des *Duty Lawyer Service* beraten Rechtsanwälte der *Free Legal Helpline* Ratsuchende *pro bono* (u.a.) im Bereich des Arbeitsrechts. Auch hier ist die Beratung 116

---

188 Das Portal ist abrufbar unter: www.pregnantatworkhk.org (zuletzt abgerufen: 25.05.2023).

189 *Community Legal Information Centre*, About CLIC, abrufbar: https://t1p.de/5p48w (zuletzt abgerufen: 06.06.2023).

190 *Community Legal Information Centre*, Employment Disputes, abrufbar: https://t1p.de/0qzqc (zuletzt abgerufen: 06.06.2023).

191 *The Duty Lawyer Service*, Free Legal Advice Scheme, https://t1p.de/lqkkk (zuletzt abgerufen: 06.06.2023).

192 *The Duty Lawyer Service*, Tel-Law-Scheme, abrufbar: https://t1p.de/1kef7 (zuletzt abgerufen: 06.06.2023).

193 Die *Law Society* ist mit den deutschen Rechtsanwaltskammern vergleichbar. Vgl. *The Law Society of Hong Kong*, Aim and Function, abrufbar: https://t1p.de/kupmx (zuletzt abgerufen: 06.06.2023).

auf einen einmaligen Termin mit einer Dauer von maximal 45 Minuten ausgelegt.[194] Ähnliche *pro bono* Beratungsangebote werden auch vom staatlichen *Legal Advice Scheme* sowie der *Bar Association*[195] (Bar Free Legal Services Scheme) angeboten. Das *Legal Advice Scheme* richtet sich indes ausschließlich an nicht anwaltlich vertretene Kläger vor ordentlichen Zivilgerichten (also nicht dem *Labour Tribunal*),[196] während sich das *Bar Free Legal Services Scheme* lediglich an Personen richtet, deren Antrag auf *Legal Aid* bereits abgelehnt wurde.[197]

3. *Fazit – Die Effektivität der Kenntniserlangung über das subjektive Recht*

117 Die *Labour Relations Division* und die EOC sollen Arbeitnehmern helfen, sich im komplexen Arbeits- und Diskriminierungsrecht Hongkongs zurechtzufinden. Hierbei bieten die Institutionen niedrigschwellige Anlaufstellen und sind in der Lage, Unklarheiten bis zu einem gewissen Grad zu beseitigen. Daneben dürften auch die digitalen Angebote zur Rechtsvermittlung eine bedeutende Rolle für den Zugang der Arbeitnehmer zum Recht spielen.

118 Die Effektivität des Zugangs zum Recht wird indes durch die tatsächlichen und rechtlichen Begebenheiten der anwaltlichen Rechtsberatung enorm eingeschränkt. Das Fehlen einer entsprechenden Beratungshilfe und die hohen Kosten der anwaltlichen Beratung schränken die Kenntniserlangung und damit die Effektivität des Zugangs zum Recht erheblich ein.

119 Die freiwilligen *pro bono* Angebote (vgl. Rn. 114 ff.) können dies ebenso wenig ausgleichen, wie die behördlichen Rechtsinformationsstellen. Die dort angebotene Beratung ist zwar für eine initiale Rechtsinformation nützlich, kann aber nicht mit einer Rechtsberatung verglichen werden. Hierfür fehlt zum einen eine vergleichbare Vertrauensstellung, zum anderen eine regulatorische Absicherung der umfassenden und individuellen Beratung, die alle Besonderheiten

---

194 *The Law Society of Hong Kong*, Free Legal Helpline, abrufbar: https://t1p.de/k3m9e (zuletzt abgerufen: 06.06.2023).

195 Die *Bar Association* ist mit den deutschen Rechtsanwaltskammern vergleichbar, richtet sich im Gegensatz zur *Law Society* aber nicht an *solicitors*, sondern *barristers*. Vgl. *The Hong Kong Bar Association*, https://t1p.de/4bqqc (zuletzt abgerufen: 06.06.2023).

196 Administration Wing, Legal Advice Scheme – The procedural Advice Scheme, abrufbar: https://t1p.de/r6fmc (zuletzt abgerufen: 06.06.2023).

197 *Hong Kong Bar Association*, Bar Free Legal Services Scheme, abrufbar: https://t1p.de/ca8f1 (zuletzt abgerufen: 06.06.2023).

des Einzelfalls berücksichtigt. Gleichzeitig ist unklar, ob Arbeitnehmer überhaupt von der Existenz dieser Stellen Kenntnis haben.[198]

II. Individuelle Rechtsdurchsetzung im engeren Sinne

Im Folgenden soll die Rechtsdurchsetzung durch den einzelnen Arbeitnehmer, 120
die hier *Rechtsdurchsetzung im engeren Sinne* genannt wird, analysiert werden. Hierbei werden sowohl die gerichtlichen als auch die außergerichtlichen Möglichkeiten der Streitbeilegung dargestellt und analysiert.

1. Verfahren der Rechtsdurchsetzung

Bevor die Hindernisse und Förderungsansätze des Zugangs zum Recht in 121
Hongkong analysiert werden, soll zunächst ein Überblick über die Möglichkeiten der Streitbeilegung in Hongkong gegeben werden.

a) Außergerichtliche Streitbeilegung

Die außergerichtliche Streitbeilegung in Arbeitssachen hat im Bereich des Com- 122
mon Law eine lange Tradition. Bereits 1896 wurde in England der *Conciliation Act* verabschiedet, der erstmals eine behördliche Streitbeilegung regelte.[199] An diese Tradition knüpft das postkoloniale Arbeitsrecht in Hongkong an, indem es ein diverses Netz außergerichtlicher Streitbeilegungsmöglichkeiten unterhält.

aa) Innerbetrieblich

In Hongkong existiert keine gesetzliche Grundlage für die Gründung einer 123
Arbeitnehmervertretung. Auch die betriebliche Arbeitnehmervertretung durch Gewerkschaften ist nicht kodifiziert (zur historischen Entwicklung siehe Rn. 443 f.).

---

198 Bereits eine vom *Department of Justice* in Auftrag gegebenen Studie aus dem Jahr 2008 führt aus, dass ein signifikanter Anteil von Anspruchsinhabern nicht weiß, wie oder wo sie ihren Anspruch durchsetzen können; *Department of Justice*, Consultancy Study on the Demand for and Supply of Legal and Related Services, S. 266 Rn. 3.6.

199 *Dickens*, in: Making Employment Rights Effective, S. 29 (30).

bb) Labour Relations Division – Conciliation

124 Der *Labour Relations Division* des *Labour Department* hat die Aufgabe, Bürger über den Inhalt der EO zu informieren.[200] Daneben unterstützt die *Labour Relations Division* die Parteien aber auch bei individuellen Streitigkeiten. Zu diesem Zweck können beide Parteien bei der *Labour Relations Division* die Durchführung einer *conciliation* beantragen.[201]

125 Der Begriff *„conciliation“* ist von den Begriffen *„Mediation“* oder *„Schlichtung“ (arbitration)* zu unterscheiden. Es werden nicht – wie bei der Mediation[202] – zukunftsbezogenen Interessen analysiert, es wird aber auch kein Schlichtungsspruch gefällt.[203] Vielmehr beschreibt *conciliation* die Strategie, die Parteien bei der Aushandlung eines Vergleichs zu unterstützen.[204] Das Prinzip der *conciliation* ist damit deckungsgleich mit dem Prinzip der Güteverhandlung im deutschen Recht, bei der ebenfalls der Vorsitzende Richter im (Rechts-) Gespräch mit den Parteien die Vergleichsverhandlung begleiten und fördern soll.[205]

126 Ist ein Arbeitnehmer der Auffassung, sein Arbeitgeber verhalte sich vertragswidrig, wird er die Durchsetzung seiner Ansprüche i.d.R. mit einem Antrag auf eine *conciliation* initiieren. Ein solcher Versuch der außergerichtlichen Konfliktbeilegung ist zugleich Voraussetzung für die weitere (gerichtliche) Rechtsdurchsetzung (s. 15 para. 1 LTO, s. 14 para. 1 MECABO).[206] Der Arbeitgeber ist indes nicht verpflichtet, an der *conciliation* teilzunehmen.[207]

---

200 *Hou*, Means of Transformation, S. 25.

201 *Hou*, Means of Transformation, S. 26.

202 Vgl. zum Begriff: *Dendorfer-Ditges/Ponscha*, in: MAH ArbR, § 82 Rn. 14.

203 Vgl. zum Begriff: *Dendorfer-Ditges/Ponscha*, in: MAH ArbR, § 82 Rn. 14.

204 Vgl. *Garner*, Black's Law Dictionary, S. 361 – conciliation; *Hou*, Means of Transformation, S. 31.

205 Vgl. *Kallos*, in: Rechtswörterbuch, Güteverfahren; auch das deutsche Recht trennt hierbei von Güteverhandlung und Mediation vor dem Güterichter, wodurch erneut der Unterschied zwischen Mediation und *conciliation* deutlich wird.

206 *Kho/Shaheera/Yee*, in: HKEmpLawM, Bd. 2, N. 19; *Koo*, HKLJ 2015, 769 (770). Grds. kann zwar auch ohne die *conciliation* der Labour Relations Division Klage vor dem *Labour Tribunal* erhoben werden. In einem solchen Fall würde die *conciliation* durch einen Labour Tribunal Officer erfolgen, bevor es zum *hearing* kommt. In der Praxis spielt diese Möglichkeit jedoch keine Rolle, die *conciliation* wird fast ausnahmslos von der *Labour Relations Division* ausgeführt, vgl. Hierzu: *Lam*, The Operation of Labour Tribunals and Other Mechanisms for Resolving Labour Disputes, S. 5 Rn. 2.2.9. f.

207 *Koo*, HKLJ 2015, 769 (770); *Glofcheski/Aslam*, Employment Law and Practice, Rn. 17.110.

Im Mittelpunkt der *conciliation* steht das *conciliation meeting.*[208] Dieses wird von Amts wegen von der *Labour Relations Division* anberaumt, beide Parteien erhalten eine förmliche Ladung.[209] Während des *conciliation meeting* versucht ein *Conciliation Officer,* mit beiden Parteien eine gütliche Einigung zu erarbeiten.[210] Dazu führt er i.d.R. grob in die rechtlichen Hintergründe des Falles ein und versucht dabei, die relevanten Konfliktpunkte herauszuarbeiten.[211] Die Hinzuziehung von Rechtsanwälten oder anderen Vertrauenspersonen ist nur mit der Zustimmung beider Parteien möglich.[212] Das *Labour Department* erhebt für die *conciliation* keine Gebühren.[213] 127

Der *Conciliation Officer* hat keine Entscheidungsbefugnis.[214] Scheitert die *conciliation*, muss der Arbeitnehmer Klage beim *Labour Tribunal* oder beim *Minor Employment Claim Adjudication Board* (MECAB) erheben *(filing of claim).* Kommt es hingegen zu einer Einigung, unterstützt der *Conciliation Officer* bei der Abfassung eines entsprechenden schriftlichen Vergleichs,[215] der üblicherweise eine Erledigungsklausel enthält, die eine gerichtliche Geltendmachung des Anspruchs ausschließt.[216] 128

cc) EOC - Conciliation

Die Zuständigkeit des *Labour Department* bzw. der Arbeitsgerichtsbarkeit erstreckt sich nicht auf die *Discrimination Ordinances;* will ein Arbeitnehmer entsprechende Ansprüche geltend machen, muss er sich an die ordentlichen 129

208 *Glofcheski/Aslam*, Employment Law and Practice, Rn. 17.112.

209 *Labour Department*, Conciliation Service of the Labour Relations Division, abrufbar: https://t1p.de/zly02 (zuletzt abgerufen: 12.06.2023).

210 *Ng*, Labour Law in Hong Kong, S. 196 Rn. 571.

211 *Ng*, Labour Law in Hong Kong, S. 196 Rn. 571.

212 *Glofcheski/Aslam*, Employment Law and Practice, Rn. 17.113.

213 *Hou*, Means of Transformation, S. 26; *Koo*, HKLJ 2015, 769 (771).

214 *Frection*, Does the current process to address labour rights violations of Migrant Domestic Workers in Hong Kong Provide an Effective Remedy?, S. 145.

215 *Glofcheski/Aslam*, Employment Law and Practice, Rn. 17.112; *Frection*, Does the current process to address labour rights violations of Migrant Domestic Workers in Hong Kong Provide an Effective Remedy?, S. 144.

216 Der Autor war beim Abschluss eines Vergleichs während der *conciliation* vor dem *Labour Department* im Juli 2022 zugegen. Den Parteien steht es aber natürlich frei, von dem Vorschlag des *Conciliation Officer* abzuweichen und einen eigenen Vergleich zu entwerfen.

Gerichte wenden (vgl. Rn. 229).[217] Auch hier besteht indes die Möglichkeit einer behördlichen außergerichtlichen Streitbeilegung. Zuständig ist hierfür die EOC. Die folgende Abbildung der EOC[218] verdeutlicht den Ablauf dieses Verfahrens.

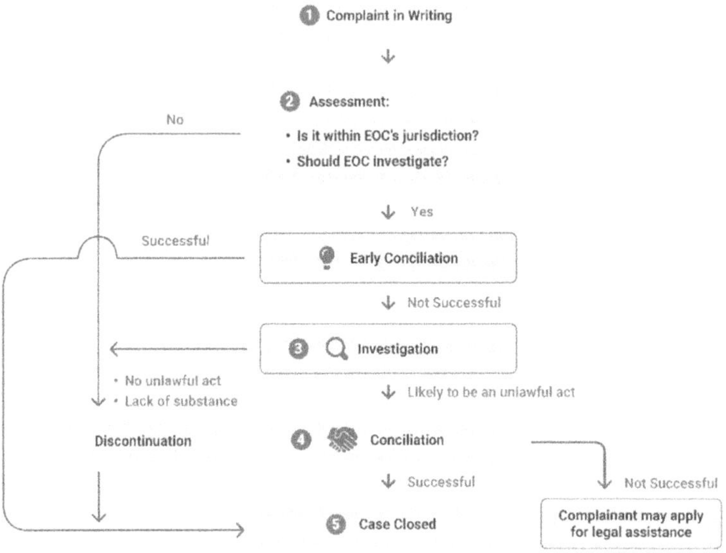

Abbildung 1 – Ablauf des Verfahrens vor der EOC

130 Ein vermeintlich Diskriminierter kann die *conciliation* durch eine Beschwerde *(complaint)* bei der EOC initiieren. Daraufhin nimmt die EOC eine erste Sichtung des Sach- und Streitstandes vor *(assessment)*.[219] Sofern die Zuständigkeit der EOC gegeben ist,[220] nimmt sie mit beiden Parteien Kontakt

217 Auch in diesem Zusammenhang ist eine passgenaue Übersetzung des Begriffs *conciliation* nicht möglich. Im Folgenden wird daher der englische Begriff verwendet.

218 *EOC*, Complaints Handling Procedures, abrufbar: https://t1p.de/4hf8q (zuletzt abgerufen: 17.06.2023).

219 *EOC*, Complaints Handling Procedures, abrufbar: https://t1p.de/c4raz (zuletzt abgerufen: 12.06.2023); *Rosenbloom/Hui/Leung*, JoWIoChinaS 2011 – Nr. 2, 22 (32).

220 *Reyes/Lui*, in: Multi-Tier Approaches to the Resolution of International Disputes, S. 232 (236).

auf und versucht, eine „*early conciliation*" zu vermitteln.[221] In diesem Zusammenhang informiert der jeweilige *Case Officer* den (vermeintlich) Diskriminierenden über die Bestimmungen der *Discrimination Ordinances.*[222]

131 Scheitert die *early conciliation*, leitet die EOC Ermittlungen *(investigation)* ein.[223] Hierbei werden die Parteien i.d.R. schriftlich angehört. Erhärtet sich der Verdacht einer Diskriminierung, erfolgt eine weitere *conciliation.* Kommt sie allerdings zum Schluss, dass das Vorbringen unseriös, schikanös, abwegig oder unsubstantiiert ist *(frivolous, vexatious, misconceived or lacking in substance)*,[224] stellt sie das Verfahren ein.[225] Anders als die Antidiskriminierungsstelle des Bundes[226] hat die EOC indes kein Ermessen darüber, ob sie bei einer *conciliation* unterstützt. Sofern ihre Zuständigkeit gegeben ist, ist sie hierzu verpflichtet.[227]

132 Führt auch die weitere *conciliation* nicht zu einer gütlichen Einigung, kann der Beschwerdeführer Rechtshilfe *(legal assistance)* beantragen.[228] Im Rahmen dieser *legal assistance* können unterschiedliche Leistungen gewährt werden, die von einer einfachen Rechtsberatung bis hin zur Finanzierung von (Prozess-) Anwälten für die gerichtliche Geltendmachung reichen.[229] Die Gewährung liegt im Ermessen der EOC (s. 79 para. 2 RDO – näher hierzu Rn. 302).[230] Sie hat sich während des Verfahrens neutral zu verhalten und darf nicht parteiisch agieren.[231]

133 Die Durchführung einer *conciliation* vor der EOC ist keine Voraussetzung für die Klageerhebung, der Betroffene kann unmittelbar Klage erheben

---

221 *EOC*, Equal Opportunities Casebook, 2021, S. 6, abrufbar: https://t1p.de/h1zwg (zuletzt abgerufen: 07.06.2023).

222 Bspw. *EOC*, Equal Opportunities Casebook, 2021, S. 11, 12, 17, abrufbar: https:// t1p.de/h1zwg (zuletzt abgerufen: 07.06.2023).

223 s. 84 para. 3 SDO; s. 80 para. 3 DDO; s. 62 para. 3 FSDO; s. 78 para. 3 RDO. EOC, Equal Opportunities Casebook, 2021, S. 6, abrufbar: https://t1p.de/h1zwg (zuletzt abgerufen: 07.06.2023).

224 s. 78 para. 4 lit. e SDO; s. 80 para. 4 lit. e DDO; s. 62 para. 4 lit. e FSDO, s. 78 para. 4 lit. e RDO.

225 Näher: *Chan*, in: HKDiscrLHdB, s. 84 SDO Rn. 84.07.

226 Das Ermessen ergibt sich hier aus § 27 Abs. 2 AGG.

227 *Reyes/Lui*, in: Multi-Tier Approaches to the Resolution of International Disputes, S. 232 (237).

228 s. 85 SDO; s. 81 DDO; s. 63 FSDO, s. 79 RDO.

229 *Lui*, in: Discrimination Law & Practice, Rn. 10.008.

230 *Lui*, in: Discrimination Law & Practice, Rn. 10.009.

231 *Kho/Shaheera/Yee*, in: HKEmpLawM, Bd. 1, F.99.

(vgl. aber Rn. 295 ff.).[232] Der (vermeintlich) Diskriminierende wiederum muss nicht an der *conciliation* teilnehmen.[233] Die EOC erhebt für das Verfahren keine Gebühren.[234]

dd) Private Schiedsgerichte bzw. Schlichtungsstellen

134 Sofern vertraglich vereinbart, können arbeitsrechtliche Streitigkeiten vor einem privaten Schiedsgericht verhandelt werden. Fällt die zu behandelnde Streitigkeit allerdings in den Zuständigkeitsbereich des *Labour Tribunal*, ist diese Abrede nicht bindend.[235] Die privaten Schiedsgerichte können daher im Wesentlichen nur im Bereich des Delikts- bzw. Antidiskriminierungsrechts tätig werden, weswegen ihnen – wie in Deutschland[236] – in der Praxis keine nennenswerte Bedeutung zukommt.

b) Gerichtliches Verfahren

135 In Hongkong existiert kein spezielles Gericht, das für alle Streitigkeiten aus dem Arbeitsverhältnis ausschließlich zuständig wäre. Vielmehr liegt die Zuständigkeit je nach Streitwert und -gegenstand bei unterschiedlichen Institutionen. Dies führt bisweilen zu einer Zersplitterung der Zuständigkeiten, bei der Arbeitnehmer unterschiedliche Ansprüche, die auf einem Lebenssachverhalt beruhen, bei unterschiedlichen Institutionen geltend machen müssen.

136 Relevante Institutionen sind das *Labour Tribunal* (vergleichbar mit den deutschen Arbeitsgerichten), der *District Court* (eine Art Landgericht) sowie das *Minor Employment Claims Adjudication Board* (MECAB – eine vergleichbare Institution existiert in Deutschland nicht). Das Rechtsbehelfsgericht des MECAB und des *Labour Tribunal* ist der *Court of First Instance*. Demgegenüber werden Rechtsbehelfe gegen Entscheidungen des *District Court* vor dem *Court of Appeal* verhandelt. Jede dieser Institutionen hat ihr eigenes Prozessrecht, weswegen sich die Verfahren teils erheblich unterscheiden. Die folgende

---

232 *Walsh/Tam/Wong*, Hong Kong Employment Law, S. 432.

233 Vgl. *EOC*, What is Conciliation, abrufbar: https://t1p.de/l5g9z (zuletzt abgerufen: 12.06.2023).

234 *Hou*, Means of Transformation, S. 31; Information auf der EOC Website unter: "What are the advantages of Conciliation?", abrufbar: https://t1p.de/l5g9z (zuletzt abgerufen: 30.05.2023).

235 *Baker McKenzie*, The Global Employer, S. 249.

236 Zu den Einschränkungen der Schiedsvereinbarung im dt. Arbeitsrecht: *Junker*, GK Arbeitsrecht, § 12 Rn. 845.

Übersicht soll einen Überblick über den Instanzenzug des arbeitsgerichtlichen Verfahrens in Hongkong geben.

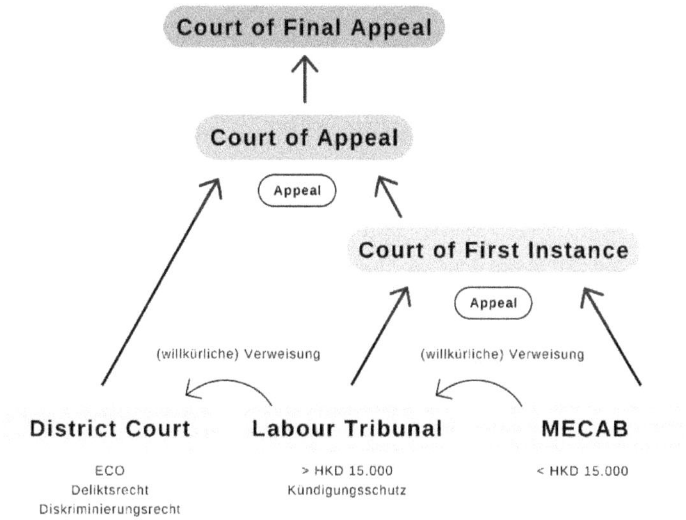

Abbildung 2 – Der Instanzenzug in Hongkong

aa) Grundprinzipien

137 Auch in Hongkong kommt der gütlichen Streitbeilegung eine besondere Bedeutung zu. Das *Labour Tribunal* und das MECAB waren von jeher auf eine gütliche Streitbeilegung ausgerichtet (Rn. 143). In der ordentlichen Gerichtsbarkeit gewann dieser Aspekt durch die Reform des Zivilprozessrechts *(civil justice reform)* im Jahr 2009.[237]

138 Ein weiteres Grundprinzip liegt in der Organisation des gerichtlichen Verfahrens. Während im deutschen Prozessrecht der Vorsitzende wesentliche Anordnungen über den Fortgang des Verfahrens trifft und verspäteten Vortrag zurückweisen kann (§ 296 ZPO), kennt das vom Common Law geprägte Verfahrensrecht in Hongkong keine vergleichbare Stellung des Richters. Obwohl die *civil justice reform* diesen Grundsatz abschwächte,[238] liegt die Verantwortung

237 Ausführlich: *Lo/Cheng/Chui*, The Hong Kong Legal System, S. 391; *Koo*, HKLJ 2015, 769 (769).

238 *Chan*, in: Civil Case Management in the Twenty-First Century, S. 13 (14 f.).

für die Organisation des Verfahrens nach wie vor primär bei den Parteien. Dies zeigt sich bspw. am Verfahren der Beweisaufnahme. Während diese in Deutschland i.d.R. auf einem Beweisbeschluss des Gerichts (§ 359 ZPO) beruht, wird sie in Hongkong von den Parteien selbst initiiert und durchgeführt wird *(examination-in-chief)*.[239]

139 Von diesem strengen parteizentrierten Vorgehen weicht das arbeitsrechtliche Prozessrecht in Hongkong jedoch ab. Sowohl für Verfahren vor dem MECAB, dem *Labour Tribunal* und dem *District Court* (in Diskriminierungssachen) bestehen Sonderregelungen, die die Parteizentriertheit bisweilen vollständig aufheben und sogar Inquisitionspflichten des Vorsitzenden begründen (näher Rn. 194 ff.). Diese Sonderregeln gelten jedoch nur für die Eingangsinstanz, legen die Parteien Rechtsbehelfe ein, wird das Verfahren den Rechtsbehelfsgerichten in der für das Common Law typischen Weise durchgeführt.[240]

140 Im Folgenden wird der Schwerpunkt der Darstellung auf die Rechtsdurchsetzung vor dem *Labour Tribunal* gelegt, das für die Rechtsdurchsetzung durch Arbeitnehmer am bedeutendsten ist. Das MECAB und der *District Court* werden nur in ihren Bezügen zum *Labour Tribunal* analysiert. Auch die Rechtsbehelfsgerichte werden nur in Grundzügen behandelt.

bb) Labour Tribunal

[1] Grundgedanke und Historie

141 Durch das Inkrafttreten der *Labour Tribunal Ordinance* (LTO) wurde im Jahr 1973 während der Kolonialzeit das *Labour Tribunal* geschaffen.[241] Dementsprechend ähneln die gesetzlichen und strukturellen Grundlagen des *Labour Tribunal* in Hongkong denen des *Employment* (früher: *Industrial*[242]) *Tribunal* in Großbritannien.[243]

142 Gleichzeitig wurde damit auch ein Stück deutscher Rechtslehre in Hongkong implementiert. Das heutige britische *Employment Tribunal*, verdankt seine Ausgestaltung maßgeblich *Otto Kahn-Freund*. Dieser war nicht nur

---

239 Vgl. *Lo/Cheng/Chui*, The Hong Kong Legal System, S. 275.

240 *Lee*, in: AO – LTO, s. 10 Rn. 10.05; vgl. zum Gerichtsaufbau: *Lo/Cheng/Chui*, The Hong Kong Legal System, S. 144 ff.

241 *Mohamad*, in: HKEmplLHdB, 4. Aufl., s. 1 LTO Rn. 1.01.

242 *Morgenweck*, EuZA 2013, 395 (397).

243 Die gesetzliche Grundlage der *Employment Tribunals*, der *Employment Tribunal Act 1996* ist anwendbar auf England, Schottland und Wales, nicht aber auf Nordirland (s. 47 Employment Tribunal Act 1996).

Mitverfasser des *Donovan-Reports,* der die Grundlage für die Schaffung der heutigen Arbeitsgerichtsbarkeit in Großbritannien darstellt,[244] sondern prägte auch die deutsche Arbeitsgerichtsbarkeit kurz nach ihrer Begründung entscheidend mit, bevor er im Jahr 1933 nach Großbritannien emigrieren musste.[245]

Ähnlich wie die deutsche Arbeitsgerichtsbarkeit, sollte das britische *Employment Tribunal* eine schnelle, leicht zugängliche und effiziente Alternative zu den ordentlichen Gerichten darstellen,[246] weshalb es zunächst selbst als eine Institution der alternativen Streitbeilegung verstanden wurde.[247] Dieser Grundgedanke liegt auch dem *Labour Tribunal* in Hongkong zugrunde.[248] 143

Um ein effizientes und kostengünstiges Verfahren vor dem Labour Tribunal sicherzustellen, sind die Regeln zur Beweislast sehr formlos gehalten (näher: Rn. 194 ff.). Diesem Ziel soll auch der Ausschluss von Prozessvertretern dienen (näher hierzu Rn. 170).[249] Gleichwohl ist das *Labour Tribunal* keine außergerichtliche Schlichtungsstelle, sondern explizit der Gerichtsbarkeit Hongkongs *(judiciary)* zugeordnet[250] und wird ebenfalls als Gericht *(court)* bezeichnet.[251] Bei seinen Entscheidungen ist das *Labour Tribunal* an die Entscheidungen des *Court of Final Appeal,* des *Court of Appeal* und des *Court of First Instance* gebunden *(doctrine of precedent).*[252] Es existiert jedoch keine *„horizontal stare decisis"*, das heißt, das *Labour Tribunal* ist nicht an seine eigenen (früheren) Entscheidungen gebunden.[253] 144

Obwohl das *Labour Tribunal* unmittelbar nach seiner Gründung einen starken Anstieg der Verfahrenseingänge zu verzeichnen hatte, scheint nur ein relativ kleiner Teil der Arbeitsvertragsparteien Auseinandersetzungen vor dem *Labour Tribunal* auszutragen. Seit 2013 stagnierte die Anzahl der jährlichen 145

---

244 Ausführlich: *Morgenweck*, Die Arbeitsgerichtsbarkeit in England, S. 4 ff.; *Ludyga*, Otto Kahn-Freund, S. 86.

245 Vgl. *Ludyga*, Otto Kahn-Freund, S. 25 ff.; *Blankenburg/Rogowski*, J.Law & Soc. 1986, 67 (70 f.).

246 *Morgenweck*, EuZA 2013, 395 (396).

247 *Dickens*, in: Making Employment Rights Effective, S. 29 (31).

248 *Lo/Cheng/Chui*, The Hong Kong Legal System, S. 156; *Chan/Chan*, in: Goals of Civil Justice and Civil Procedure in Contemporary Judicial Systems, S. 143 (159).

249 *Walsh/Tam/Wong*, Hong Kong Employment Law, S. 667; *Ng*, Labour Law in Hong Kong, S. 197 Rn. 575.

250 *Ng*, Labour Law in Hong Kong, S. 197 Rn. 578.

251 *Department of Justice*, The Legal System in Hong Kong, 5. Aufl. 2020, The Courts, abrufbar: https://t1p.de/lxxp9 (zuletzt abgerufen: 01.06.2023).

252 *Lo/Cheng/Chui*, The Hong Kong Legal System, S. 175.

253 *Lo/Cheng/Chui*, The Hong Kong Legal System, S. 175.

Verfahrenseingänge bei etwa 4.000.[254] Die Ursachen hierfür sind nicht näher erforscht.

[2] Zuständigkeit

146 Die Zuständigkeit des *Labour Tribunal* hängt von zwei Aspekten ab: der Art des Anspruchs *(the type of remedy sought)* und der Anspruchsgrundlage *(cause of action)*.[255]

147 Die Zuständigkeit des Labour Tribunal ist ausschließlich, ein Wahlrecht der Parteien, ihren Anspruch bei der ordentlichen Gerichtsbarkeit geltend zu machen, besteht nicht (s. 7 para. 2 LTO).[256]

148 Die örtliche Zuständigkeit wiederum muss nicht geprüft werden, es gibt lediglich ein *Labour Tribunal* in Hongkong.

[a] The type of remedy sought

149 Das *Labour Tribunal* kann nur über eine begrenzte Anzahl von Ansprüchen entscheiden. Falls der beantragte Anspruch nicht in den *numerus clausus* fällt, ist das *Labour Tribunal* unzuständig, auch wenn der Anspruch aus einem Arbeitsvertrag hergeleitet wird.

150 Die bedeutendste Art von *remedies,* über die das Gericht entscheidet, sind Zahlungsansprüche (*claim for a sum of money* – Nr. 1 Schedule LTO). Diese müssen einen Streitwert von HKD 15.000 (etwa EUR 1.760) pro Kläger übersteigen.[257] Wird dieser Streitwert unterschritten, ist das MECAB ausschließlich zuständig (näher: Rn. 222). Eine Streitwertbegrenzung „nach oben" besteht nicht.[258]

---

254 Zwischen 4.670 und 3.533. Für die Jahre 2010 bis 2020: *Census and Statistics Department*, Hong Kong Annual Digest of Statistics, 2021, S. 426, abrufbar: https://t1p.de/ff6so (zuletzt abgerufen: 31.05.2023). Für die Jahre 2020 bis 2022: *Judiciary*, Annual Report 2022 – Caseload and Case Disposal of the Labour Tribunal, abrufbar: https://t1p.de/ern2j (zuletzt abgerufen: 31.05.2023).

255 Vgl. *Court of First Instance*, Uferahal Ltd v Hansen Larry Douglas, 27.03.2015, HCA 1707/2014, Rn. 14. Vgl. *Ribeiro,* HKLJ 1978, 5 (11). Daneben muss das Arbeitsverhältnis auf eine Tätigkeit in Hongkong ausgerichtet sein; auf diese Voraussetzung wird indes in der Monographie nicht näher eingegangen.

256 *Court of First Instance*, Mind Body (Asia) and Ors v Noble Spirit Ltd trading as Life Solutions and Ors., 08.05.2013, HCA 842/2011, Rn. 42; *Kho/Shaheera/Yee*, in: HKEmpLawM, Bd. 2, N. 2. *Walsh/Tam/Wong*, Hong Kong Employment Law, S. 654.

257 A.e.c. aus Schedule para. 1, 4, 5 a.E. LTO i.V.m. Schedule lit. c MECABO.

258 *Lo/Cheng/Chui*, The Hong Kong Legal System, S. 156; *Rehman*, in: Civil Case Management in the Twenty-First Century, S. 79 (85).

Die Bezeichnung *claim for a sum of money* ist eng auszulegen. Arbeitnehmer können nur die Zahlung einer spezifischen Geldsumme verlangen. Fordert ein Arbeitnehmer bspw. die Übertragung von Aktienpaketen, fällt dieser Anspruch nicht unter den *numerus clausus*.[259] 151

Darüber hinaus ist das *Labour Tribunal* für alle kündigungsschutzrechtlichen Ansprüche (Part VIA EO) zuständig (Nr. 7 Schedule LTO – ausführlich: Rn. 309 ff.).[260] Weniger relevant sind Ansprüche nach Part IXA EO sowie s. 26 para. 2 EO, für die das *Labour Tribunal* ebenfalls ausschließlich zuständig ist (Schedule Nr. 2 u. 4 EO). 152

Generell kann das *Labour Tribunal* nur vergangene Vorgänge kompensieren, nicht aber gegenwärtige Verhältnisse selbst regeln. Es kann daher keine einstweiligen Verfügungen *(interim / interlocutory injunction)* erlassen. Derartige Ansprüche müssen Arbeitnehmer bei der ordentlichen Gerichtsbarkeit geltend machen.[261] Diese Unterscheidung könnte missbraucht werden, indem Parteien im Wege einer einstweiligen Verfügung einen im Grunde irrelevanten Anspruch geltend machen, um dadurch die restlichen Ansprüche ebenfalls vor der ordentlichen Gerichtsbarkeit geltend machen zu können (sog. *window-dressing*).[262] Dieser Umgehung wird indes vorgebeugt. Liegt *window-dressing* vor, weist die ordentliche Gerichtsbarkeit die Klage ab, da die ausschließliche Zuständigkeit des *Labour Tribunal* gegeben ist.[263] 153

---

259 *Court of First Instance*, Mak v La, 24.01.2022, HCA 1967/2020, Rn. 189 ff.

260 Das *Labour Tribunal* kann auch die für die Zuerkennung der beanspruchten Geldzahlung elementaren rechtlichen Vorfragen beurteilen, etwa ob ein Aufhebungsvertrag wirksam ist, *Court of First Instance*, Dock Brian v Pacific Gourmet Holdings Ltd, 11.02.2022, HCLA 14/2021, Rn. 30; a.A. noch: *Court of First Instance*, Minarni v Ho Ho Fan Ivy, 20.04.2018, HCLA 41/2017, Rn. 9 ff.

261 Das *Labour Tribunal* kann allenfalls ein *reinstatement/re-engagement* anordnen, dies jedoch nicht im Wege einer einstweiligen Anordnung; *Court of First Instance*, Woo Kwok Ping v The Incorporated Management Committee of Tsuen Wan Trade Association Primary School, 14.01.2020, HCA 1523/2013, Rn. 35; *Court of First Instance*, Deutsche Bank AG (Hong Kong Branch) v Daniel Mamdou-Blanco, 23.12.2011, HCA 1514/2011, Rn. 17.

262 *Court of First Instance*, Woo Kwok Ping v The Incorporated Management Committee of Tsuen Wan Trade Association Primary School, 14.01.2020, HCA 1523/2013, Rn. 22; *Court of First Instance*, Deutsche Bank AG (Hong Kong Branch) v Daniel Mamdou-Blanco, 23.12.2011, HCA 1514/2011, Rn. 19; *Court of First Instance*, Gain Hill (Hong Kong) Ltd v Li Kin Yip & Anor, 31.08.2006, HCA 1321/2006, Rn. 33.

263 *Court of First Instance*, Mind Body (Asia) and Ors. v Noble Spirit Ltd trading as Life Solutions and Ors., 08.05.2013, HCA 842/2011, Rn. 41 f.

[b] Cause of Action

154 Die Klage muss sich auf spezifische Anspruchsgrundlagen *(cause of action)* stützen. Dies ist entweder der Bruch des Arbeitsvertrages *(breach of a contract of employment)* oder einer Regelung des Arbeitsrechts (EO oder MWO – Nr. 1 Schedule LTO).

155 Aus Nr. 1 Schedule LTO folgt eine implizite Beschränkung der Zuständigkeit des *Labour Tribunal.* Ansprüche aus den verschiedenen *Discrimination Ordinances*, aus der ECO[264] (bei Ansprüchen wegen Arbeitsunfällen) sowie aus dem *tort law*[265] (Ansprüche aus dem Deliktsrecht) können nicht vor dem *Labour Tribunal* geltend gemacht werden, selbst wenn sie auf eine *sum of money* gerichtet sind (Nr. 3 Schedule LTO).[266]

156 Selbst ein Anspruch, der sowohl auf einem Vertragsbruch als auch auf deliktischem Verhalten beruht, fällt nicht in den Zuständigkeitsbereich des *Labour Tribunal.*[267] In all diesen Fällen muss der Anspruch vor der ordentlichen Gerichtsbarkeit (also entweder dem *District Court* oder dem *Court of First Instance)* geltend gemacht werden.[268] Trotz dieser Regel ist eine eindeutige Bestimmung der Zuständigkeit nicht möglich. Denn auch die Frage, ob ein Anspruch überhaupt als deliktisch zu qualifizieren *(tortious nature)* ist, lässt sich nicht immer eindeutig bestimmen.[269]

[c] Willkürliche Zuständigkeit

157 Das *Labour Tribunal* kann seine Zuständigkeit aufgeben (*declining jurisdiction)* und das Verfahren an ein anderes Gericht übertragen (s. 10 para. 2 LTO). Dies

---

264 *Labour Department*, A Concise Guide to the Employment Ordinance, S. 11.

265 *Lam/Fung*, HKEmpLawM. Bd. 2, M. 1.

266 Auch in dieser Eigenheit folgt das *Labour Tribunal* seinem englischen Vorbild, bei dem diese Art der Zuständigkeitsbegrenzung bereits im Donovan-Report angelegt war. Vgl. eine Zusammenfassung der Ergebnisse des Donovan Reports, in: Monthly Labor Review 1968, Vol. 91 No. 8, S. 44 ff.

267 *Court of First Instance*, Lee Yiu Hong v Well In Hotel Supplies Company Ltd, 02.11.2020, HCLA 9/2020, Rn. 16; *Court of First Instance*, Uferahal Ltd (Formerly Known as Hasselblad Asia Pacific, (Hong Kong) Ltd & Anor v Hansen Larry Douglas), 27.03.2015, HCA 1707/2014, Rn. 20.

268 s. 54 para. 2 FSDO; s. 76 para. 3 SDO; s. 72 para. 3 DDO; s. 70 para. 3 RDO.

269 Vgl. *Court of First Instance*, Mind Body (Asia) and Ors. v Noble Spirit Ltd trading as Life Solutions and Ors., 08.05.2013, HCA 842/2011, Rn. 21 f.; *Court of First Instance*, Hofmann Klaus Wolfgang v Asia Today Ltd, 18.01.2019, HCLA 23/2018, Rn. 30 ff.

kann explizit aus jedem Grund *(for any reason)* erfolgen (s. 10 para. 1 LTO), es existieren keine ermessensleitenden Vorschriften oder Anweisungen.[270] Aufgrund dieses großen Ermessensspielraums *(wide and unfettered discretion*[271]*)* ist die Entscheidung, die Sache zu verweisen, praktisch nicht angreifbar.[272]

Die Entscheidung, die Rechtssache nicht zu verweisen, ist hingegen leichter angreifbar (vgl. aber Rn. 276). Dazu muss vorgetragen werden, dass die Rechtssache komplex und daher eine Vertretung unbedingt erforderlich ist *(the case raised potentially difficult questions on the measure of damages and mitigation and cries out for legal representation in the interest of both parties*[273]*)*. Der *Court of First Instance* stellte erst kürzlich klar, dass das Ermessen des *Presiding Officer* insoweit beschränkt ist; er muss die von den Parteien vorgebrachten Argumente für die Verweisung sorgfältig abwägen und dabei berücksichtigen, dass es sich bei den Parteien vor dem *Labour Tribunal* um juristische Laien handelt.[274] 158

Gleichzeitig kann das MECAB in gleicher Weise Rechtsstreitigkeiten an das *Labour Tribunal* verweisen (s. 8 para. 3 MECABO). In diesem Fall ist das *Labour Tribunal* auch für Rechtsstreite zuständig, deren Streitwert HKD 15.000 nicht übersteigt. 159

[3] Die Beteiligten des Verfahrens vor dem *Labour Tribunal*

Da zwischen Verfahren vor dem *Labour Tribunal* und den deutschen Arbeitsgerichten teilweise erhebliche Unterschiede bestehen, soll nachfolgend ein Überblick über die Beteiligten gegeben werden. 160

---

270 *Walsh/Tam/Wong*, Hong Kong Employment Law, S. 669.

271 *High Court*, William Francis Archambaud v Sino Communication Holding Ltd, 07.07.1982, HCLA 7/1982, Rn. 10 [Der *High Court* war von 1975 bis 01.07.1997 ein Obergericht, vergleichbar mit dem jetzigen *Court of First Instance*; *Lo/Cheng/Chui*, The Hong Kong Legal System, S. 142]. Darauf bezugnehmend: *Court of First Instance*, Hofmann Klaus Wolfgang v Asia Today Ltd, 18.01.2019, HCLA 23/2018, Rn. 36.

272 *Lee*, in: AO – LTO, 2. Aufl. 2020, s. 10 Rn. 10.03.

273 *Court of First Instance*, Vermeerbergen Peter Alfred v Swisstribe Ltd, 13.07.2018, HCLA 11/2017, Rn. 13 ff. Unter Bezug auf die Grundsatzentscheidung: *High Court*, Panalpina (Hong Kong) Ltd v Ulrich Haldermann, 16.06.1983, HCA 9664A/1982.

274 *Court of First Instance*, Vermeerbergen Peter Alfred v Swisstribe Ltd, 13.07.2018, HCLA 11/2017, Rn. 13 ff.

[a] Registrar

161 Als *Registrar* werden Mitarbeiter des *Labour Tribunal* bezeichnet, die allgemeine Verwaltungsaufgaben wahrnehmen. Sie spielen bei der organisatorischen Abwicklung der Klageerhebung *(filing)* eine bedeutende Rolle.[275]

[b] Tribunal Officer

162 Eine dem deutschen Recht völlig fremde Rolle nehmen die *Labour Tribunal Officers* ein. Diese fungieren als eine Art Schnittstelle zwischen den Parteien und dem *Presiding Officer.*

163 Aufgabe des *Labour Tribunal Officer* ist es, eine Zusammenfassung des Sachverhalts zu erstellen (s. 14 para. 1 LTO).[276] Hierfür räumt ihm die LTO Ermittlungsbefugnisse ein (s. 14 para. 4 LTO).[277] Diese umfassen die Befragung der Parteien oder Dritter, die Inaugenscheinnahme von Betriebsstätten und die Aufforderung zur Vorlage von Urkunden *(inquiry).* Die Parteien sind zwar nicht verpflichtet, aktiv an einer Befragung mitzuwirken, eine Verweigerung wird jedoch protokolliert (s. 14 para. 5 LTO).

164 Jedem Verfahren ist ein *Tribunal Officer* zugeordnet. Die Parteien haben damit einen festen Ansprechpartner, insbesondere für informelle Verhandlungen über eine gütliche Einigung außerhalb der Anhörungen vor dem Tribunal.[278] Der *Tribunal Officer* spielt somit eine entscheidende Rolle in der Organisation und Strukturierung des gesamten Verfahrens.[279]

165 Einige *Tribunal Officers* werden als *Settlement Tribunal Officer* eingesetzt. Als solche sollen sie den Parteien beim Aushandeln einer gütlichen Einigung behilflich sein und haben keine Ermittlungsbefugnisse.[280]

[c] Presiding Officer

166 Den Kammern *(courts)* des *Labour Tribunal* steht je ein einzelner *Presiding Officer* vor (s. 3 para. 2 LTO). Ehrenamtliche Richter werden – anders als in Deutschland oder England[281] – nicht hinzugezogen.

---

275 Vgl. *Working Party on the Review of the Labour Tribunal*, Report of the Working Party – LC Paper No. CB(2)3033/03-04(01), S. 4 Rn. 2.2.

276 Konkret muss Form 6 der Labour Tribunal Form Rules, Cap. 25C verwendet werden; *Kho/Shaheera/Yee*, in: HKEmpLawM, Bd. 2, N. 18.

277 *Glofcheski/Aslam*, Employment Law and Practice, Rn. 17.038.

278 *Lam*, The Operation of Labour Tribunals and Other Mechanisms for Resolving Labour Disputes, S. 7 Rn. 2.4.4: S. 8 Rn. 2.5.4.

279 *Ribeiro*, HKLJ 1978, 308 (328).

280 *Mohamad*, in: HKEmplLHdB, 4. Aufl., s. 5 LTO Rn. 5.03; *Walsh/Tam/Wong*, Hong Kong Employment Law, S. 664.

281 *Mohamad*, in: HKEmplLHdB, 4. Aufl., s. 3 LTO Rn. 3.02.

Die LTO sieht keine Zuordnung einer Klage zu einem spezifischen *court* vor. Vielmehr ist das Gericht in zwölf *courts* unterteilt, von denen sechs für alle *pre-trial hearings* und die anderen sechs für *trial hearings* zuständig sind (zur Unterscheidung: Rn. 184 ff.).[282] Dementsprechend kommt es regelmäßig zu einem Wechsel des *Presiding Officer* zwischen dem ersten Termin und den späteren Terminen. 167

[d] Dolmetscher

Alle staatlichen Institutionen agieren in Hongkong zweisprachig (Chinesisch im kantonesischen Dialekt und Englisch). Ein Verfahren vor dem *Labour Tribunal* kann nach Wahl der Parteien in einer dieser Sprachen geführt werden.[283] 168

Sofern eine Partei der Verfahrenssprache nicht hinreichend mächtig ist, stellt das *Labour Tribunal* Dolmetscher zur Verfügung.[284] Die Kosten trägt das *Labour Tribunal*.[285] Anders als in Deutschland hat die Beiziehung von Dolmetschern kein erhöhtes Kostenrisiko zur Folge.[286] 169

[e] Prozessvertreter

Nach s. 23 LTO können sich die Parteien vor dem *Labour Tribunal* grds. nicht vertreten lassen.[287] Die Parteien müssen sich vielmehr selbst vertreten. Damit soll ein schnelles, formloses und kostengünstiges Verfahren gewährleistet werden.[288] Diese Regelung ähnelt der alten Rechtslage in Deutschland, in der § 11 Abs. 1 ArbGG [1926] die anwaltliche Vertretung ausschloss, um den Prozess *„so billig wie irgend möglich"* zu gestalten.[289] 170

---

282 *Mohamad*, in: HKEmplLHdB, 4. Aufl., s. 3 LTO Rn. 3.04.

283 *Mohamad*, in: HKEmplLHdB, 4. Aufl., s. 6 LTO Rn. 6.05.

284 *Geffken*, Arbeit in China, S. 181.

285 *Mohamad*, in: HKEmplLHdB, 4. Aufl., s. 6 LTO Rn. 6.05.

286 Die Vergütung des Dolmetschers erhöht die Verfahrenskosten (§ 8 JVEG i.V.m. Nr. 9005 Anlage 1 GKG), die entsprechende Partei muss also für den Fall des Unterliegens mit höheren Verfahrenskosten rechnen. Dies erzeugt in Deutschland ein bedeutendes Hindernis des Zugangs zum Recht für Bevölkerungsteile mit Migrationshintergrund; *Eckert* et al., Erforschung der Ursachen des Rückgangs der Eingangszahlen bei den Zivilgerichten, S. 9.

287 *Kho/Shaheera/Yee*, in: HKEmpLawM, Bd. 2, N. 2.

288 Vgl. *Court of First Instance*, Deutsche Bank AG (Hong Kong Branch) v Daniel Mamdou-Blanco, 23.12.2011, HCA 1514/2011, Rn. 41; *Court of First Instance*, Ali Shoukat v Hang Seng Bank Ltd, 20.06.2005, HCLA 112/2004, Rn. 22; *Walsh/Tam/Wong*, Hong Kong Employment Law, S. 667; *Ng*, Labour Law in Hong Kong, S. 197 Rn. 575.

289 *Daum*, in: Der Erwachte Gesetzgeber, S. 23 (31). Vgl. zur Gesetzgebungsgeschichte: *Pick*, JR 1926, 235 (239).

171 Die Regelung sieht jedoch Ausnahmen vor. Für den Arbeitgeber können entweder Angestellte (*officer or servant* – s. 23 para. 1 lit. d LTO)[290] oder Verbandsvertreter (*office bearer of an association of employers* – s. 23 para. 1 lit. e LTO) vor Gericht auftreten. Arbeitnehmern können sich durch einen Gewerkschaftssekretär (*office bearer of a registered trade union* – s. 23 para. 1 lit. e LTO) vertreten zu lassen.

172 Während die Vertretung des Arbeitgebers durch Angestellte stets zulässig ist, bedarf die Vertretung durch Verbands- bzw. Gewerkschaftsvertreter der Zustimmung des *Presiding Officer* (*leave of the tribunal* – s. 23 para. 1 lit. e LTO). Nähere Vorschriften über die Zulassung dieser Vertreter – etwa über deren Qualifikation – existieren nicht.[291] Es kommt nicht darauf an, ob eine Partei gut vertreten wird, sondern ob durch die Entscheidung die Chancengleichheit aufrechterhalten wird *(maintenance of a level playing field)*.[292]

173 In der Grundsatzentscheidung Mallorca Joenalyn Domingo v Ng Mei Shuen postulierte der *Court of First Instance*, dass die Entscheidung über die Zulassung eines Gewerkschaftsvertreters davon abhänge, ob sich die ortsabwesende Klägerin durch eine Verhandlung mittels Bild- und Tonübertragung selbst vertreten könne.[293] Darüber hinaus ließ das Gericht ausdrücklich offen, ob zur Wahrung der Verhandlungsparität anstelle des vorgesehenen, juristisch nicht ausgebildeten, aber von der Gewerkschaft (kurzzeitig) geschulten Vertreters, ein Vertreter ohne jegliche juristische Ausbildung *(with no paralegal training in any form)* zuzulassen sei.[294] Die Vorstellung, dass Gewerkschaften oder Verbände ihre Parteien in gleicher Weise wie ein Rechtsanwalt vertreten können, wie es in Deutschland üblich ist,[295] wird in Hongkong also nicht geteilt. Nur in Ausnahmefällen können sich Arbeitnehmer in Hongkong durch Gewerkschaften vertreten lassen und wenn ihnen dies möglich ist, entspricht die gewerkschaftliche Vertretung nicht anwaltlichen Standards.[296]

---

290 *Walsh/Smith/Wong*, ChinaStaff 2009, Issue 3, 43 (44).

291 Nach s. 17 para. 2 TUO können Personen grds. nur dann *Trade Union Officer* werden können, wenn sie in der entsprechenden Branche beschäftigt waren oder sind.

292 *Court of Appeal*, Suryani v Chan Tung Chi, 20.03.2013, HCMP 2278/2012, Rn. 11.

293 *Court of First Instance*, Mallorca Joenalyn Domingo v Ng Mei Shuen, 26.07.2018, HCLA 8/2017, Rn. 96.

294 *Court of First Instance*, Mallorca Joenalyn Domingo v Ng Mei Shuen, 26.07.2018, HCLA 8/2017, Rn. 96; ähnlich: *Court of First Instance*, Suryani v Chan Tung Chi, 08.10.2012, HCLA 3/2012, Rn. 22.

295 Vgl. *LAG Hamm*, Bschl. v. 30.01.2006 – 4 Ta 675/05, Rn. 46 (juris).

296 Hierin liegt eine Abweichung zur ursprünglichen Fassung des ArbGG von 1926, die zwar die Vertretung durch Rechtsanwälte ausschloss, die Vertretung durch

Darüber hinaus wird die Vertretung durch Verbands- oder Gewerkschaftsvertreter derzeit stark von der politischen Situation in Hongkong beeinflusst (näher Rn. 447). 174

Rechtsanwälte (in Hongkong entweder *solicitor* oder *barrister*[297]) dürfen nur dann vor dem *Labour Tribunal* auftreten, wenn sie selbst Partei des Rechtsstreits sind, oder wenn ihrem Mandanten eine Geldstrafe wegen Missachtung des Gerichts droht (s. 23 para. 2 LTO). Die LTO verbietet jedoch nicht, dass sich Unternehmen, die Partei eines Rechtsstreits sind, durch Syndikusanwälte *(in-house counsel)* vertreten lassen, da diese als *officer or servant* nach s. 23 para. 1 lit. d LTO gelten. Selbst wenn der Syndikus ein voll qualifizierter *solicitor* oder *barrister* ist und als solcher zugelassen ist *(practicing certificate)*, kann er seinen Arbeitgeber vor dem *Labour Tribunal* vertreten.[298] Dies mag darauf zurückzuführen sein, dass im Hongkong der 1960er und 1970er Jahre das Konzept des Syndikusanwalts abwegig erschien und die ganz überwiegende Anzahl der Rechtsanwälte unabhängig agierte.[299] Obwohl sich dies mittlerweile stark verändert hat, wurde die Regelung nicht reformiert. Arbeitgeber, die eine Rechtsabteilung unterhalten, haben folglich einen erheblichen systematischen Vorteil. 175

Darüber hinaus werden *solicitors* bisweilen damit beauftragt, das Verfahren vor dem *Labour Tribunal* zu begleiten. Ein *solicitor* kann die Partei beispielsweise bei der Ausarbeitung von Schriftsätzen unterstützen oder als Zuschauer an der Verhandlung teilnehmen und die Partei während der Pausen beraten.[300] Ein Anspruch auf Erstattung dieser Kosten besteht indes auch im Obsiegensfalle 176

Mitglieder und Angestellte von Gewerkschaften bzw. Arbeitgeberverbänden aber nur ausschloss, soweit diese nebenberuflich als Rechtsanwalt tätig waren bzw., das Verhandeln vor Gericht gewerbsmäßig betrieben (§ 11 Abs. 1 HS. 2 ArbGG [1926]).

297 *Lorenz*, Investment in Hongkong, S. 12.

298 *High Court*, Century City Holdings Ltd v Siu Tat Yin Eddie, 08.07.1994, HCLA 16/1994, Rn. 3 ff.; entsprechend zum *Small Claims Tribunal*: *Court of First Instance*, Ho Ka Man T/a Body Basics v Hutchison Telecommunications (HK) Ltd, 13.06.2003; HCSA 26/2003, Rn. 4 ff.; vgl. *Walsh/Smith/Wong*, ChinaStaff 2009, Issue 3, 43 (44).

299 *Mohamad*, in: HKEmplLHdB, 4. Aufl., s. 23 LTO Rn. 23.03.

300 *Hugill*, in: Hugill & Ip Solicitors, The HIP talks (Audio-Podcast), Folge vom 06.07.2022, Min. 21:11, Transkript abrufbar: https://t1p.de/ujsnt (zuletzt abgerufen: 01.06.2023).

regelmäßig nicht.[301] Für derartige Unterstützungsleistungen wird auch keine Beratungs- oder Prozesskostenhilfe *(legal aid)* gewährt.[302]

177 In den weiteren Instanzen richtet sich die Zulässigkeit der Vertretung nicht mehr nach der LTO, sondern nach den Regelungen des jeweiligen Gerichts.[303] Vor dem *District Court*, den Gerichten des *High Court* und beim *Court of Final Appeal* ist die anwaltliche Vertretung möglich, aber nicht zwingend.[304]

178 Die Parteien vor dem *Labour Tribunal* haben jedoch die Möglichkeit, sich auf Antrag in der Verhandlung von einem Beistand begleiten zu lassen (sog. *McKenzie-friend*). Diese Möglichkeit, die im Common Law auf die Grundsatzentscheidung McKenzie v McKenzie[305] des *Court of Appeal for England & Wales* zurückgeht, wurde für Verfahren vor dem *Labour Tribunal* bestätigt.[306] Allerdings hat der *Presiding Officer* bei der Zulassung einen weiten[307] Ermessensspielraum.[308] Ein *McKenzie-friend* darf darüber hinaus nur begrenzte Aufgaben übernehmen,[309] bspw. der Partei Dokumente reichen. Ein Vortrag für den Kläger wird – nach den Erfahrungen des Autors – nicht zugelassen.

[4] Ablauf

179 Bevor auf die einzelnen Verfahrensschritte vor dem *Labour Tribunal* eingegangen wird, soll die folgende Abbildung zunächst einen groben Überblick Verfahrensablauf ermöglichen. Dargestellt ist die Durchsetzung eines

301 *Court of First Instance*, Vermeerbergen Peter Alfred v Swisstribe Ltd, 13.07.2018, HCLA 11/2017, Rn. 20; *Walsh/Tam/Wong*, Hong Kong Employment Law, S. 671; *Lorenz*, Investment in Hongkong, S. 13.

302 *Legal Aid Department*, Guide to Legal Aid Services in Hong Kong, 2019, S. 6, abrufbar: https://t1p.de/xspyy (zuletzt abgerufen: 07.06.2023).

303 *Supreme Court*, Dataprep (H.K.) Ltd v Kuo Chi-yung Peter, 28.08.1974, CACV 16/1974, Rn. 20 [Der *Supreme Court* war von 1844 bis 1975 das alleinige Appellationsgericht in Hongkong; *Lo/Cheng/Chui*, The Hong Kong Legal System, S. 142]; vgl. *Mohamad*, in: HKEmplLHdB, 4. Aufl., s. 23 LTO Rn. 23.03.

304 *Lorenz*, Investment in Hongkong, S. 8 f.

305 *Court of Appeal (England & Wales)*, McKenzie v McKenzie, 12.06.1970, [1970] 3 All ER 1034.

306 Vgl. etwa: *Court of First Instance*, Ho Lan Fong v Lam Gook trading as Lam Tai Hing Restaurant, 11.05.2004, HCLA 130/2003, Rn. 55; *Court of First Instance*, Suryani v Chan Tung Chi, 08.10.2012, HCLA 3/2012, Rn. 13.

307 Vgl. *McArdle*, in: Gender, Violence and the State in Asia Routledge, S. 204 (208).

308 *Court of First Instance*, Ho Lan Fong v Lam Gook trading as Lam Tai Hing Restaurant, 11.05.2004, HCLA 130/2003, Rn. 55.

309 Vgl. *Court of First Instance*, Ho Lan Fong v Lam Gook trading as Lam Tai Hing Restaurant, 11.05.2004, HCLA 130/2003, Rn. 40 ff.

Kündigungsrechtsstreits. Der erste Schritt, die *conciliation* vor der *Labour Relations Division* wurde bereits erörtert, das Verfahren vor dem *Labour Tribunal* beginnt danach mit dem *filing.*

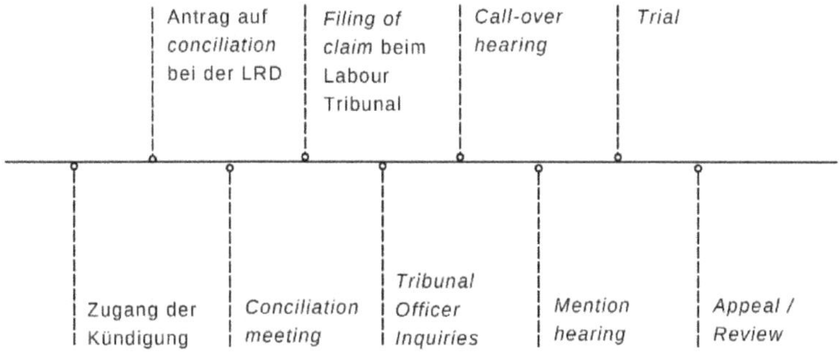

Abbildung 3 – Die Rechtsdurchsetzung am Beispiel eines Kündigungsstreits

[a] Filing

Der erste Schritt, um einen Rechtsstreit vor dem *Labour Tribunal* einzuleiten ist die Klageerhebung *(filing)* bei der Geschäftsstelle *(registry)*, die mit der Rechtsantragsstelle (§ 496 ZPO i.V.m. § 46 Abs. 2 S. 1 ArbGG) verglichen werden kann (s. 11 LTO).[310] 180

Üblicherweise erscheint der Kläger *(claimant)* persönlich in den Räumlichkeiten des *Labour Tribunal,* um seine Klage zu erheben *(filing of claim)*, dies ist aber nicht zwingend.[311] Im Zuge der Klageerhebung erfolgt i.d.R. eine erste Befragung des Klägers durch den *Tribunal Officer.*[312] Außerdem muss der Kläger Formblätter ausfüllen, auf denen der Anspruch benannt und knapp erläutert wird (insb. Form 2 und 3, Labour Tribunal Forms Rules). Der *Registrar* kann indes auch die mündliche Klageerhebung gewähren (s. 11 para. 3 LTO). 181

Dem Kläger bleibt es unbenommen, die Klagebegründung nachträglich zu ergänzen, eine Präklusion droht nicht. Sofern – wie üblich – zuvor eine *conciliation* vor der *Labour Relations Division* durchgeführt wurde, übersendet diese dem *Labour Tribunal* ein Memorandum sowie die von den Parteien 182

310 Eine detaillierte Beschreibung der Vorgehensweise beim *filing* findet sich bei: *Judiciary*, Guide to Court Service – Labour Tribunal, abrufbar: https://t1p.de/inno7 (zuletzt abgerufen: 30.05.2023).

311 *Mohamad*, in: HKEmplLHdB, 4. Aufl., s. 11 LTO Rn. 11.02.

312 *Mohamad*, in: HKEmplLHdB, 4. Aufl., s. 11 LTO Rn. 11.02.

eingereichten Dokumente. Mit diesen Unterlagen soll sich der *Tribunal Officer* zunächst vertraut machen, bevor er die Befragung des Klägers vornimmt.[313]

[b] Inquiries des Tribunal Officer

183 Nach der Klageerhebung kontaktiert der *Tribunal Officer* den Beklagten *(respondent)* und fordert diesen zur Stellungnahme auf.[314] Der Beklagte kann den Anspruch sofort ganz oder teilweise anerkennen. Lehnt der Beklagte den Anspruch (teilweise) ab, fordert der *Tribunal Officer* ihn auf, zum Sachverhalt Stellung zu nehmen und ggf. die Niederschriften von Zeugenaussagen *(witness statements)* einzureichen.[315] Wie dargelegt (Rn. 163), muss der Beklagte hierauf nicht reagieren (s. 14 para. 5 LTO).

[c] Call-over Hearing

184 Im Anschluss an die Klageerhebung wird ein Termin zum *call-over hearing* anberaumt, der regelmäßig zehn bis dreißig Tage später stattfindet (s. 13 para. 1 lit. a LTO).[316] Dieser Termin ähnelt der Güteverhandlung (§ 54 Abs. 1 S. 1 ArbGG). Der *Presiding Officer* führt in den Sach- und Streitstand ein und versucht sodann auf eine gütliche Einigung *(settlement)* hinzuwirken.[317] Mit Zustimmung beider Parteien kann der *Presiding Officer* die Sache an einen *Settlement Tribunal Officer* verweisen.[318] Dies ähnelt der Verweisung an den Güterichter nach § 54 Abs. 6 S. 1 ArbGG.

185 Kommt eine Einigung nicht zustande, so erlässt der *Presiding Officer* eine *order*, die er für angemessen *(fit)* erachtet (s. 22 para. 1 LTO). Konkret kann der *Presiding Officer* z. B. anordnen, dass weitere Beweismittel von den Parteien einzureichen sind.[319] Auch insoweit bestehen Ähnlichkeiten zum deutschen Verfahrensrecht (vgl. §§ 54 Abs. 1 S. 2 und 56 Abs. 1 S. 2 Nr. 1 ArbGG).

---

313 *Working Party on the Review of the Labour Tribunal*, Report of the Working Party – LC Paper No. CB(2)3033/03-04(01), S. 8 Rn. 2.15.

314 *Walsh/Tam/Wong*, Hong Kong Employment Law, S. 661.

315 *Walsh/Smith/Wong*, ChinaStaff 2009, Issue 3, 43 (44).

316 *Working Party on the Review of the Labour Tribunal*, Report of the Working Party – LC Paper No. CB(2)3033/03-04(01), S. 10 Rn. 2.24; *Mohamad*, in: HKEmplLHdB, 4. Aufl., s. 13 LTO Rn. 13.02; *Hou*, Means of Transformation, S. 28.

317 *Kho/Shaheera/Yee*, in: HKEmpLawM, Bd. 2, N. 33; *Hou*, Means of Transformation, S. 28.

318 *Walsh/Smith/Wong*, ChinaStaff 2009, Issue 3, 43 (44); *Working Party on the Review of the Labour Tribunal*, Report of the Working Party – LC Paper No. CB(2)3033/03-04(01), S. 11 Rn. 2.29.

319 *Kho/Shaheera/Yee*, in: HKEmpLawM, Bd. 2, N. 33.

Darüber hinaus kann der *Presiding Officer* eine Sicherheitsleistung *(security for costs)* anordnen (s. 30 LTO).[320] Wie vor den deutschen Arbeitsgerichten wird ein solcher Vorschuss beim *filing* nicht verlangt. Ein Sicherungszweck, der die Anordnung einer Sicherheitsleistung rechtfertigen kann, liegt insbesondere dann vor, wenn zu befürchten ist, dass sich eine Prozesspartei ins Ausland absetzt (s. 30 para. 4 lit. a (iii) LTO). Die Prozesspartei könnte sich sonst der Kostenentscheidung *(cost order)* am Ende des Prozesses vollständig entziehen. Anders als der Kostenvorschuss lässt die Anordnung einer *security* eine Entscheidungstendenz des *Labour Tribunal* erkennen und ist daher für die Verhandlungen über eine gütliche Einigung von wesentlicher Bedeutung. 186

Im Falle der Säumnis einer der Parteien kann die andere Partei den Erlass eines Versäumnisurteils beantragen (s. 20A para. 1; 21 LTO – ausführlich hierzu Rn. 288 ff.).[321] 187

Wegen der inquisitorischen Pflichten des *Presiding Officer* und des oftmals zu Beginn des Verfahrens nur fragmentarisch vorliegenden Sachverhalts dauern *call-over hearings* ebenso wie die weiteren *hearings* zumeist nicht weniger als eine Stunde, nicht selten sogar mehrere Stunden.[322] 188

[d] Mention Hearing

Zwischen dem *call-over hearing* und dem Termin zur Beweisaufnahme *(trial)* werden oftmals *pre-trial* bzw. *mention hearings* anberaumt.[323] Hierbei werden keine Beweise erhoben, der Termin dient vielmehr administrativen Zwecken, der *Presiding Officer* kann aber auch zu diesem Zeitpunkt auf eine gütliche Einigung der Parteien hinwirken. 189

Das Verfahren kann jederzeit unterbrochen werden, um weitere Versuche einer gütlichen Einigung zu unternehmen. Dies setzt nur voraus, dass die Möglichkeit einer gütlichen Einigung hinreichend wahrscheinlich ist oder dass die Parteien mit diesem Vorgehen einverstanden sind (s. 15 para. 3 LTO). Daneben 190

---

320 *Walsh/Tam/Wong*, Hong Kong Employment Law, S. 671.

321 *Kho/Shaheera/Yee*, in: HKEmpLawM, Bd. 2, N. 33.

322 Ähnliche Schilderung auch bei: *Frection*, Does the current process to address labour rights violations of Migrant Domestic Workers in Hong Kong Provide an Effective Remedy?, S. 69.

323 *Judiciary*, Guide to Court Service – Labour Tribunal, abrufbar: https://t1p.de/inno7 (zuletzt abgerufen: 30.05.2023); *Working Party on the Review of the Labour Tribunal*, Report of the Working Party – LC Paper No. CB(2)3033/03-04(01), S. 11 Rn. 2.31.

kann der *Presiding Officer hearings* nach freiem Ermessen vertagen (*adjournment* – s. 29A LTO).[324]

[e] Trial

191 Der nächste Verfahrensabschnitt ist das *trial (hearing).*[325] Dieses ähnelt dem Termin zur mündlichen Verhandlung vor der Kammer (§ 57 Abs. 1 ArbGG), unterscheidet sich aber in Aufbau und Ablauf. Auch der Umfang des *trial* ist bedeutend größer, mehrtägige *trials* sind nicht die Ausnahme, sondern die Regel.

192 Zunächst haben die Parteien den Sachverhalt jeweils aus ihrer Sicht vorzutragen *(opening submissions).*[326] Anschließend kann der *Presiding Officer* den Parteien gestatten, sich gegenseitig bzw. Zeugen zu befragen (s. 27 para. 1 LTO).[327] Zuletzt haben die Parteien den Sachverhalt nochmals abschließend vorzutragen *(closing submissions).*[328] Der *Presiding Officer* kann jedoch nach eigenem Ermessen von dieser Vorgehensweise abweichen und bspw. auf die *closing submissions* verzichten.[329]

193 Generell sind die prozessrechtlichen Regeln für die Beweiserhebung vor dem *Labour Tribunal* sehr kurz gehalten. Die vor anderen Gerichten in Hongkong geltenden strengen Beweisregeln sind explizit ausgeschlossen (s. 27 para. 2 LTO).

194 Zudem weicht die LTO radikal vom Beibringungsgrundsatz ab.[330] Den *Presiding Officer* trifft eine Inquisitionspflicht, er muss also den Sachverhalt eigenständig ermitteln (s. 20 para. 3 EO).[331] Hierfür kann er von Amts wegen[332]

---

324 Anders als bei Verfahren vor der ordentlichen Gerichtsbarkeit findet bei Verfahren vor dem Labour Tribunal keine *Case Management Conference* statt. Die jeweiligen Verfahrenstermine werden allein durch den *Presiding Officer* festgelegt.

325 *Kho/Shaheera/Yee*, in: HKEmpLawM, Bd. 2, N. 33.

326 *Judiciary*, Guide to Court Service – Labour Tribunal, abrufbar: https://t1p.de/inno7 (zuletzt abgerufen: 30.05.2023).

327 *Hou*, Means of Transformation, S. 28.

328 *Judiciary*, General Guidelines for Preparation for Trial – Labour Tribunal, 2017, S. 3, abrufbar: https://t1p.de/vpciq (zuletzt abgerufen: 12.06.2023).

329 *Judiciary*, General Guidelines for Preparation for Trial – Labour Tribunal, 2017, S. 1 u. 3, abrufbar: https://t1p.de/vpciq (zuletzt abgerufen: 12.06.2023).

330 Eine ähnliche Ausgangsbasis besteht für deutsche Arbeitsgerichte bei Beschlussverfahren (§ 81 Abs. 1 ArbGG).

331 *Mohamad*, in: HKEmplLHdB, 4. Aufl., s. 20 LTO Rn. 20.02; *Kho/Shaheera/Yee*, in: HKEmpLawM, Bd. 2, Stand: 09.2021, N. 20, *Walsh/Smith/Wong*, ChinaStaff 2009, Issue 3, 43 (44).

332 *Ribeiro*, HKLJ 1978, 308 (331).

Zeugen laden (s. 20 para. 2 LTO) und vom Unmittelbarkeitsgrundsatz abweichen *(hearsay evidence)*.[333] Darüber hinaus kann der *Presiding Officer* die Vorlage von Urkunden anordnen (s. 20 para. 2 LTO).

195 Der *Presiding Officer* darf sich nicht nur auf die von den Parteien vorgebrachten Tatsachen beschränken, sondern muss alle in Betracht kommenden Umstände untersuchen bzw. sogar ausforschen *(any matter which may be considered relevant to the claim whether or not it has been raised by either party* – s. 20 para. 3 LTO*)*.[334] In Chan Yat San v Future Lucky (296) Ltd. führte der *Court of First Instance* zum Umfang dieser Pflicht aus:

196 „*Further, the inquisitorial role of the Presiding Officer under s. 20 of the Ordinance involves the duty to investigate relevant matters. Incidental to its performance of such a role and its duty to ensure a fair trial, in cases where there are disputes on facts and the credibility of witnesses is essential to the Presiding Officer's determination, the Presiding Officer has the duty to raise with a party matters that require its clarification or elaboration, on which the Presiding Officer has queries and which may be determined against the party. This is in order to give the party an opportunity to deal with these matters and to call evidence on such matters.*"[335]

197 Die Inquisitionspflicht des *Presiding Officers* endet dort, wo eine Inquisition abwegig erscheint, hierbei steht ihm ein Ermessensspielraum *(discretion)* zu.[336] Übt der *Presiding Officer* dieses Ermessen fehlerhaft aus, ermittelt er also den Sachverhalt nicht hinreichend, stellt dies einen Rechtsfehler dar, der zur Aufhebung der Entscheidung führt.[337]

198 Dies entbindet die Parteien jedoch nicht gänzlich von ihrer Verantwortung für die Aufklärung des Sachverhalts, denn die Inquisitionspflicht ist nicht

---

333 *Court of First Instance*, Treasure Cost Ltd v Nio Soang Tek, 05.11.2000, HCLA 95/2000, Rn. 12.

334 *Kho/Shaheera/Yee*, in: HKEmpLawM, Bd. 2, N. 20.

335 *Court of First Instance*, Chan Yat San v Future Lucky (296) Ltd, 23.07.2013, HCLA 18/2012, Rn. 14; zustimmend bezugnehmend: *Court of First Instance*, Vermeerbergen Peter Alfred v Swisstribe Ltd, 09.03.2016, HCLA 36/2015, Rn. 18.

336 *High Court*, Chan Suk Bing, Angie v Harbour Phoenix Ltd & Anor, 21.09.1992, HCLA 46/1991, Rn. 7; *Court of First Instance*, Le Thi Bich Thuy Kitty v Sheraton International (Hong Kong) Ltd trading as Sheraton Hong Kong Hotel & Towers, 04.06.2004, HCLA 34/2004, Rn. 8; *Mohamad*, in: HKEmplLHdB, 4. Aufl., s. 20 LTO Rn. 20.03.

337 *Court of First Instance*, Vermeerbergen Peter Alfred v Swisstribe Ltd, 09.03.2016, HCLA 36/2015, Rn. 10; *Court of First Instance*, Wai Mei Lai Stella v Viya Pramita, 28.06.2011, HCLA 3/2010, Rn. 16.

grenzenlos *(absolute)*.[338] Das Verhältnis zwischen der Verantwortung der Parteien und der Inquisitionspflicht ist nicht vollends klar, da die Entscheidungen hierüber variieren.

199 Im Jahr 1992 hatte der *High Court* noch eine recht rigide Inquisitionspflicht vor Augen:

200 *„In view of the lack of legal representation and the informal nature of the hearings, there is thrusted upon the presiding officers the duty to investigate relevant matters irrespective whether they are raised or relied upon by any party. Despite the enormous workload that exists in the tribunal and the speed the Ordinance requires the claims to be dealt with, presiding officers should not allow themselves to derogate from this statutory duty under any circumstances, if a fair and just disposition of the Claim is to be ensued* [sic!]. *The requirements of justice in a judicial system such as the tribunal is such that the presiding officers are required to assume an active inquisitive role in the proceedings.“*[339]

201 Der *High Court* erkannte jedoch an, dass der Inquisitionsgrundsatz nicht *absolute* sei, der *Presiding Officer* also ein gewisses Ermessen hat, davon abzuweichen.[340] Wie dieses Ermessen auszuüben ist, bzw. was der Wesenskern der Inquisitionspflicht darstellen soll, ist nach wie vor unklar. Dies zeigt nicht zuletzt eine kürzlich ergangene Entscheidung des *Court of First Instance* in der Rechtssache Mulakh-raj v Balaji Group Ltd. T/A Tulsi Indian Restaurant:

202 *„Despite the statutory duty of the Tribunal* [sic!][341] *to investigate, the Court has explained that a litigant bears the primary responsibility in the preparation and procurement of evidence in support of his case […].“*[342]

---

338 *Court of First Instance*, 雲天曼 (Woon Thean Mun) 香港航空有限公司 (Hong Kong Airlines Ltd), 18.01.2023, HCLA 27/2018, Rn. 56.

339 *High Court*, Chan Suk Bing, Angie v Harbour Phoenix Ltd & Anor, 21.09.1992, HCLA 46/1991, Rn. 7.

340 *High Court*, Chan Suk Bing, Angie v Harbour Phoenix Ltd & Anor, 21.09.1992, HCLA 46/1991, Rn. 7.

341 Unklar ist, warum der *Court of First Instance* hier von *„Tribunal“* spricht. Nach s. 20 para. 3 LTO obliegt die Inquisitionspflicht indes eindeutig dem *Presiding Officer*. Auf diesen Umstand geht das Gericht ebenso wenig ein, wie auf den Umstand, dass die vermeintliche Inquisitionspflicht des *Tribunal Officer* in der in Bezug genommenen Leitentscheidung keine Rolle spielte.

342 *Court of First Instance*, Mulakh-raj v Balaji Group Ltd T/A Tulsi Indian Restaurant, 11.08.2021, HCLA 8/2021, Rn. 15. Ähnlich: *Court of First Instance*, 雲天曼 (Woon Thean Mun) 香港航空有限公司 (Hong Kong Airlines Ltd), 18.01.2023, HCLA 27/2018, Rn. 56.

Der *Court of First Instance* bezog sich dabei auf die Entscheidung Le Thi Bich Thuy Kitty v Sheraton International. Diese enthält zwar den selben Wortlaut, kleidet ihn aber anders ein: 203

204 *„The duty to investigate should not be confused with the power to summon witnesses. A Presiding Officer can still decide a case by reference to burden of proof and there is no duty on the part of the Presiding Officer to summon witnesses to fill the gaps in the evidence of a litigant, [...]. A litigant should bear the primary responsibility in the preparation and procurement of evidence in support of his case. [...] However, if the Presiding Officer had not explained adequately the significance of the evidence of a witness, and a party had no reason to suspect that the other evidence adduced by him would be open to doubt if a witness is not called, the Presiding Officer should not solely rely on the failure to call such a witness to disbelieve the other evidence before the court.“*[343]

205 Nach dieser Entscheidung scheint sich die Verantwortung der Parteien also primär auf die Ladung von Zeugen zu beziehen. Der *Presiding Officer* wird nur davon freigestellt, Lücken in der Beweisführung zu schließen. Diese Argumentation scheint eher sicherstellen zu wollen, dass die Parteien nicht im *appeal* einen neuen Zeugen „aus dem Hut zaubern“. Denn ein solches Vorgehen der Parteien kann mit dem Verweis auf ihre Verantwortung für die Benennung von Zeugen leicht unterbunden werden. Darüber hinaus scheint die Entscheidung aber von einer umfassenden Aufklärungspflicht des *Presiding Officer* auszugehen, da die Entscheidung die Zeugenladung gerade von der Sachverhaltsermittlung *(investigation)* abgrenzt.

206 Neue Unklarheiten ergeben sich jedoch aus der kürzlich ergangenen Entscheidung 雲天曼 (Woon Thean Mun) v 香港航空有限公司 (Hong Kong Airlines Ltd). Der *Court of First Instance* verweist hierbei zunächst ebenfalls auf Le Thi Bich Thuy Kitty v Sheraton International, daneben aber auch auf Monti Mary Pais v Shilesh Ramesh Kuwadekar,[344] in der es heißt:

207 *„It was up to the Claimant, if she so wished, to call him as a witness. If she failed to do so, she could not blame the Tribunal. Even for proceedings in the Tribunal, a litigant should bear the primary responsibility in the preparation and procurement of evidence in support of her own case.“*[345]

---

343 *Court of First Instance*, Le Thi Bich Thuy Kitty v Sheraton International (Hong Kong) Ltd trading as Sheraton Hong Kong Hotel & Towers, 04.06.2004, HCLA 34/2004, Rn. 15 f.

344 *Court of First Instance*, 雲天曼 (Woon Thean Mun) 香港航空有限公司 (Hong Kong Airlines Ltd), 18.01.2023, HCLA 27/2018, Rn. 56.

345 *Court of First Instance*, Monti Mary Pais v Shilesh Ramesh Kuwadekar, 28.01.2005, HCLA 65/2004, Rn. 14.

208 Während der *Court of First Instance* in Le Thi Bich Thuy Kitty v Sheraton International die Lücken im Sachverhalt betont, die eine Partei selber schießen müsse, ist eine derartige Einschränkung in Monti Mary Pais v Shilesh Ramesh Kuwadekar nicht zu erkennen. Die Entscheidung geht auch nicht auf die Hinweispflichten des *Presiding Officer* ein. Stattdessen scheinen hier *investigation* und *summons* ineinander überzugehen; die Partei soll wohl eine umfassende Verantwortung tragen. Dass der *Court of First Instance* nun in der Entscheidung 雲天曼 (Woon Thean Mun) v 香港航空有限公司 (Hong Kong Airlines Ltd) auf beide Urteile gleichzeitig verweist, ohne diese Diskrepanzen zu thematisieren, führt zu neuen Verwirrungen.

209 Die Rechtslage ist derzeit also nebulös und vermutlich stark einzelfallabhängig. Es existiert jedenfalls eine (Mit-)Verantwortung der Parteien, ihren Sachverhalt zu präsentieren, deren Ausmaß (wohl) im Ermessen des *Presiding Officer* liegt.[346]

[f] Verkündung der Entscheidung (Decision)

210 Zuletzt folgt die Verkündung des Urteils *(award)* durch den *Presiding Officer*. Diese kann entweder unmittelbar nach Abschluss des *trial* oder in einem gesonderten Termin, muss aber unverzüglich *(as soon as possible)* vorgenommen werden (s. 22 para. 1 LTO).[347] Hat der *Presiding Officer* die Entscheidung mündlich verkündet, muss das *Labour Tribunal* binnen 14 Tagen den Parteien eine schriftliche Ausfertigung zustellen (s. 22 para. 3 LTO). Die schriftliche Ausfertigung muss aber nicht zwingend die Entscheidungsgründe umfassen. Vielmehr liegt es im Ermessen des *Presiding Officer*, ob er die Entscheidungsgründe lediglich mündlich verkündet oder auch schriftlich abfasst (s. 22 para. 2 LTO).[348] Sofern der *Presiding Officer* die Entscheidung nur mündlich begründet, können die Parteien kostenpflichtig eine Niederschrift *(transcript)* des gesamten Verfahrens beim *Labour Tribunal* beantragen (ausführlich: Rn. 291).[349]

211 Der *Presiding Officer* entscheidet über die Klage und die Kosten des Verfahrens *(cost order)*. Obwohl die Klageerhebung nur mit (sehr geringen)

---

346 *Court of First Instance*, 雲天曼 (Woon Thean Mun) 香港航空有限公司 (Hong Kong Airlines Ltd), 18.01.2023, HCLA 27/2018, Rn. 56; *High Court*, Chan Suk Bing, Angie v Harbour Phoenix Ltd & Anor, 21.09.1992, HCLA 46/1991, Rn. 7.

347 *Kho/Shaheera/Yee*, in: HKEmpLawM, Bd. 2, N. 33.

348 *Court of First Instance*, Salazar Alma F. v Chan Chue Kai & Anor, 19.12.2012, HCLA 21/2012, Rn. 18; *Court of First Instance*, Chan Tsz Kwan v Wing Yip E&M Ltd, 11.01.2008, HCLA 36/2006, Rn. 16.

349 *Glofcheski/Aslam*, Employment Law and Practice, Rn. 17.051 (Fn. 147).

Gebühren[350] *(fee)* verbunden ist,[351] haften die Prozessparteien für die Kosten[352] und Auslagen *(costs and expenses)* der anderen Partei (s. 28 para. 1 LTO). Dabei ist insbesondere der Verdienstausfall der Gegenpartei und ihrer etwaigen Zeugen auszugleichen (s. 28 para. 1 lit. a und b LTO – näher: Rn. 239 ff.).

[g] Rechtsbehelfe

Nach Verkündung des Urteils besteht die Möglichkeit, einen Rechtsbehelf[353] *(appeal* bzw. *review)* gegen die Entscheidung einzulegen. 212

Die *review* (s. 31 LTO) ähnelt der Abhilfeentscheidung im deutschen Prozess- 213
recht (§ 78a ArbGG). Der *Presiding Officer* kann entweder von Amts wegen (s. 31 para. 2 lit. a LTO) oder auf Antrag einer Partei (s. 31 para. 2 lit. b LTO) seine Entscheidung aufheben und abändern oder sogar erneut in die Beweisaufnahme eintreten (s. 31 para. 1 LTO).

Alternativ oder anschließend können die Parteien, *appeal* einlegen. Ein *appeal* 214
ähnelt der Revision nach §§ 72 ff. ArbGG, denn der *Court of First Instance* überprüft lediglich, ob die Entscheidung einen Rechtsfehler aufweist (*erroneous in point of law* bzw. *outside the jurisdiction* – s. 32 para. 1 LTO). Der Prüfungsrahmen unterscheidet sich jedoch.[354]

Anders als in Großbritannien existiert in Hongkong kein *Employment Appeal* 215
Tribunal, vielmehr folgt der Rechtsstreit dem ordentlichen zivilrechtlichen

350 Die *Labour Tribunal Fee Rules* unterscheiden nicht zwischen Kosten, Gebühren und Auslagen. Vielmehr fällt zunächst eine Art Pauschalsumme an, die hier *Gebühr* genannt wird. Neben der Pauschalsumme können nämlich in besonderen Fällen noch weitere Auslagen verlangt werden, etwa zur Übersetzung von Dokumenten oder der strafbewehrten Ladung von Zeugen (*subpoena*).

351 Der *fee* beträgt zwischen HKD 20 und 50 (Schedule LTFR).

352 Der Begriff *costs* wird hier mit *Kosten* übersetzt, er darf aber nicht Synonym mit dem deutschen Kosten-Begriff der ZPO (§ 91 ZPO) verwendet werden; das Hongkonger Verständnis von *Kosten* ist wesentlich weiter.

353 Sowohl *review* als auch *appeal* sind im technischen Sinne keine Rechtsmittel. Beim *review* mangelt es schon am Devolutiveffekt, beim *appeal* am Suspensiveffekt (vgl. s. 37 LTO). Vgl. *Groh*, in: Rechtswörterbuch, Rechtsmittel.

354 Insbesondere variiert die Kontrolle der Beweiswürdigung. Eine dem deutschen Revisionsrecht vergleichbare Beschränkung der Kontrolle findet im Rahmen eines *appeal* nicht statt, die Beweiswürdigung kann vielmehr wesentlich umfassender geprüft werden; vgl. *Court of First Instance*, Yiu Sze Ting (姚詩婷) Hlb Hodgson Impey Cheng Ltd (國衛會計師事務所有限公司), 11.06.2019, HCLA 19/2017, Rn. 34; *Court of First Instance*, Mallorca Joenalyn Domingo v Ng Mei Shuen, 16.04.2020, HCLA 17/2019, Rn. 7 ff.

Instanzenzug.[355] Hierbei bestehen zwei Verfahrensschritte: Zunächst muss die Prozesspartei die Zulassung des Rechtsbehelfs *(application for leave to appeal)* beim hierfür zuständigen *Court of First Instance* beantragen (s. 32 LTO). Beantragt eine Partei *leave to appeal*, beraumt der *Court of First Instance* regelmäßig ein *hearing* an.[356] In diesem Fall stellt das *Labour Tribunal* der Partei spätestens zehn Tage vor dem *hearing* eine schriftliche Urteilsbegründung *(written determination)* zu.[357] Will die Partei zuvor die Urteilsgründe prüfen, kann sie kostenpflichtig eine Niederschrift des *trial* und der Urteilsverkündung verlangen (näher: Rn. 291).

216 Bei der Entscheidung, ob *leave to appeal* gewährt wird *(granted)*, nimmt der *Court of First Instance* eine summarische Prüfung der Erfolgsaussichten vor *(the intended appeal is arguable*[358]*)*. Verweigert der *Court of First Instance leave to appeal*, so ist diese Entscheidung nicht mehr anfechtbar (s. 32 para. 3 LTO). Gewährt er *leave to appeal*, prüft er in einem zweiten Schritt umfassend die Erfolgsaussichten und entscheidet dann, ob der *appeal* Erfolg hat *(allowed)* oder verworfen *(dismissed)* wird (s. 35 para. 1 LTO). Hat der *appeal* Erfolg, kann der *Court of First Instance* die Sache entweder an das *Labour Tribunal* zurückverweisen oder selbst final entscheiden.[359]

217 Gegen diese Entscheidung des *Court of First Instance* kann *appeal* beim *Court of Appeal* eingelegt werden (ss. 35A ff. EO). Hierbei müssen dieselben Schritte wie beim *Court of First Instance* durchlaufen werden. Gegen die Entscheidung des *Court of Appeal* besteht bei Sachen von grundsätzlicher Bedeutung die Möglichkeit des *appeal* an der *Court of Final Appeal* (s. 22 para. 1 lit. b CFAO).

---

355 *Mohamad*, in: HKEmplLHdB, 4. Aufl., s. 32 LTO Rn. 32.03. Insoweit besteht eine Parallele zum deutschen Gewerbegerichtsgesetz aus dem Jahr 1890, das ebenfalls eine besondere Arbeitsgerichtsbarkeit sowie ordentliche Appellationsgerichte vorsah; *Pulz*, in: MüHdb ArbR, Bd. 4, § 387 Rn. 1.

356 *Judiciary*, Review and Appeal – Labour Tribunal, S. 2, abrufbar: https://t1p.de/gj80j (zuletzt abgerufen: 12.06.2023).

357 Diese Dauer ist nicht gesetzlich festgeschrieben, aber eine gewöhnliche Praxis. *Court of First Instance*, Chan Tsz Kwan v Wing Yip E&M Ltd, 11.01.2008, HCLA 36/2006, Rn. 17; *Glofcheski/Aslam*, Employment Law and Practice, Rn. 17.051 (Fn. 147).

358 *Court of First Instance*, Dock Brian v Pacific Gourmet Holdings Ltd, 16.12.2021, HCLA 14/2021, Rn. 10).

359 Hierbei kommt es vor allem darauf an, ob eine weitere Beweisaufnahme notwendig ist. Vgl. *Glofcheski/Aslam*, Employment Law and Practice, Rn. 17.068 ff.

Nur sehr wenige Parteien erheben Rechtsbehelfe gegen die Entscheidung des *Labour Tribunal*. Zwischen 2010 und 2020 belief sich die Anzahl von *appeals* vor dem *Court of First Instance* pro Jahr stets auf einen niedrigen bis mittleren zweistelligen Betrag.[360] 218

[h] Vollstreckung

Die Vollstreckung aus einem Urteil des *Labour Tribunal* kann nicht unmittelbar durch einen Gerichtsvollzieher vollstreckt werden, vielmehr muss der Anspruch zunächst beim *District Court* registriert werden.[361] Nach einem entsprechenden formellen Registrierungsverfahrens kann der *award* wie ein Urteil des *District Court* vollstreckt werden.[362] Durch die Erhebung von *appeal* oder *review* wird die Vollstreckung grds. nicht gehindert (s. 37 LTO). 219

[i] Dauer des Verfahrens

Obwohl das Verfahren vor dem *Labour Tribunal* schnell und unbürokratisch sein soll (s. 20 para. 1 LTO), entspricht die Realität nicht immer diesem Ideal. Es existieren derzeit keine amtlichen Erhebungen über die Dauer eines Verfahrens vor dem *Labour Tribunal*.[363] Vorhandene Schätzungen gehen jedoch von einer durchschnittlichen Dauer von sechs[364] bzw. 18[365] Monaten aus (je nachdem, ob ein *trial* durchgeführt wird). Die rigorosen COVID-19-Maßnahmen der letzten drei Jahre führten zudem zu weiteren Verzögerungen, da Zeugen oder Prozessbeteiligte, die sich im Ausland befanden, oftmals nicht nach Hongkong einreisen konnten. Legen die Parteien Rechtsbehelfe ein, führt dies naturgemäß zu weiteren Verzögerungen, derartige Verfahren dauern nicht selten mehrere Jahre. 220

---

360 Zwischen 23 und 47, *Census and Statistics Department*, Hong Kong Annual Digest of Statistics, 2021, S. 422; abrufbar unter: https://t1p.de/ff6so (zuletzt abgerufen: 06.06.2023).

361 *Mohamad*, in: HKEmplLHdB, 4. Aufl., s. 6 LTO Rn. 6.04; *Walsh/Smith/Wong*, ChinaStaff 2009, Issue 3, 43 (44).

362 *Hou*, Means of Transformation, S. 27.

363 Dies ergab ein *access to information request* des Autors vom 10.01.2023. Die amtliche Statistik weist lediglich die Dauer der Terminvergabe bis zum *filing* sowie bis zum *first hearing auf*, vgl. *Judiciary*, Annual Report 2021, Caseload, Case Disposal and Waiting Time at Different Court Levels, abrufbar: https://t1p.de/84l1b (zuletzt abgerufen: 01.06.2023).

364 *Farbenblum/Berg*, SSRN 2022, S. 28.

365 *Hugill*, in: Hugill & Ip Solicitors, The HIP talks (Podcast), Folge vom 06.07.2022, Min. 11:02, Transkript abrufbar: https://t1p.de/ujsnt (zuletzt abgerufen: 01.06.2023).

cc) *Minor Employment Claim Adjudication Board*

221 Das MECAB wurde erst in den 1990er Jahren geschaffen, nachdem das *Labour Tribunal* mit der Anzahl der eingehenden Fälle überfordert zu werden drohte.[366] Das MECAB ist kein eigenständiges Gericht, sondern ein Teil des *Labour Department.*[367] *De facto* ist es aber weitgehend in das Justizsystem eingegliedert.

[1] Zuständigkeit

222 Die Zuständigkeit des MECAB entspricht weitgehend der des *Labour Tribunal.* Wie sich schon aus dem Namen ergibt, ist es nur für arbeitsrechtliche Streitigkeiten zuständig.[368] Für allgemein zivilrechtliche Streitigkeiten mit niedrigem Streitwert besteht des *Small Claims Tribunal.*[369] Der relevante Unterschied zum *Labour Tribunal* besteht in der Streitwertbeschränkung auf HKD 15.000; wird dieser Streitwert überschritten, ist das MECAB unzuständig, wird er unterschritten, besteht eine ausschließliche Zuständigkeit des MECAB (Schedule lit. c MECABO).[370]

223 Darüber hinaus ist das MECAB nicht für Klagen zuständig, mit denen der Kläger *remedies* nach Part VIA EO begehrt. Diese Ansprüche können lediglich vor dem *Labour Tribunal* geltend gemacht werden (lit. c Schedule MECABO und Nr. 7 Schedule LTO a.e.c.).[371]

224 Das MECAB kann die Sache jederzeit an das *Labour Tribunal* verweisen, wenn es dies für angemessen erachtet (s. 8 MECABO).[372] Die Voraussetzungen dieser Verweisung sind identisch mit denen der Verweisung durch das *Labour Tribunal.* Das MECAB nimmt eine solche Verweisung aber regelmäßig vor, wenn lediglich ein Teil der Gesamtsumme beansprucht wird, um die Streitwertbegrenzung des MECAB nicht zu überschreiten.[373]

---

366 *Ng*, Labour Law in Hong Kong, S. 198 Rn. 582.

367 *Labour Department*, Minor Employment Claims Adjudication Board, abrufbar: https://t1p.de/humyp (zuletzt abgerufen: 01.06.2023).

368 *Kho/Shaheera/Yee*, in: HKEmpLawM, Bd. 2, N. 36.

369 *Judiciary*, Small Claims Tribunal, abrufbar: https://t1p.de/hkwne (zuletzt abgerufen: 12.06.2023).

370 *Kho/Shaheera/Yee*, in: HKEmpLawM, Bd. 2, N. 34 f.; vgl. *Mohamad*, in: HKEmplLHdB, 4. Aufl., s. 7 LTO Rn. 7.14; *Walsh/Tam/Wong*, Hong Kong Employment Law, S. 655.

371 Vgl. Grafik bei *Walsh/Tam/Wong*, Hong Kong Employment Law, S. 674.

372 *Kho/Shaheera/Yee*, in: HKEmpLawM, Bd. 2, N. 34; *Walsh/Tam/Wong*, Hong Kong Employment Law, S. 657.

373 *Frection*, Does the current process to address labour rights violations of Migrant Domestic Workers in Hong Kong Provide an Effective Remedy?, S. 146.

[2] Ablauf

225 Das Verfahren beginnt wie beim *Labour Tribunal* mit der Einreichung der Klage *(filing)* bei der Geschäftsstelle *(registry)*. Unmittelbar danach wird ein Termin zum *hearing* anberaumt. Eine dem *Labour Tribunal Officer* vergleichbare Position existiert beim MECAB nicht.

226 Während des *hearing* ist auch vor dem MECAB die Vertretung durch Rechtsanwälte ausgeschlossen (vgl. s. 22 MECABO).[374] Der zur Entscheidung berufene *Adjudication Officer* hat während des *hearing* auf eine gütliche Einigung hinzuwirken. Darüber hinaus trägt er weitreichende Inquisitionspflichten.[375]

227 Kommt eine gütliche Einigung nicht zustande, soll der *Adjudication Officer* unmittelbar nach dem *hearing* die Rechtssache entscheiden (s. 21 para. 1 MECABO).[376] Ergeht die Entscheidung mündlich, muss der entsprechende *award* bzw. *order* spätestens nach 14 Tagen zugestellt werden (s. 21 para. 3 MECABO).[377] Der *Adjudication Officer* hat – wie der *Presiding Officer* – ein Ermessen, ob er die Entscheidungsgründe (lediglich) mündlich oder schriftlich vorträgt (s. 21 para. 2 MECABO).[378]

228 Gegen Entscheidungen des MECAB können die gleichen Rechtsbehelfe erhoben werden wie gegen Entscheidungen des *Labour Tribunal*. Die Regelungen in MECABO und LTO entsprechen sich weitgehend (vgl. Part 6 MECABO).[379] Die Vollstreckung erfordert ebenfalls die Registrierung des *awards* beim *District Court* und folgt den entsprechenden Regeln.[380]

dd) District Court

229 Im Bereich des Arbeitsrechts ist der *District Court* zuständig für Klagen auf der Grundlage der *Discrimination Ordinances*, für spezifische Kompensationsansprüche (ECO) sowie für deliktische Ansprüche.[381] Daneben besteht

374 *Kho/Shaheera/Yee*, in: HKEmpLawM, Bd. 2, N. 34.

375 *Kho/Shaheera/Yee*, in: HKEmpLawM, Bd. 2, N. 34; *Walsh/Tam/Wong*, Hong Kong Employment Law, S. 656.

376 *Kho/Shaheera/Yee*, in: HKEmpLawM, Bd. 2, N. 60.

377 *Kho/Shaheera/Yee*, in: HKEmpLawM, Bd. 2, N. 60.

378 *Kho/Shaheera/Yee*, in: HKEmpLawM, Bd. 2, N. 60.

379 *Walsh/Tam/Wong*, Hong Kong Employment Law, S. 657; *Frection*, Does the current process to address labour rights violations of Migrant Domestic Workers in Hong Kong Provide an Effective Remedy?, S. 146.

380 *Kho/Shaheera/Yee*, in: HKEmpLawM, Bd. 2, N. 34; *Hou*, Means of Transformation, S. 26.

381 Für Ansprüche aus den *Discrimination Ordinances* (bspw. s. 70 para. 3 RDO) und der *Employees Compensation Ordinances* (s. 21 para. 1 ECO) ist der *District Court*

eine Sonderzuständigkeit des *District Court* für Streitigkeiten, die vom *Labour Tribunal* an den *District Court* verwiesen wurden und einen entsprechenden Streitwert von HKD 3.000.000 nicht übersteigen (s. 10 para. 2 LTO, s. 32 para. 1 DCO, s. 12 para. 2 HCO).[382]

230 Da sich das Verfahren vor dem *District Court* stark vom Verfahren vor dem *Labour Tribunal* unterscheidet, kann auf den allgemeinen Ablauf nicht weiter eingegangen werden. Bemerkenswert erscheint indes, dass für die Verfolgung von Ansprüchen nach den *Discrimination Ordinances* (*Equal Opportunities claims* – EO-claim) spezifische Regelungen bestehen.[383] Insbesondere sind die förmlichen Beweisregeln in diesem Fall nicht anwendbar.[384]

231 Der *District Court* ist an die Entscheidungen des *Court of Final Appeal* und *Court of Appeal* gebunden. Die Bindung an Entscheidungen des *Court of First Instance* ist ungeklärt.[385]

ee) Legal Aid Department

232 Das *Legal Aid Department* ist eine regierungsunabhängige staatliche Behörde, die die anwaltliche Vertretung bedürftiger Personen sicherstellt.[386] Wie bereits dargestellt, besteht vor dem *Labour Tribunal*, dem MECAB sowie während der *conciliation* bei der *Labour Relations Division* bzw. der EOC grds. keine Möglichkeit der anwaltlichen Vertretung. In diesen Fällen erfolgt weder eine Vertretung im Verfahren noch eine außer- oder vorgerichtliche Beratung.[387]

---

ausschließlich zuständig. Für deliktsrechtliche Ansprüche endet die Zuständigkeit des *District Court*, wenn der Anspruch HKD 3.000.000 übersteigt, in diesem Fall ist der *Court of First Instance* zuständig (s. 32 para. 1 DCO).

382 Sofern der Streitwert diesen Betrag übersteigt, ist der *Court of First Instance* zuständig.

383 District Court Equal Opportunities Rules, Cap. 336G; ss. 73B ff. District Court Ordinance, Cap. 336 (DCO). Vgl. aber: *Ittner/Suhail*, EuZA 2023, im Erscheinen.

384 s. 73B para. 5; 73C para. 5; 73D para. 5; 73E para. 5 DCO.

385 *Lo/Cheng/Chui*, The Hong Kong Legal System, S. 174 m.w.N. Die Bindung des *District Courts* an Entscheidungen des *Court of First Instance* ist *de facto* aber (jedenfalls im Bereich des Arbeitsrechts) irrelevant. Zwar bestehen Überschneidungen in der Sachmaterie, diese werden aber regelmäßig die höheren Gerichte erreichen, wodurch eine Bindung unstreitig eintritt.

386 *Legal Aid Department*, Our Organisation, abrufbar: https://t1p.de/bais7 (zuletzt abgerufen: 12.06.2023).

387 Vgl. *Lam*, The Operation of Labour Tribunals and Other Mechanisms for Resolving Labour Disputes, S. 13 Rn. 2.10.4. *Legal Aid Department*, Guide to Legal Aid Services in Hong Kong, 2019, S. 6, abrufbar: https://t1p.de/xspyy (zuletzt abgerufen: 12.06.2023).

Das *Legal Aid Department* ist im Bereich des Arbeitsrechts lediglich für die anwaltliche Vertretung vor dem *District Court*, im seltenen Fall der Verweisung eines Falls vom *Labour Tribunal* zum *High/District Court* sowie im Rechtsbehelfsverfahren zuständig.[388] 233

Ähnlich wie bei der deutschen Prozesskostenhilfe werden bei der Entscheidung über die Gewährung von *legal aid* sowohl die Erfolgsaussichten *(merits)* als auch die ökonomischen Verhältnisse *(means)* des Antragstellers berücksichtigt.[389] 234

Das Antragsverfahren für *legal aid* unterscheidet sich stark von der deutschen Beratungs- bzw. Prozesskostenhilfe. Der Antragsteller muss gegenüber dem *Legal Aid Department* darlegen, dass seine Rechtssache hinreichend Aussicht auf Erfolg hat *(reasonable grounds).*[390] Hierfür muss der Antragsteller i.d.R. einen ersten Termin beim *Legal Aid Department* wahrnehmen, bei dem ihn ein *Officer* zum Sachverhalt befragt. Anschließend muss der Antragsteller ein Fragebogen *(questionnaire)* sowie ein Formblatt ausfüllen. Es folgen Ermittlungen des *Legal Aid Department* und ggf. ein weiterer Termin beim *Legal Aid Department.*[391] Sofern *Legal Aid* gewährt wird, kann der Antragsteller seinen Rechtsanwalt grds. frei wählen. Dieser muss jedoch beim *Legal Aid Department* registriert sein (s. 4 LAO).[392] 235

2. *Hürden der Rechtsdurchsetzung im engeren Sinne*

Nach der Darstellung des Ablaufs des Rechtsdurchsetzungsverfahrens in Hongkong sollen nun die wesentlichen Hindernisse innerhalb dieses Verfahrens identifiziert werden. 236

a) Ökonomische Hürden

Die ökonomischen Folgen einer Rechtsdurchsetzung stellen ein wesentliches Hindernis derselbigen dar (Rn. 61). Aus diesem Grund sollen im Folgenden die rechtlichen Rahmenbedingungen der ökonomischen Folgewirkungen erläutert und eingeordnet werden. 237

---

388 *Glofcheski/Aslam*, Employment Law and Practice, Rn. 17.031.

389 *Lo/Cheng/Chui*, The Hong Kong Legal System, S. 310 f.

390 *Lo/Cheng/Chui*, The Hong Kong Legal System, S. 311.

391 *Legal Aid Department*, Application Procedure, abrufbar: https://t1p.de/i560a (zuletzt abgerufen: 30.05.2023).

392 *Lo/Cheng/Chui*, The Hong Kong Legal System, S. 315.

aa) Gerichtliche Kosten und Gebühren

[1] *Labour Tribunal*

238 Das Verfahren vor dem *Labour Tribunal* ist zwar nicht gerichtskostenfrei, die Gebühren *(fee)* sind jedoch sehr gering (HKD 20–50, Schedule LTFR) und können im Falle des Obsiegens von der Gegenseite ersetzt verlangt werden.

239 Ein größeres Hindernis stellen die Kosten der Gegenseite dar, die im Falle des Unterliegens zu tragen sind.[393] Besonders der Verdienstausfall (*loss of salary or wages* – s. 28 para. 1 lit. a LTO), den eine Partei infolge des Rechtsstreits erleidet, kann erhebliche Ausmaße annehmen. Daneben sind eine Vielzahl weiterer erstattungsfähiger Kostenpositionen der Gegenseite und ihrer Zeugen denkbar, die Aufzählung in s. 28 para. 1 LTO ist nicht abschließend.[394]

240 Für den klagenden Arbeitnehmer ist das Risiko einer nachteiligen Kostenentscheidung besonders groß, da die monetären Einbußen des Arbeitgebers schnell eine erhebliche Höhe erreichen. Kann ein Arbeitgeber bspw. einen Auftrag nicht annehmen, weil er für ein *trial* mehrere Tage vor dem *Labour Tribunal* erscheinen muss, kann der entgangene Gewinn im Rahmen der *cost order* berücksichtigt werden. Der Arbeitnehmer muss also das Prozessrisiko genau abwägen, während der Arbeitgeber dieses Risiko i.d.R. leichter tragen kann. Dies gilt erst recht nach Ausspruch einer Kündigung; sofern der Arbeitnehmer nicht bereits eine neue Arbeitsstelle angetreten hat, wird er überhaupt keinen Verdienstausfall, sondern allenfalls Porto- und Fahrtkosten geltend machen können. Hinzu kommt, dass die Diskrepanz der (potentiellen) Kostenbelastung umso größer wird, je weiter das Einkommen des Arbeitnehmers vom Gewinn des Arbeitgebers abweicht, was sozial schwache Arbeitnehmer überproportional benachteiligt.[395]

---

393 *Walsh/Smith/Wong*, ChinaStaff 2009, Issue 3, 43 (44).

394 *Glofcheski/Aslam*, Employment Law and Practice, Rn. 17.075.

395 Dem Autor ist aus seiner eigenen Praxis ein Fall bekannt, in dem der Beklagte seine Ehefrau als Zeugin für einen vermeintlichen Kündigungsgrund benannte. Da sich diese zum Zeitpunkt des anberaumten *trial* außerhalb Hongkongs aufhielt, wären voraussichtlich neben ihrem Verdienstausfall auch ihre Reise- und Quarantänekosten Gegenstand der Kostenentscheidung geworden. Diese potentiellen Kosten überstieg die (verbleibende) Forderung, weshalb die Klägerin ein Vergleich dem streitigen Verfahren vorzog. Das entsprechende Verfahren vor dem *Labour Tribunale* umfasste insg. zwei *hearings* zwischen Mai und Juli2022; es wurde abschließend im *pre-trial review hearing* durch eine gütliche Einigung beendet.

Der *Presiding Officer* hat hinsichtlich des Erlasses bzw. des Inhalts der *cost order* ein weites Ermessen (s. 28 para. 1 LTO). *Presiding Officer* versuchen daher häufig, die Parteien mit dem Hinweis auf die im Falle der Notwendigkeit eines streitigen Urteils folgende *cost order* zum Abschluss eines Prozessvergleichs zu motivieren.[396] 241

[2] Andere Gerichte

Auch das Verfahren vor dem *District Court*, dem *Court of First Instance* und dem *Court of Appeal* ist nicht gerichtskostenfrei. Die genaue Höhe variiert stark, da die Kosten nicht nach einem Gegenstandswert, sondern nach einzelnen Verfahrenshandlungen berechnet werden.[397] 242

bb) Rechtsanwaltskosten

Schwerer als die Gerichtskosten wiegen die Anwaltskosten. Die Anwaltschaft in Hongkong ist nach wie vor in *solicitors* und *barristers* aufgeteilt.[398] *Solicitors* übernehmen die außergerichtliche Beratung und Vertretung von Mandanten und können auch die Vertretung vor Gerichten der unteren Instanz übernehmen.[399] Die Vertretung vor Gerichten höherer Ordnung ist jedoch zumeist dem *barrister* vorbehalten.[400] In diesem Fall müssen die Parteien sowohl *solicitor* als auch *barrister* vergüten. 243

In Hongkong existiert kein dem RVG vergleichbares Gesetz;[401] vielmehr wird üblicherweise nach Stundensätzen abgerechnet, die HKD 5.000 selten 244

396 *Hugill*, in: Hugill & Ip Solicitors, The HIP talks (Podcast), Folge vom 06.07.2022, Min. 21:35, Transkript abrufbar: https://t1p.de/ujsnt (zuletzt abgerufen: 01.06.2023). Dem Autor ist diese Vorgehensweise aus dem in der vorgenannten Fußnote geschilderten Falles ebenfalls bekannt.

397 Für den *District Court*: Schedule, District Court Fees, Cap. 336C; für die Gerichte des *High Court*: Schedule, High Court Fees Rules, Cap. 4D.

398 *Lo/Cheng/Chui*, The Hong Kong Legal System, S. 306 ff.

399 *Lo/Cheng/Chui*, The Hong Kong Legal System, S. 309.

400 Vgl. *Lo/Cheng/Chui*, The Hong Kong Legal System, S. 306.

401 *Lorenz*, Investment in Hongkong, S. 13. Stattdessen existieren die sog. *Solicitors' Hourly Rates for Party and Party Taxations*. Diese regeln, welche anwaltlichen Kosten eine obsiegende Partei ersetzt verlangen kann. Anders als im RVG orientiert sich die Summe indes nicht nach dem Gegenstandswert, sondern nach der Anzahl der Arbeitsstunden und der Seniorität des Bearbeiters. Die Höhe der Kosten ist daher sehr unterschiedlich und praktisch nicht vorhersehbar. Vgl. *Deacons*, Solicitors' Hourly Rates for Party and Party Taxations to increase, abrufbar: https://t1p.de/4buaa (zuletzt abgerufen: 07.06.2023).

unterschreiten.[402] Aufgrund der geringen Anzahl von Rechtsanwälten in Hongkong[403] ist der Wettbewerb eingeschränkt, weswegen nicht mit einem Absinken der Kosten zu rechnen ist. Gleichzeitig sind andere Möglichkeiten der Preisgestaltung, etwa die Vereinbarung eines Erfolgshonorars i.d.R. nicht zulässig.[404]

245 Beauftragt ein Arbeitnehmer dennoch einen Rechtsanwalt, sind seine Chancen auf eine vollständige Kostenerstattung gering. Für das Verfahren vor dem *Labour Tribunal* und dem MECAB folgt dies bereits aus dem Umstand, dass dort die Vertretung ausgeschlossen ist und alle mit dem Prozess zusammenhängenden anwaltlichen Tätigkeiten bei der Kostenentscheidung nicht berücksichtigt werden (Rn. 176). Für Ansprüche aus den *Discrimination Ordinances* sieht das Gesetz ausdrücklich vor, dass die Parteien ihre Kosten selbst zu tragen haben.[405] In (anderen) Verfahren vor den ordentlichen Gerichten besteht zwar *de jure* die Möglichkeit, im Obsiegensfalle die Erstattung dieser Kosten zu verlangen, das Gericht hat jedoch einen weiten Ermessensspielraum, der häufig zur Kostenteilung genutzt wird.[406]

---

402 In Bezug auf *barristers*: *Lorenz*, Investment in Hongkong, S. 12. Die Kosten für *solicitors* dürften in den meisten Fällen ähnlich hoch sein. Schon die Kosten *Solicitors' Hourly Rates for Party and Party Taxations* (vgl. vorherige Fn.) betragen zwischen HKD 2.600 und HKD 5.800 (a.a.O.). Es gilt indes als üblich, diesen Betrag (teils erheblich) zu überschreiten, diese Kosten muss die Partei dann in jedem Fall tragen (*recovery gap*), vgl. *Liu*, in: Boase Cohen & Collins Blog, abrufbar: https://t1p.de/jira6 (zuletzt abgerufen: 12.06.2023).

403 2022 praktizierten in Hongkong 11.180 *solicitors* und 1.596 *barristers* (*Trade Development Council*, Legal Services Industry in HK, abrufbar: https://t1p.de/wlsw6 [zuletzt abgerufen: 07.06.2023]). Allein in Berlin waren 2023 14.608 Rechtsanwälte registriert (*Bundesrechtsanwaltskammer*, Anzahl der Rae pro Bundesland zum 01.01.2023, abrufbar: https://t1p.de/7f7gh [zuletzt abgerufen: 07.06.2023]).

404 Eine Ausnahme existiert nur für die Vertretung vor Schiedsgerichten. *The Law Reform Commission of Hong Kong*, Outcome Related Fee Structures for Arbitration Sub-Committee Consultation Paper, 2020, Nr. 1.4 mit Verweis auf die gesetzlichen Grundlagen des Verbots, abrufbar: https://t1p.de/usuzj (zuletzt abgerufen: 12.06.2023).

405 ss. 73B para. 3, 73C para. 3, 73D para. 3, 73E para. 3 DCO; Hiervon kann abgewichen werden, sofern die Rechtsverfolgung rechtsmissbräuchlich erscheint (ss. 79B, C; D; E para. 3 DCO).

406 *Lorenz*, Investment in Hongkong, S. 13; vgl. bspw: *Court of Appeal*, Thomas Vincent v South China Morning Post Publishers Ltd, [isolierte Kostenentscheidung], 14.05.2004, CACV 253/2002, Rn. 15 ff. Hinzu kommt der beschriebene *recovery gap*.

Insbesondere bei geringen Streitwerten ist es für Arbeitnehmer daher ökonomisch selten sinnvoll, einen Rechtsanwalt zu beauftragen. Denn selbst wenn der Arbeitnehmer durch die Unterstützung des Rechtsanwalts ein Verfahren gewinnt, dürften die Kosten des Rechtsanwalts in den meisten Fällen den zugesprochenen Betrag übersteigen. Dies wird besonders deutlich, wenn man sich vergegenwärtigt, dass der Mindestlohn pro Arbeitsstunde derzeit HKD 40 beträgt (Schedule 3 MWO), somit die Kosten für eine Stunde anwaltlicher Tätigkeit etwa das Hundertfache des Mindeststundenlohns betragen. 246

Diese enormen Kosten der anwaltlichen Vertretung dürften den hohen Anteil der Naturparteien vor den Hongkonger Gerichten erklären; im Jahr 2017 waren 61 % der Kläger vor dem *District Court* und 31 % der Kläger vor dem *Court of First Instance* ohne anwaltliche Vertretung.[407] Auch hier sind sozialschwache Arbeitnehmer benachteiligt; ihr tendenziell niedrigeres Bildungsniveau erschwert die Selbstvertretung, gleichzeitig belasten sie die Anwaltskosten (sofern keine Prozesskostenhilfe gewährt wird) überproportional.[408] 247

cc) *Gefahr indirekter ökonomischer Einbußen*

Das Problem der indirekten ökonomischen Einbußen manifestiert sich in verschiedenen Belangen des Rechts in Hongkong. 248

Wie auch in Deutschland drohen Arbeitnehmern in Hongkong bei der Geltendmachung ihrer Rechte mittelbare Nachteile, die von der Nichtberücksichtigung bei Beförderungsrunden bis hin zur Kündigung reichen. Der Schutz vor solchen mittelbaren Nachteilen ist in Hongkong geringer als in Deutschland. Eine dem Maßregelungsverbot (§ 612a BGB) vergleichbare Regelung sieht das Hongkonger Recht nicht vor. Lediglich in den *Discrimination Ordinances* finden sich entsprechende Regelungen, die die Schlechterstellung *(victimisation)* von Personen verbieten, die Rechte aus den *Discriminations Ordinances* wahrnehmen, bei der Wahrnehmung durch andere mitwirken, oder die Nichteinhaltung der Pflichten aus den *Ordinances* öffentlich anprangern.[409] Diese *victimisation* bezieht sich jedoch nur auf die Schlechterstellung wegen 249

407 *Rehman*, in: Civil Case Management in the Twenty-First Century, S. 79 (90).

408 Eine von der Regierung in Auftrag gegebene Studie bestätigt diese Annahme, indem sie herausstellte, dass bildungs- bzw. einkommensschwache Haushalte trotz der Kenntnis über einen rechtlichen Anspruch wesentlich häufiger ihr Recht nicht durchsetzen; *Department of Justice*, Consultancy Study on the Demand for and Supply of Legal and Related Services, S. 276 Rn. 3.45, 346.

409 s. 9 SDO; s. 7 DDO; s. 6 FSDO; s. 6 RDO; *Walsh/Tam/Wong*, Hong Kong Employment Law, S. 414.

diskriminierungsrelevanter Handlungen. Wird ein Arbeitnehmer beispielsweise nicht befördert, weil er Lohnansprüche geltend gemacht hat, so fällt dies nicht in den Anwendungsbereich der Viktimisierung und kann daher nicht geahndet werden.[410] Zwar bietet der allgemeine Kündigungsschutz (Rn. 314 ff.) einen gewissen Schutz vor Kündigungen wegen der Rechtsausübung, dessen Umfang und Folgewirkung sind indes wenig ausgeprägt (Rn. 328 ff.).

dd) Abhängigkeit von Lohnarbeit zur Sicherung der wirtschaftlichen Existenz

250 Das Netz der sozialen Sicherung ist in Hongkong deutlich schwächer ausgeprägt als in Deutschland. Ohne laufendes Einkommen ist die Sicherung einer wirtschaftlichen Existenz beinahe unmöglich.

251 Wird ein Arbeitnehmer während seines Erwerbslebens arbeitslos, kann er lediglich Unterstützung durch das sog. *Comprehensive Social Security Assistance Scheme* (CSSA) in Anspruch nehmen. Dieses soll sicherstellen, dass die absoluten Grundbedürfnisse befriedigt werden können,[411] und ist nicht mit dem Arbeitslosengeld I (SGB III) vergleichbar. Leistungen nach dem CSSA sind ausgeschlossen, wenn der Antragsteller über ein gewisses Vermögen verfügt (i.d.R. HKD 35.000).[412] Wird der Antrag bewilligt, beträgt die monatliche Zuwendung für eine alleinstehende bedürftige Person HKD 2.855.[413] Gleichzeitig gilt der Immobilienmarkt in Hongkong als der teuerste der Welt[414] während die durchschnittliche Wartezeit auf eine Sozialwohnung *(public housing)* im Jahr 2023 5,3 Jahre beträgt.[415]

252 Die Arbeitslosigkeit führt daher i.d.R. zu erheblichen Einbußen, die die wirtschaftliche Existenz der betroffenen Arbeitnehmer unmittelbar gefährden.

---

410 Vgl. *Kho/Shaheera/Yee*, in: HKEmpLawM, Bd. 1, F.57.

411 *Hong Kong Government*, abrufbar: https://t1p.de/ozmbm (zuletzt abgerufen: 07.06.2023).

412 *Hong Kong Government*, abrufbar: https://t1p.de/ozmbm (zuletzt abgerufen: 07.06.2023).

413 *Social Welfare Department*, Standard Rates (Rates from 01.02.2023), abrufbar: https://t1p.de/5nrej (zuletzt abgerufen: 07.06.2023).

414 Im Jahr 2023 betrugen die Kosten einer durchschnittlichen Wohnung in Hongkong umgerechnet 18,8 Median-Jahreseinkommen. Dies ist der höchste Wert weltweit; *Cox*, Demographia International Housing Affordability, S. 19.

415 *Hong Kong Housing Department*, Number of Applications and Average Waiting Time for Public Rental Housing, abrufbar: https://t1p.de/kh7uj (zuletzt abgerufen: 31.05.2023).

Eine dem deutschen System vergleichbare gesetzliche Rentenversicherung existiert in Hongkong ebenfalls nicht.[416] Zwar bestehen einkommens-/vermögensabhängige Grundsicherungen, (*Old Age Living Allowance*/CSSA), diese dienen allerdings nur einer Absicherung gegen äußerste Verarmung.[417] Eine einkommens-/vermögensunabhängige Altersrente *(Old Age Allowance,* sog. *fruit money)* wird erst ab dem 70. Lebensjahr gewährt und beträgt monatlich pauschal HKD 1.570.[418] 253

Daneben existiert eine obligatorische private Rentenversicherung. Dabei müssen mindestens 5 % des Bruttomonatsgehalts[419] an spezielle Fonds abgeführt werden. Die hierdurch akkumulierte Summe dürfte für viele Arbeitnehmer einen mit deutschen Maßstäben vergleichbaren Ruhestand ebenfalls nicht sicherstellen. 254

Um Altersarmut zu vermeiden, ist es für Arbeitnehmer daher elementar, ein kontinuierliches Einkommen zu verfügen. Jede Beschäftigungsunterbrechung erhöht das Risiko einer langfristigen Verarmung.[420] 255

ee) Exkurs: Foreign Domestic Helper

Rund 340.000 (überwiegend weibliche) ausländische Hausangestellte (*Foreign Domestic Helper* – FDH), waren im Jahr 2021 in Hongkong beschäftigt.[421] Sie sind von den dargestellten ökonomischen Auswirkungen besonders betroffen, weswegen ihre Situation in einem kurzen Exkurs beleuchtet wird. 256

FDHs genießen grds. den gleichen arbeitsrechtlichen Schutz wie andere Arbeitnehmer.[422] Spezifische aufenthaltsrechtliche Bestimmungen führen 257

---

416 Vgl. *Flynn/Schröder*, EaID 2021, 248 (258).

417 Der Umfang der monatlichen *Old Age Living Allowance* beträgt i.d.R. HKD 4.060 (*Social Welfare Dep.*, https://t1p.de/f3vef [zuletzt abgerufen: 07.06.2023]), der Umfang von CSSA beträgt pro Monat zwischen HKD 4.060 und 6.900 (*Social Welfare Dep.*, https://t1p.de/uhphl [zuletzt abgerufen: 07.06.2023]). Gleichzeitig ist der Immobilienmarkt in Hongkong der (relativ) teuerste der Welt; vgl. *Cox*, Demographia International Housing Affordability, S. 19.

418 *Social Welfare Department*, Level of Allowance (with effect from 01.02.2023), abrufbar: https://t1p.de/o0bt5 (zuletzt abgerufen: 12.06.2023).

419 Vgl. *Flynn/Schröder*, EaID 2021, 248 (259); Die Summe muss an spezifische Fonds abgeführt werden, diese werden nicht staatlich organisiert, vielmehr existiert lediglich eine Art staatliche Zertifizierung.

420 Ausführlich: *Peng* et al., Soc. Indic. Res. 2019, 219 (245).

421 *Hong Kong Government*, abrufbar: https://t1p.de/xgtjp (zuletzt abgerufen: 12.06.2023).

422 Von einigen Regelungen wie bspw. dem allgemeinen Mindestlohn und der obligatorischen privaten Rentenvorsorge sind sie indes ausgenommen. Vgl. *McArdle*,

indes zu einer entscheidenden Einschränkung der tatsächlichen Durchsetzbarkeit dieser Rechte.

258 Grundlage des sog. *Foreign Domestic Helper* Visums, welches FDHs zum Aufenthalt und zur Arbeitsaufnahme in Hongkong berechtigt, ist der Abschluss eines vom *Immigration Department* entworfenen Standardarbeitsvertrages.[423] Nur mit diesem Standardarbeitsvertrag dürfen FDHs in Hongkong eine Beschäftigung aufnehmen.[424] Die Regelungen des Arbeitsvertrages sind damit nicht nur zivilrechtlicher, sondern auch aufenthaltsrechtlicher Natur. Der Vertrag sieht u.a. vor, dass FDHs in der Wohnung ihres Arbeitgebers wohnen müssen.[425] Hiervon kann auch mit Zustimmung des Arbeitgebers nicht abgewichen werden, vielmehr würde die anderweitige Wohnsitznahme eine Verletzung der Visumsauflagen darstellen.[426] Der monatliche Mindestlohn nach diesem Vertrag beträgt derzeit HKD 4.730.[427]

259 Beendet eine der Parteien den Vertrag vorzeitig, endet das Visum automatisch zwei Wochen nach Wirksamwerden der Kündigung.[428] Dabei ist es irrelevant, ob die Kündigung rechtmäßig ist. Nur in Ausnahmefällen können FDHs

---

in: Gender, Violence and the State in Asia Routledge, S. 204 (206). Der rechtliche Schutz von FDHs in Hongkong ist damit weiter als bspw. in Singapur, wo FDHs auch von fundamentalen Regelungen wie bspw. dem Kündigungsschutz während der Schwangerschaft ausgenommen sind. Vgl. *Brooks*, Gendered Work in Asian Cities, S. 22 ff.

423 *Immigration Department*, Guidebook for the Employment of Domestic Helpers from Abroad, S. 8, abrufbar unter: https://t1p.de/vvyf6 (zuletzt abgerufen: 07.06.2023). *McArdle*, in: Gender, Violence and the State in Asia Routledge, S. 204 (205).

424 Vgl. *Palmer/Tan*, TRaNS 2022, 115 (119).

425 Clause 3 Standard Employment Contract, abrufbar: https://t1p.de/2i7nt (zuletzt abgerufen: 06.06.2023); *Palmer/Tan*, TRaNS 2022, 115 (119); *McArdle*, in: Gender, Violence and the State in Asia Routledge, S. 204 (206).

426 Immigration, FAQs Foreign Domestic Helper – Antwort auf Q31, abrufbar: https://t1p.de/kkxc1 (zuletzt abgerufen: 07.06.2023).

427 Hong Kong Government, Press Release 30.09.2022, abrufbar: https://t1p.de/i2mdm (zuletzt abgerufen: 06.06.2023). Es kann individuell ein höherer Lohn vereinbart werden, unabhängig von der Stundenzahl muss der Monatslohn aber jedenfalls HKD 4.730,00 betragen.

428 *Hong Kong Government*, abrufbar: https://t1p.de/l523o (zuletzt abgerufen: 07.06.2023); *Frection*, Does the current process to address labour rights violations of Migrant Domestic Workers in Hong Kong Provide an Effective Remedy?, S. 153 f.; *Price*, The Employment Laws of Hong Kong and China, 2009, S. 146; *Geffken*, Arbeit in China, S. 179.

direkt in ein neues Arbeitsverhältnis wechseln, im Regelfall müssen sie ins Heimatland zurückkehren und können erst von dort aus ein neues FDH-Visum beantragen.[429]

Sind FDHs der Auffassung, arbeitsrechtliche Ansprüche gegenüber ihrem ehemaligen Arbeitgeber innezuhaben, können sie eine Visumsverlängerung *(extension of stay)* beantragen, um an dem arbeitsrechtlichen Verfahren persönlich teilnehmen zu können.[430] In diesem Fall wird allerdings nur ein Besuchervisum *(visitor visa)* erteilt, das eine Arbeitsaufnahme verbietet[431] und nicht mehr zur kostenlosen medizinischen Versorgung berechtigt (auch nicht bei bestehender Schwangerschaft).[432] Auch die Unterkunft muss ein FDH in dieser Zeit selbst finanzieren, da die bisherige Unterbringung beim Arbeitgeber mit der Kündigung des Arbeitsverhältnisses endet.[433] 260

Dies erzeugt spätestens nach der Kündigung eine Zwangslage für FDHs. Sie müssen daher jederzeit eine Kündigung fürchten, gegen die sie sich selbst nur wehren können, wenn sie in der Lage sind, ihre wirtschaftliche Existenz über Monate ohne neues Einkommen zu sichern.[434] Angesichts der hohen Lebenshaltungskosten[435] und der im Verhältnis sehr geringen Löhne, die FDHs bis zu ihrem Ausscheiden aus dem Arbeitsverhältnis bezogen haben, stellt dies eine besondere Härte dar.[436] Wird bspw. eine FDH rechtswidrig (Rn. 313) wegen ihrer Schwangerschaft entlassen, verliert sie unmittelbar ihren Aufenthaltsstatus, ihr Einkommen, ihre Unterkunft und ihren Anspruch auf Gesundheitsleistungen, sodass sie in der Regel kaum in der Lage sein dürfte, ihre Arbeitnehmerrechte eigenständig durchzusetzen. Zwar existieren einige 261

---

429 *Price*, The Employment Laws of Hong Kong and China, S. 147.

430 *Farbenblum/Berg*, SSRN 2022, S. 28.

431 *Palmer*, JoIntMigIntegr 2020, 731 (735); *Chan*, JLawTechPubPol 2014, 87 (100); *Frection*, Does the current process to address labour rights violations of Migrant Domestic Workers in Hong Kong Provide an Effective Remedy?, S. 154; *Farbenblum/Berg*, SSRN 2022, S. 28.

432 *McArdle*, in: Gender, Violence and the State in Asia Routledge, S. 204 (216). Vgl. *Hong Kong Hospital Authority*, Definitions of Eligible Persons, abrufbar: https://t1p.de/kcn8w (zuletzt abgerufen: 31.05.2023).

433 *Frection*, Does the current process to address labour rights violations of Migrant Domestic Workers in Hong Kong Provide an Effective Remedy?, S. 154. *McArdle*, in: Gender, Violence and the State in Asia Routledge, S. 204 (207).

434 *Farbenblum/Berg*, SSRN 2022, S. 28.

435 Vgl. zu den Immobilienpreisen: *Cox*, Demographia International Housing Affordability, S. 19.

436 Vgl. *Chan*, JLawTechPubPol 2014, 87 (100).

Nichtregierungsorganisationen, die FDHs in solchen Situationen Notunterkünfte zur Verfügung stellen (bspw. *Christian Action Hong Kong Registered Charity*[437], *HELP Ltd Registered Charity*[438]), diese können das systematische Problem des Zugangs zum Recht für FDHs aber freilich nicht lösen.

262 FDHs haben daher ein starkes (ökonomisches) Interesse daran, während des laufenden Arbeitsverhältnisses keine Auseinandersetzungen über den Umfang ihrer Rechte zu führen.[439] Auch nach Beendigung des Arbeitsverhältnisses wird eine (gerichtliche) Auseinandersetzung häufig kaum ökonomische Vorteile bringen.

b) *Prozessrechtliche Hürden*

263 Im nächsten Schritt werden die verfahrensrechtlichen Hindernisse beim Zugang zum Recht analysiert. Dabei wird die Darstellung nach der Institution gegliedert, in der das jeweilige Hindernis besteht.

aa) *Labour Relations Division*

264 Bei der *conciliation* vor der *Labour Relations Division* führt die Kombination aus dem generellen Ausschluss Dritter und der fehlenden Möglichkeit der außergerichtlichen Rechtsberatung zu einer strukturellen Behinderung des Zugangs zum Recht.

265 Zwar kann eingewandt werden, dass Arbeitnehmer nicht gezwungen sind, sich auf einen Vergleich einzulassen, da sie im Zweifelsfall Vergleichsangebote einfach ablehnen und Klage vor dem *Labour Tribunal* erheben können. *De facto* werden aber viele Arbeitnehmer nicht in der Lage sein, ihre Erfolgsaussichten realistisch einzuschätzen. In diesem Fall hängt die Einigungsbereitschaft der Parteien vom Verhalten des *Conciliation Officer* ab. Erscheint dem Arbeitnehmer nach dessen Rechtseinschätzung seine eigene Position eher schwach oder befürchtet er gar Regressansprüche, wird er regelmäßig unabhängig von der wahren materiellrechtlichen Situation einer Einigung zustimmen. Diese Abhängigkeit wird noch dadurch verstärkt, dass Arbeitnehmer i.d.R. zuvor keine anwaltliche Beratung in Anspruch genommen haben und grds. zum Gespräch keine Vertrauensperson mitbringen können.

266 Da *Conciliation Officer* weder eine dem *Presiding Officer* vergleichbare, gesetzlich geregelte Stellung innehaben, noch den Sachverhalt abschließend

---

437 *HK Christian Action*, abrufbar: https://t1p.de/xncfq (zuletzt abgerufen: 06.06.2023).

438 *HELP*, abrufbar: https://t1p.de/qpvnk (zuletzt abgerufen: 07.06.2023).

439 Vgl. *McArdle*, in: Gender, Violence and the State in Asia Routledge, S. 204 (206 f.).

überblicken können, ist ihre Beurteilung der Sach- und Rechtslage systematisch jedenfalls potentiell fehlerbehaftet und nicht unbedingt objektiv.

Der Fall Bachicha v Poon Schiu Man Henry ist in dieser Hinsicht besonders prägnant. Die Arbeitgeberin hatte versucht, die Arbeitnehmerin, eine philippinische FDH, unter Anwendung körperlicher Gewalt zur Unterzeichnung eines Aufhebungsvertrages zu nötigen. Die Arbeitnehmerin verweigerte dies und flüchtete aus der Wohnung. Der *Conciliation Officer*, der den Sachverhalt offensichtlich nicht überblickte, interpretierte die Flucht aus der Wohnung als *Kundigung* der Arbeitnehmerin und wies sie auf ggf. bestehende Ansprüche des Arbeitgebers *(payment in lieu of notice)* hin. Die Arbeitnehmerin willigte daraufhin in einen Minimalvergleich ein, der erst später vom *Court of Appeal* aufgehoben wurde.[440] Dass es überhaupt zu einer gerichtlichen Überprüfung des Vergleichs kam, war wohl dem Zufall geschuldet. 267

Verfügen hingegen beide Parteien über ausreichende Rechtskenntnisse, weil sie anwaltliche Hilfe in Anspruch genommen haben, dürfte die *conciliation* kaum erfolgversprechend sein. Die Einführung in die rechtlichen Hintergründe durch den *Conciliation Officer* ist hier erkennbar überflüssig, da sie nicht die Grundlage einer bindenden Entscheidung darstellt. 268

bb) Labour Tribunal

Auch das gerichtliche Verfahren vor dem *Labour Tribunal* wird von unterschiedlichen Faktoren behindert. 269

[1] Zuständigkeit

[a] Zuständigkeitsdifferenzen

Die Zuständigkeit des *Labour Tribunal* wird in zentralen Bereichen zugunsten der ordentlichen Gerichtsbarkeit beschränkt (Rn. 229). Dieser Umstand macht es nicht nur schwierig, den Zuständigkeitsbereich des *Labour Tribunal* abstrakt zu beschreiben, sondern führt in der Rechtspraxis zu teils erheblichen Verzögerungen und Widersprüchen. Aus der Perspektive des deutschen Arbeitsprozessrechts erscheint die Unterscheidung wenig intuitiv. 270

Begründet wird die Zuständigkeitsverteilung mit der Eigenschaft des *Labour Tribunal* als „*informal forum for employees to pursue their claims for wages and other statutory payments in a speedy manner.*“[441] Aus rechtsvergleichender Sicht 271

---

440 *Court of Appeal*, Bachicha v Poon Schiu Man Henry, 18.07.2000, CACV 55/2000, Rn. 16 ff.

441 *Court of First Instance*, Deutsche Bank AG (Hong Kong Branch) v Daniel Mamdou-Blanco, 23.12.2011, HCA 1514/2011, Rn. 41; *Court of First Instance*, Axa China

ist jedoch nicht nachvollziehbar, dass die umfassende Zuständigkeit der deutschen Arbeitsgerichte zu einer erheblichen Verlangsamung der Prozesse führt. Vielmehr dürfte die umfassende Zuständigkeit der deutschen Arbeitsgerichte zu einer Vermeidung von Zuständigkeitsdiskussionen und damit zu Effizienzgewinnen führen.

272 Die Diskrepanz zwischen Anspruch und Wirklichkeit des Hongkonger Prozessrechts zeigt sich am Beispiel des Diskriminierungsrechts. Hier müssen Arbeitnehmer regelmäßig zwei Gerichtsverfahren anstrengen, um alle Ansprüche aus einem Lebenssachverhalt (etwa bei einer Kündigung während der Schwangerschaft) geltend zu machen. Zwar kann das *Labour Tribunal* in einem solchen Fall nach s. 10 LTO seine Zuständigkeit aufgeben und den Streit an den *District Court* verweisen. Auch dies ist aber offensichtlich weniger effizient als eine von vornherein einheitliche Zuständigkeit bei einem Gericht. Dass eine solche einheitliche Zuständigkeit auch im Common Law möglich ist, zeigt das englische *Employment Tribunal*, welches auch für diskriminierungsrechtliche Ansprüche zuständig ist (s. 120 Equality Act 2010).[442]

273 Darüber hinaus kann die bisweilen unklare Zuständigkeitsverteilung zwischen dem *Labour Tribunal* und der ordentlichen Gerichtsbarkeit zur Verschleppung von Verfahren genutzt werden, was auch der *Court of First Instance* anerkannt:

274 *„I can understand the frustration the defendant feels. The labour claim has been ongoing for 1½ years. Notwithstanding the asserted need for legal representation and complexity of issues, P1 and the defendant had in fact been able to come up with the evidence/witness statements after 5 hearings, only to have the trial aborted at the last minute. To the defendant, P1's conduct might have been intimidating and delaying tactics.“*[443]

275 Eine solche Verschleppung kann vor allem durch Verweisungsanträge nach s. 10 LTO sowie durch das Bestreiten der Zuständigkeit des *Labour Tribunal* (s. 7 LTO) erfolgen. Insbesondere die erstgenannte Vorgehensweise lädt zu einer Prozessverschleppung ein, da für die Verweisung kein besonderer Grund notwendig ist und der *Presiding Officer* häufig selbst ein Interesse an der Verweisung haben dürfte.

Region Insurance Co Ltd v Lin Kwai Ying Katie, 25.04.2012, HCA 1228/2011, Rn. 30.

442 *Morgenweck*, Die Arbeitsgerichtsbarkeit in England, S. 27.

443 *Court of First Instance*, Uferahal Ltd (formerly known as Hasselblad Asia Pacific, (Hong Kong) Ltd & Anor v Hansen Larry Douglas), 27.03.2015, HCA 1707/2014, Rn. 42.

276 Selbst wo kein Missbrauch gegeben ist, führt die Unklarheit über die Zuständigkeit regelmäßig zu erheblichen Verzögerungen. Hält sich das *Labour Tribunal* für zuständig, können die Parteien diese Entscheidung erst mit einem *appeal* nach Abschluss des Verfahrens angreifen. Dies gilt unabhängig von der Frage, ob die Sache *per se* nicht in die Zuständigkeit des *Labour Tribunal* fällt[444] oder ob der *Presiding Officer* gebunden war, sein Ermessen zur Verweisung des Rechtsstreits an die ordentliche Gerichtsbarkeit (s. 10 para. 1 LTO) entsprechend auszuüben.[445]

277 In Deutschland wird solchen langanhaltenden Unklarheiten über die Zuständigkeit des Gerichts besser vorgebeugt. Zum einen ist die Zuständigkeit des Arbeitsgerichts relativ weit gefasst, wodurch zahlreiche Streitigkeiten über deren genaue Auslegung gar nicht erst entstehen. Zum anderen zwingt die von Amts wegen zu treffende Entscheidung nach § 17a Abs. 2 S. 3, Abs. 1, Abs. 5 GVG zu einer zeitnahen Entscheidung, die – soweit erforderlich – umgehend und isoliert geprüft wird (§ 17a Abs. 4 S. 3 GVG). Eine inzidente Prüfung der Zuständigkeit im Rechtsbehelfsverfahren gegen die Sachentscheidung, wie sie in Hongkong vorgesehen ist, ist in Deutschland explizit ausgeschlossen (§ 17a Abs. 1 GVG). Im Gegensatz zu Hongkong besteht in Deutschland also ein deutlich geringeres Risiko einer überlangen Verfahrensdauer und einer Verfahrensverzögerung durch Verweisungsanträge.

[b] Keine einheitliche Zuständigkeit einer Kammer

278 Die Effektivität des Zugangs zum Recht wird auch durch die wechselnden personellen Zuständigkeiten der *Presiding Officers*. Da die Parteien erst im *trial* auf den entscheidenden *Presiding Officer* treffen, können sie bis zu diesem Zeitpunkt nur mutmaßen, ob ihre Anträge Aussicht auf Erfolg haben.

[2] Vertretung

279 Die fehlende Möglichkeit der Vertretung durch Anwälte bzw. qualifizierte Gewerkschaftssekretäre (siehe Rn. 170 ff.), ist ein entscheidendes Hindernis für den Zugang zum Recht. Arbeitnehmer ohne besondere Erfahrung im Arbeitsrecht sind regelmäßig nur unzureichend in der Lage, juristisch zu argumentieren oder durch taktische Befragung der Gegenseite *(cross examination)* Lücken im gegnerischen Sachvortrag aufzudecken.[446] Häufig fehlt ihnen das

---

444 Vgl. *Court of First Instance*, 李德強 (Lee Tak Keung) 大家樂集團有限公司 (Cafe De Coral Holdings Ltd), 24.04.2018, HCLA 44/2017.

445 Vgl. *Court of First Instance*, Vermeerbergen Peter Alfred v Swisstribe Ltd, 13.07.2018, HCLA 11/2017, Rn. 13 ff.

446 *Yeung/Leung*, Semiotica 2017, 363 (371 f.).

Verständnis für die rechtliche Bedeutung des Sachverhalts, weswegen sie überflüssigen oder unvollständigen Sachverhalt vortragen.[447]

280 Aus diesen Gründen könnte man plausibel argumentieren, dass s. 23 LTO gegen s. 8 Art. 10 BORO verstößt, der den Grundsatz des fairen Verfahrens vorschreibt. Der *Court of Final Appeal* lehnte eine solche Auslegung jedoch ab und statuierte, es gäbe kein „*absolute right to legal representation*".[448] Auch wenn der Ausschluss der (anwaltlichen) Vertretung somit nicht gegen höherrangiges Recht[449] in Hongkong verstößt, soll dennoch auf seine Wirkung auf den Zugang zum Recht eingegangen werden.

281 Zunächst muss hierbei an die Ergebnisse der rechtssoziologischen Untersuchung angeknüpft werden (siehe Rn. 60). Wie dargestellt, wird die Entscheidung des Arbeitnehmers zur Rechtsdurchsetzung sowie deren Effektivität insbesondere durch seine Unerfahrenheit mit derartigen (gerichtlichen) Verfahren beeinträchtigt *(one shotter)*, während der Arbeitgeber häufig über gewisse Erfahrungen oder Ressourcen verfügt *(repeat player)*. Die Vorstellung der LTO, durch den Ausschluss von Vertretern ein Gespräch auf Augenhöhe zu ermöglichen, verkennt die Machtverhältnisse zwischen den Parteien[450] und ist allenfalls in Sonderkonstellationen anwendbar. Zudem unterwandert die LTO diesen Ansatz selbst, indem sie die Vertretung des Arbeitgebers durch einen *officer* oder *servant* ohne Erlaubnisvorbehalt zulässt (s. 23 para. 2 lit. d LTO), selbst wenn dieser ein Jurist ist (vgl. Rn. 175), ohne dies durch die Möglichkeit der Vertretung des Arbeitnehmers durch einen Gewerkschaftsvertreter auszugleichen (vgl. Rn. 172 f.).[451] Ferner verkennt die LTO die wirtschaftliche Realität der Parteien, die es dem Arbeitgeber häufiger ermöglichen wird, qualifizierte

---

447 Vgl. zur Problematik in Bezug auf FDHs: *Frection*, Does the current process to address labour rights violations of Migrant Domestic Workers in Hong Kong Provide an Effective Remedy?, S. 202 f.

448 *Court of Final Appeal*, Lam Siu Po v Commissioner of Police, 26.03.2009, FACV 9/2008, Rn. 139. Das Urteil betraf ein strafrechtliches Verfahren, der Grundgedanke ist indes auch auf das Labour Tribunal anwendbar.

449 Das Verhältnis der BORO zu anderen Gesetzen Hongkongs ist umstritten. Dies soll an dieser Stelle indes nicht weiter thematisiert werden. Näher hierzu: *Chan*, HKLJ 1998, 152 ff.

450 Zum Ungleichgewicht vor englischen *Employment Tribunals*: *William/Vandekerckhove*, JBE 2023, 365 (368 ff). Allgemein: *Lam/Xu*, Appl. Psychol. 2019, 513 (518); *Risak*, pm 2013, 240 (240, 243).

451 So schon: *Ribeiro*, HKLJ 1978, 308 (334).

außergerichtliche Rechtsberatung in Anspruch zu nehmen, um den Prozessstoff zu ordnen und das *trial* vorzubereiten.[452]

Diese ungleiche Stellung kann weder durch den Inquisitionsgrundsatz des *Presiding Officer* noch durch die Stellung des *Tribunal Officer* ausgeglichen werden. Die Wahrheitsfindung wird hierbei von der Erkenntnissuche Dritter – dem *Tribunal Officer* und dem *Presiding Officer* – abhängig, während sich das strukturelle Machtungleichgewicht der Arbeitsvertragsparteien fortbesteht. Sowohl der *Tribunal-* als auch *Presiding Officer* handeln nicht parteiisch, sondern neutral. Dies macht die Wahrheitsfindung weniger effizient und schwer vorhersehbar.[453] Diese Neutralität setzt sich in ihren Pflichten gegenüber den Parteien fort. Ein Rechtsanwalt, der relevanten Sachverhalt nicht vorträgt, macht sich i.d.R. gegenüber seinem Mandanten schadensersatzpflichtig.[454] *Tribunal-* oder *Presiding Officer* hingegen würden in einer solchen Situation allenfalls prozessrechtswidrig handeln.[455] Weder der *Tribunal-* noch der *Presiding Officer* steht in einem dem Rechtsanwalt vergleichbaren Näheverhältnis zu den Parteien, sie haben also kein derart originäres Interesse an einer korrekten Sachverhaltsermittlung. 282

Gleichzeitig muss beachtet werden, dass die Inquisitionspflicht des *Presiding Officer* die Parteien nicht vollständig von ihrer Verantwortung entbindet, Tatsachen oder Beweismittel vorzutragen (vgl. Rn. 198 ff.). Verkennt eine Partei diese Verantwortung oder versäumt sie, relevanten Sachverhalt vorzutragen, so wird dies durch die Inquisitionspflicht nicht zwingend kompensiert. Derartige Tatsachen werden daher regelmäßig bei der Entscheidung unberücksichtigt bleiben.[456] 283

---

452 So schon: *Ribeiro*, HKLJ 1978, 308 (333).

453 *Carpenter*, Notre Dame L. Rev. 2017, 647 (690).

454 Eine privatrechtliche Vereinbarung zwischen *solicitor* und Mandant, über den Ausschluss der Haftung für fahrlässige Pflichtverletzungen *(a provision in any such agreement that the solicitor shall not be liable for negligence)* ist unwirksam (s. 59 para. 2 LPO). Vgl. auch Kapitel 6.01 des Hong Kong Solicitors' Guide to Professional Conduct der *Law Society of Hong Kong*, abrufbar. https://t1p.de/canrk (zuletzt abgerufen: 07.06.2023).

455 Auch in Hongkong ist eine Schadensersatzpflicht eines Richters ausgeschlossen (Art. 85 Basic Law). Nur bei vorsätzlich schädigenden Handlungen *(tort of misfeasance in public office)* wird dieser Grundsatz durchbrochen vgl. *Court of Appeal*, Tang Nun Mun v Secretary of Justice, 07.06.2000, CACV 13/2000, Rn. 10 ff.

456 Vgl. hierzu etwa: *Court of First Instance*, Let' Spa Company Ltd Wong Kit Yee (王潔), 15.12.2017, HCLA 20-24/2017, Rn. 10 ff.; *Court of First Instance*, 雲天曼 (Woon Thean Mun) 香港航空有限公司 (Hong Kong Airlines Ltd), 18.01.2023, HCLA 27/2018, Rn. 56 ff.

284 Am Beispiel des *Employment Tribunal* in Großbritannien lässt sich zeigen, wie ein Verfahren vor dem *Labour Tribunal* aussehen könnte, wenn eine anwaltliche Vertretung auf beiden Seiten möglich wäre. Die beiden Tribunale haben nicht nur eine gemeinsame Entstehungsgeschichte, sondern ähneln sich nach wie vor in ihrer Struktur; so treffen den *Employment Judge* in England ebenfalls (gewisse) Aufklärungspflichten.[457] Anders als vor dem *Labour Tribunal* ist vor den *Employment Tribunals* allerdings eine anwaltliche Vertretung zulässig.[458]

285 Dass diese Vertretung einen mitunter entscheidenden Unterschied ausmacht, zeigt eine Studie des britischen *Department for Business, Energy and Industrial Strategy* aus dem Jahr 2020. Für die Studie wurden im Jahr 2018 Parteien vor britischen *Employment Tribunals* befragt. Sie kam zu dem Ergebnis, dass Arbeitnehmer, deren Klage nach dem ersten Termin abgewiesen oder erledigt wurde, am seltensten durch einen Vertreter unterstützt worden waren.[459] Waren klagende Arbeitnehmer hingegen von einem Vertreter bei einer gerichtlichen Anhörung begleitet worden, war ihre Obsiegenswahrscheinlichkeit im Vergleich höher.[460] Handelte es sich bei dem Vertreter um einen *solicitor*, stieg auch die vorgerichtliche Vergleichsquote.[461] Die Studie untersuchte auch die Gründe, warum sich Arbeitnehmer bei einer gerichtlichen Anhörung nicht durch einen *representative* vertreten ließen; 58 % der Befragten begründeten dies mit fehlenden finanziellen Mitteln (eine finanzielle Unterstützung durch das *Legal Aid Department* ist in England in Arbeitssachen nicht möglich[462]); nur in 20 % der Fälle gaben die Arbeitnehmer an, dass sie sich zutrauten, den Prozess selbst zu führen.[463] Diese Zahlen

457 Vgl. *Morgenweck*, Die Arbeitsgerichtsbarkeit in England, S. 62 f.

458 *Emir*, Selwyn's Law of Employment, 20. Aufl. 2018, No. 20.59.

459 *Department for Business*, Energy and Industrial Strategy, BEIS Research Paper Number 2020/007, 2020, S. 41; Table 3.8, abrufbar: https://t1p.de/7tvt2 (zuletzt abgerufen: 07.06.2023).

460 *Department for Business*, Energy and Industrial Strategy, BEIS Research Paper Number 2020/007, 2020, S. 63; Table A1, B1, abrufbar: https://t1p.de/7tvt2 (zuletzt abgerufen: 07.06.2023).

461 *Department for Business*, Energy and Industrial Strategy, BEIS Research Paper Number 2020/007, 2020, S. 63; Table A1, B1, abrufbar: https://t1p.de/7tvt2 (zuletzt abgerufen: 07.06.2023).

462 *Morris*, in: Making Employment Rights Effective, S. 7 (13).

463 Department for Business, Energy and Industrial Strategy, BEIS Research Paper Number 2020/007, 2020, S. 43, Table 3.20, https://t1p.de/7tvt2 (zuletzt abgerufen: 07.06.2023).

bestätigen eine andere Studie aus dem Jahr 2005, die zu ähnlichen Ergebnissen kam.[464]

Eine Umfrage unter Parteien vor dem *District Court* in Hongkong aus dem Jahr 2002 kam zu ähnlichen Ergebnissen: Darin gaben 63 % der nicht anwaltlich vertretenen Parteien an, sie könnten sich keinen Anwalt leisten, nur 30 % hielten die Beauftragung eines Rechtsanwalts für unnötig.[465] 286

Auch wenn keine gezielten Erhebungen zu den Präferenzen der Parteien vor dem *Labour Tribunal* in Hongkong vorliegen, kann in der Gesamtschau der vorstehenden Daten nicht davon ausgegangen werden, dass die Parteien vor dem *Labour Tribunal* kein Interesse an einer anwaltlichen Vertretung hätten. Vielmehr ist unter Bezug auf die britischen Daten – deren Vergleichbarkeit aufgrund der Ähnlichkeit der Tribunalsysteme anzunehmen ist – davon auszugehen, dass sich das Verbot der anwaltlichen Vertretung negativ auf die Effektivität des Zugangs zum Recht für Arbeitnehmer in Hongkong auswirkt. Der nicht vertretene Arbeitnehmer wird entweder die Klage fallen lassen oder nicht in der Lage sein, ähnlich effektiv eine gütliche Einigung zu erzielen. Darüber hinaus scheint das Interesse der Kläger, sich selbst zu vertreten, im Allgemeinen eher gering zu sein. Das Problem lässt sich mit den Worten des US *Supreme Court* prägnant zusammenfassen: „*The right to be heard would be, in many cases, of little avail if it did not comprehend the right to be heard by counsel.*“[466] 287

[3] Versäumnisurteil gegen den Beklagten

Zwar sieht s. 21 LTO die Möglichkeit des Erlasses eines Versäumnisurteils gegen den Beklagten vor, jedoch sind die Voraussetzungen hierfür deutlich höher als die des § 331 Abs. 1 u. 2 ZPO i.V.m. § 46 Abs. 2 S. 1 ArbGG. Während in Deutschland lediglich die Schlüssigkeit der Klage unter der Fiktion des Zugeständnisses von Tatsachenbehauptungen erforderlich ist, muss das *Labour Tribunal* den Sachverhalt für hinreichend geklärt erachten (*the tribunal may, if it is of the opinion that the facts relating to the claim are sufficiently established, hear and determine the claim and make such award or order as it may think fit, notwithstanding the absence of the defendant* – s. 21 EO). 288

---

464 *Latreille/Latreille/Knight*, ILR 2005, 308 (318 ff.).

465 *Chu* et al, Report of the Steering Committee on Resource Centre for Unrepresented Litigants, 2002, S. 19, abrufbar: https://t1p.de/vvufw (zuletzt abgerufen: 06.07.2023).

466 US *Supreme Court*, Powell v Alabama, 07.11.1932, 287 US 45 (1932).

289 Diese offene Formulierung ermöglicht nicht die gleiche Beschleunigung, wie das deutsche Prozessrecht, da sie dem *Presiding Officer* eine höhere Aufklärungspflicht auferlegt.[467] Dies hat im Gegenzug zur Folge, dass eine Prozessverschleppung durch den Beklagten nicht gleich wirksam wie im deutschen Recht unterbunden wird. Eine zeitnahe gerichtliche Entscheidung wird also nur eingeschränkt gewährleistet.

[4] Urteilsbegründung

290 Vor dem *Labour Tribunal* besteht kein Anspruch auf eine schriftliche Urteilsbegründung.[468] Bei der Abwägung, ob ein Rechtsbehelf eingelegt werden soll, sind die Parteien daher i.d.R. auf ihren subjektiven Eindruck vom Prozessverlauf bzw. auf ihre Erinnerung an die mündliche Urteilsbegründung angewiesen.

291 Es besteht zwar die Möglichkeit, ein Transkript der Audioaufzeichnung des Verfahrens (und damit auch der mündlichen Urteilsverkündung) zu verlangen.[469] Trotz jahrelanger Kritik[470] sind die Kosten[471] eines solchen Transkripts jedoch nach wie vor erheblich. Es ist auch nicht möglich, die Abschrift nur für einzelne Teile des *trial* zu verlangen. Dem Autor ist aus eigener Praxis[472] ein Fall bekannt, in dem die Kosten für ein Transkript eines siebentägigen *trial* insgesamt ca. HKD 20.000 betragen hätten. Dieser Betrag überstieg den Streitwert bei weitem, sodass ein *appeal* nicht in Betracht gezogen wurde.

292 Hat die Partei bereits *leave to appeal* beantragt, ohne dass ihr die Niederschrift oder eine schriftliche Entscheidung vorliegt, kann sie beim *Court of*

---

467 Vgl. *Koch*, in: ErfK, § 59 ArbGG Rn. 5. Zur ähnlichen Rechtslage in England: *Morgenweck*, Die Arbeitsgerichtsbarkeit in England, S. 53.

468 *Court of First Instance*, Salazar Alma F. v Chan Chue Kai & Anor, 19.12.2012, HCLA 21/2012, Rn. 18 *Working Party on the Review of the Labour Tribunal*, Report of the Working Party – LC Paper No. CB(2)3033/03-04(01), S. 28 Rn. 4.30.

469 *Glofcheski/Aslam*, Employment Law and Practice, Nr. 17.051 (Fn. 147).

470 *LegCo*, Panel on Administration of Justice and Legal Services, Background brief on Discussion on Transcript fees, 15.12.2012 (LC Paper No. CB(2)684/05), abrufbar: https://t1p.de/dw51d (zuletzt abgerufen: 12.06.2023).

471 Hierbei handelt es sich nicht um eine Gebühr, da das *Labour Tribunal* diese Transkripte nicht selbst anfertigt. Beantragt ein Arbeitnehmer ein Transkript, wird dieser Dienst i.d.R. an ein externes Unternehmen vergeben, welches der Partei die entsprechenden Kosten in Rechnung stellt. Diese Kosten kann die Partei im Fall des Obsiegens in der nächsten Instanz als sog. *disbursement* ersetzt verlangen.

472 Das Verfahren vor dem *Labour Tribunal* war seit Mitte 2021 anhängig. Die Urteilsverkündung – bei der der Autor zugegen war – erfolgte im April 2022.

Appeal um Erlaubnis bitten, sich die Audioaufnahme des *trial* in den Räumlichkeiten des *Labour Tribunal* anzuhören. Die Entscheidung hierüber liegt im Ermessen des *Court of First Instance.*[473] Ob ein derartiges Vorgehen sinnhaft erscheint, sei dahingestellt.

Ohne die Entscheidungsgründe sorgfältig prüfen zu können, wird die Entscheidung über die Erhebung von Rechtsbehelfen erheblich erschwert, was wiederum häufig zu einem Verzicht führen dürfte.[474] Dies gilt umso mehr als die anwaltliche Vertretung unzulässig und die Kosten der Begleitung durch einen (passiven) rechtskundigen Beistand nicht erstattungsfähig sind (vgl. Rn. 176). Es dürfte nur selten vorkommen, dass ein juristischer Laie anhand der mündlich vorgetragenen Urteilsgründe mit hinreichender Sicherheit beurteilen kann, ob ein Rechtsbehelf hinreichende Aussicht auf Erfolg hat.[475] Dies gilt umso mehr, als nach ständiger Rechtsprechung der Berufungskläger *(applicant)* bereits in der *application for leave to appeal* mit hinreichender Deutlichkeit die Rechtswidrigkeit der erstinstanzlichen Entscheidung darlegen muss.[476] 293

Es handelt sich dabei auch nicht um eine im Common Law zwingende Vorgehensweise. Das britische System bspw. sieht einen Anspruch auf eine schriftliche Urteilsbegründung vor.[477] Eine besondere Notwendigkeit, die den Nachteil des Fehlens einer schriftlichen Urteilsbegründung aufwiegen könnte, ist nicht erkennbar. 294

cc) Ansprüche aus den Discrimination Ordinances

Hindernisse bestehen auch hinsichtlich der prozessualen Ausgestaltung der Durchsetzung von Ansprüchen aus den *Discrimination Ordinances.* Zwar bestehen mit der *conciliation* eine niedrigschwellige Möglichkeit der 295

473 *Court of First Instance*, Monti Mary Pais v Shilesh Ramesh Kuwadekar, 28.01.2005, HCLA 65/2004, Rn. 8 f.

474 Vgl. zur Diskussion einer entsprechenden Reform des deutschen Arbeitsgerichtsgesetzes: *Haug/Pfarr/Struck*, Möglichkeiten der Beschleunigung des arbeitsgerichtlichen Verfahrens, S. 92 ff.

475 Teils abweichend: *Haug/Pfarr/Struck*, Möglichkeiten der Beschleunigung des arbeitsgerichtlichen Verfahrens, S. 92.

476 *Court of First Instance*, 雲天曼 (Woon Thean Mun) v 香港航空有限公司 (Hong Kong Airlines Ltd), 23.12.2019, HCLA 27/2018, Rn. 9; *Court of First Instance*, 郭仲輝 (Kouk Chung Fai) 閻新宇 and (Yan Frank) v Ebp Global Ltd and Ebp Management Consulting Ltd, 25. 09.2019, HCLA 1/2019, Rn. 22.

477 s. 62 Employment Tribunals (Constitution and Rules of Procedure) Regulations 2013, Schedule 1.

außergerichtlichen Rechtsdurchsetzung und auch die Unterstützung durch die EOC bei der Geltendmachung von Ansprüchen vor dem *District Court* erscheint positiv.

296 Die Effektivität des Zugangs zum Recht ist jedoch insoweit beeinträchtigt, als ein faktischer Zwang zu einer langwierigen *conciliation* den diskriminierten Arbeitnehmer von der Möglichkeit der gerichtlichen Durchsetzung abhält.

297 Ein diskriminierter Arbeitnehmer hat zwei Möglichkeiten, seine Rechte durchzusetzen. Entweder er versucht den Streit außergerichtlich, d.h. im Wege der *conciliation*, beizulegen oder er initiiert unmittelbar die gerichtliche Durchsetzung. Da eine gerichtliche Durchsetzung i.d.R. nur dann durch *legal aid*[478] bzw. *legal assistance*[479] unterstützt wird, wenn eine vorherige *conciliation* gescheitert ist, ist diese Wahlfreiheit des Arbeitnehmers *de facto* stark eingeschränkt. Er kann nur dann unmittelbar Klage erheben, wenn er entweder die Kosten der anwaltlichen Vertretung selbst trägt oder sich vor Gericht selbst vertritt. Beide Möglichkeiten sind in der Praxis mit erheblichen Hindernissen verbunden.

298 Die Entscheidung, die Kosten der anwaltlichen Vertretung selbst zu tragen, wird sowohl durch die hohen Kosten der anwaltlichen Beratung (Rn. 243) in Hongkong als auch durch das Kostenrecht in Diskriminierungssachen stark erschwert. Ein diskriminierter Arbeitnehmer kann nicht darauf vertrauen, dass ihm der Arbeitgeber seine Anwaltskosten nach der gerichtlichen Klärung erstattet, selbst wenn der Arbeitnehmer das Verfahren gewinnt, ist eine Erstattung regelmäßig ausgeschlossen.[480] Eine anwaltliche Vertretung ohne die Unterstützung durch *legal aid* ist daher nur möglich, soweit der Arbeitnehmer die Kosten des Rechtsstreits vollständig selbst tragen kann und im Falle des

---

478 Nach Auskunft des *Legal Aid Department* existiert keine generelle Regelung, nach der Anträge auf *legal aid* abgelehnt werden, wenn kein Versuch der *conciliation* unternommen wurde. Indes dürfte die Gewährung zumeist an den Ausschlussgründen des s. 10 para. 3 LAO scheitern. In der Praxis zeigt sich zumindest, dass im Jahr 2022 kein einziger Antrag auf *legal aid* positiv beschieden wurde (Angaben basierend auf der Auskunft des *Legal Aid Department* auf eine *access to information request* des Autors vom 30.03.2023). Dies deckt sich auch mit den Erfahrungen des Autors und den Erfahrungen seiner früheren Kollegen bei *Equal Justice* 平義社 *Ltd.*

479 s. 85 para. 2 SDO; s. 81 para. 2 DDO; s. para. 2 63 FSDO, s. 79 para. 2 RDO; *Petersen*, Em. Rts. & Emp. Pol'y J 2001, 627 (639).

480 s. 73B para. 3, 73C para. 3, 73D para. 3, 73E para. 3 DCO.

Obsiegens nach Abzug dieser Kosten überhaupt noch ein streitwürdiges Ergebnis verbleibt.[481]

Die Entscheidung, sich vor Gericht selbst zu vertreten, wird durch prozessrechtliche Hindernisse erschwert. Zwar existieren Sonderregelungen (DCEOR) für EO-claims. Gleichwohl beschränken sich diese auf die Initiierung des Verfahrens. Das *trial* ist im Fall eines EO-claim im Wesentlichen mit anderen Zivilprozessen vergleichbar. Es besteht zwar die Möglichkeit, die Förmlichkeit des Verfahrens zu reduzieren, insbesondere indem der Richter auf die Förmlichkeit der Beweisaufnahme verzichtet.[482] Ob dies geschieht, liegt jedoch im Ermessen des Richters. In der Regel sehen diese von der Erleichterung ab und wenden pauschal Order 38 RoDC an, sodass die im Zivilprozess üblichen Beweisregeln gelten.[483] Diese Entscheidung kann allenfalls durch ein *appeal* an den *Court of Appeal* angegriffen werden (s. 63 DCO). Der *Court of Appeal* stellte aber bereits klar, dass die Förmlichkeit des Gerichtsverfahrens von wesentlicher Bedeutung ist *(„[the trial may not] be degenerated into a trial by opinions"*[484]*).* Für eine Naturpartei dürfte es daher nahezu aussichtslos sein, erfolgreich einen Rechtsbehelf gegen die prozessualen Anordnungen des *District Court* zu erheben. Zum einen wegen der formellen Hürden eines *appeal* beim *Court of Appeal*, zum anderen, weil die Naturpartei inhaltlich argumentieren müsste, der Richter habe sein Ermessen über die Anwendung der Beweiserleichterungen falsch ausgeübt. Nachdem der *Court of Appeal* aber bereits die Gefahren einer informellen Verfahrensführung unterstrichen hat, dürfte es schwerfallen, ihn davon zu überzeugen, dass der Richter am *District Court* eine derartige informelle Verfahrensweise hätte anordnen müssen. Diese Hindernisse dürften erklären, warum die meisten Naturparteien mit ihrer Klage keine Aussicht auf Erfolg haben.[485] 299

481 *Petersen*, Em. Rts. & Emp. Pol'y J 2001, 627 (638).

482 s. 73B para. 5 SDO; 73C para. 5; 73D para. 5; 73E para. 5 DCO.

483 Vgl. *Ittner/Bindra*, EuZA 2023, im Erscheinen.

484 *Court of Appeal*, Singh Arjun v The Secretary of Justice, 21.03.2014, HCMP 590/2014, Rn. 15.

485 Eine Umfrage aus den Jahren 1999 bis 2014 hatte zum Ergebnis, dass lediglich 10 % der sich selbst repräsentierenden Kläger mit ihren Diskriminierungsklagen Erfolg hatten, Nachweis bei: *Da Roza/Aslam/Loper*, Submission for Public Consultation on the Discrimination Law Review, Rn. 20. Zwar wurde im folgenden Jahr 2014 eine Reform der *District Court Equal Opportunities Rules* vorgenommen, diese bezog sich indes primär auf die Initiierung des Prozesses, was weite Teile des Verfahrens waren hiervon nicht betroffen.

300 Tatsächlich hat der Arbeitnehmer also regelmäßig keine freie Wahl über die Art der Rechtsdurchsetzung. Vielmehr besteht die einzige (prozess-)ökonomisch sinnvolle Entscheidung darin, eine außergerichtliche Streitbeilegung mittels der *conciliation* der EOC zu versuchen. Eine schnelle und effiziente Streitbeilegung ist aber auch hier nur bedingt möglich, was insbesondere auf die lange Dauer und das Fehlen eines alternativen Rechtsweges zurückzuführen ist.

301 Im Gegensatz zur *Labour Relations Division* hat die EOC den Sachverhalt zu ermitteln (Rn. 131). Dieser Pflicht kommt die EOC gewissenhaft nach, weshalb die Sachverhaltsaufklärung recht zeitaufwendig ist.[486] Ist die beschuldigte Partei nicht bereit, an einer zweckdienlichen Lösung mitzuwirken, ermöglicht ihr diese Vorgehensweise, das Verfahren durch fortwährendes Einreichen wenig aussagekräftiger Schriftsätze in die Länge zu ziehen.[487] Dem diskriminierten Arbeitnehmer bleibt in dieser Situation nichts anderes übrig, als abzuwarten, bis die EOC die *conciliation* für gescheitert erklärt, da er vorher *de facto* keine Möglichkeit hat, seinen Anspruch gerichtlich geltend zu machen.

302 Aber auch nach dem Scheitern der *conciliation* sind die Unterstützungsleistungen begrenzt. *Legal Assistance* wird nur in seltenen Ausnahmefällen gewährt, in denen die EOC der Auffassung ist, dass eine besondere öffentliche Bedeutung vorliegt (*it thinks fit to do so*).[488] Im Geschäftsjahr 2020/2021 wurden nur acht Antragstellern *legal assistance* gewährt.[489] Auch das „Ausweichen" auf *legal aid* ist nur eingeschränkt möglich. Das *Legal Aid Department* verlangt von Antragsstellern üblicherweise, das Scheitern der *conciliation* nachzuweisen (Rn. 297), darüber hinaus ist eine zeitintensive Prüfung des Vermögenseinsatzes und der Erfolgsaussichten erforderlich.[490] Im Jahr 2022 dauerte es

---

486 So die Angabe eines früheren, langjährigen juristischen Mitarbeiters im Gespräch mit dem Autor am 14.04.2023. Diese Angaben decken sich auch mit den Erfahrungen des Autors.

487 Vgl. *Kapai*, HKLJ 2009, 339 (343).

488 s. 85 SDO; s. 81 DDO; s. 63 FSDO; s. 79 para. 2 RDO. Zentrale Beurteilungskriterien sind: „Does it raise a question of principle? – Can it establish legal precedents? – Can it enhance public awareness of discrimination issues?", *EOC*, Casebook, 2017, S. 50, abrufbar: https://t1p.de/q2w1y (zuletzt abgerufen: 01.06.2023).

489 *EOC*, Annual Report 2020/2021, S. 46, https://t1p.de/m7ohb (zuletzt abgerufen: 01.06.2023).

490 *Da Roza/Aslam/Loper*, Submission for Public Consultation on the Discrimination Law Review, Rn. 18.

durchschnittlich 51 Tage bis zur Entscheidung über den Antrag, wobei alle acht Anträge auf *legal aid* abgelehnt oder zurückgezogen wurden.[491]

Vor diesem Hintergrund ist die Effektivität der *conciliation* vor der EOC 303 umstritten.[492] Viele Beschwerdeführer dürften derzeit ein *complaint* – im Sinne des *bargaining in the shadow of the law* (vgl. Rn. 58) – allenfalls als zusätzliche „Munition" für die Aushandlung einer abschließenden gütlichen Einigung über weitere Ansprüche gegen den Arbeitgeber nutzen.

Diese These lässt sich auch anhand der vom EOC veröffentlichten Zahlen 304 nachvollziehen: Im gesamten Geschäftsjahr 2021 wurden 1.179 Beschwerden eingereicht.[493] In 887 Fällen leitete die EOC eine Untersuchung ein, woraufhin 155 Fälle in die *conciliation* überführt wurden.[494] Danach konnte in 130 Fällen eine gütliche Einigung erzielt werden.[495] Die EOC errechnet hieraus eine Erfolgsquote der *conciliation* von 84 %, was die Wirklichkeit wiederum nur in Teilen darstellt. Nur 12,3 % aller *complaints* endeten in einer gütlichen Einigung (*conciliation* und *early resolution*[496] zusammengenommen),[497] in ca. 87,7 % der Fälle wurden die Beschwerden also fallen gelassen oder von der EOC nicht weiter verfolgt. Daraus kann nicht auf mangelnde Kompetenz oder fehlenden Willen der EOC geschlossen werden, denn eine Beschwerde kann schlicht unbegründet oder verspätet eingereicht werden. Dennoch ist festzuhalten, dass im gesamten Geschäftsjahr 2020/2021 lediglich in 146 Fällen die Beschwerdeführer irgendeine Art des Erfolgs hatten.

Die Zahlen des *District Court* bestärken die Zweifel an der Effektivität des der- 305 zeitigen Systems. Im Jahr 2021 wurden lediglich zehn EO-claims erhoben[498] und zwischen 2017 und 2022 insgesamt nur 26 Urteile in Diskriminierungssachen

491 Ergebnisse eines *access to information request* an das *Legal Aid Department* durch den Autor vom 30.03.2023.

492 Vgl. *Glofcheski/Aslam*, Employment Law and Practice, Nr. 8.175; *Reyes/Lui*, in: Multi-Tier Approaches to the Resolution of International Disputes, S. 232 (237).

493 *EOC*, Annual Report 2020/2021, S. 12, https://t1p.de/m7ohb (zuletzt abgerufen: 01.06.2023).

494 *EOC*, Annual Report 2020/2021, S. 46, https://t1p.de/m7ohb (zuletzt abgerufen: 01.06.2023).

495 *EOC*, Annual Report 2020/2021, S. 46, https://t1p.de/m7ohb (zuletzt abgerufen: 01.06.2023).

496 Unter *early resolution* sind wohl alle Arten der gütlichen Einigung vor der Initiierung einer *investigation* zu verstehen.

497 Verhältnis von allen *complaints* (1.179) zu Einigungen durch *conciliation* (130) und *early resolution* (16).

498 Ergebnisse eines *Access to Information Request* des Autors vom 10.01.2023.

verkündet.[499] Gerichtliche Auseinandersetzungen in Diskriminierungsfällen sind also sehr selten.

306 Es überrascht insofern nicht, dass *Raymond Tang Yee-bong* – die damalige *Chairperson* der EOC – im Jahr 2009 die Einrichtung eines *Equal Opportunities Tribunal* forderte. Diese sollte nach dem Vorbild des *Labour Tribunal* effizienter und wenig formell agieren.[500] Mit einer solchen Lösung könnte die Verknüpfung zwischen *conciliation* und gerichtlicher Geltendmachung verbessert werden, wodurch die Verschleppung des Verfahrens unterbunden werden könnte. Allerdings wäre es wohl naheliegender, die Zuständigkeit des *Labour Tribunal* zu erweitern.

c) Materiellrechtliche Hindernisse

307 Nach der Analyse der verfahrensrechtlichen Hindernisse wird nun das materielle Recht analysiert. Die Darstellung folgt den zuvor (Rn. 66 ff.) herausgearbeiteten Fallgruppen.

aa) Innere Schlüssigkeit

308 Die Rechte, die eine Rechtsordnung Arbeitnehmern einräumt, müssen stets im Zusammenhang mit ihrer Durchsetzbarkeit betrachtet werden. Zieht ein Verstoß keine Konsequenzen nach sich oder kann er leicht umgangen werden, ist das Recht in sich nicht schlüssig. Das Kündigungsschutzrecht ist hier besonders relevant, da es die Grundlage für den übrigen Arbeitnehmerschutz bildet.

[1] Grundlagen des Kündigungsschutzes in Hongkong

309 Wie in anderen Common Law Jurisdiktionen, bspw. Singapur[501] oder Ontario,[502] kann ein Arbeitsverhältnis in Hongkong grds.[503] ohne Grund gekündigt

---

499 Auswertung aus dem Urteilsregister; *Judiciary*, Equal Opportunities Action, abrufbar: https://t1p.de/gkd99 (zuletzt abgerufen: 01.06.2023).

500 *EOC*, Press Release 08.04.2009, abrufbar: https://t1p.de/a24lu (zuletzt abgerufen: 01.06.2023). Ähnliche Forderungen wurden bereits bei der Schaffung der EOC in den 1990er Jahren geäußert: *Petersen*, Em. Rts. & Emp. Pol'y J 2001, 627 (636 ff.).

501 Vgl. *CMS*, Dismissals and Termination of Employment in Singapore, abrufbar: https://t1p.de/l56yf (zuletzt abgerufen: 07.06.2023).

502 Vgl. *Monkhouse Law*, Termination Without Cause in Ontario: Know Your Rights, abrufbar: https://t1p.de/x25u4 (zuletzt abgerufen: 07.06.2023).

503 Die Parteien können die Kündbarkeit des Vertrages abbedingen; *House of Lords*, McClelland v Northern Ireland General Health Services Board, 04.04.1957, [1957] 2 W.L.R. 594 (612) [Mehrheitsvotum von Lord *Evershed*]; *Ribeiro*, HKLJ 1978, 174 (177).

werden, solange eine Kündigungsfrist eingehalten wird (s. 6 EO).[504] Der *Court of First Instance* fasst diesen Grundsatz prägnant zusammen:

> *„[…] it is reasonably well-established that a contractual right to terminate an employment (on the part of either employer or employee) can be exercised unreasonably or capriciously so long as the right is exercised in accordance with the contract […].“*[505] 310

Dieser Grundsatz wird durch die EO mehrfach eingeschränkt, da verschiedene Regelungen die Kündigung von weiteren Voraussetzungen abhängig machen. Diese Einschränkungen ähneln Regelungen anderer Common Law Jurisdiktionen, weisen aber einige relevante Besonderheiten auf. 311

Zunächst kann eine Kündigung eine *wrongful termination* darstellen. Dies ist der Fall, wenn die Kündigungsfrist nicht eingehalten wurde oder kein *payment in lieu of notice* geleistet wurde.[506] Die Folge einer *wrongful termination* ist ein Ersatzanspruch der anderen Vertragspartei, in Höhe des Betrages, der bei ordnungsgemäßer Kündigung zu zahlen gewesen wäre (s. 8A para. 1 EO).[507] Besondere Bedeutung hat dies für die außerordentliche Kündigung (s. 9 EO); liegen deren Voraussetzungen nicht vor, hat die Vertragspartei regelmäßig einen Betrag in Höhe des regulären *payment in lieu of notice* zu leisten. 312

Darüber hinaus existieren ausdrückliche Regelungen, die die Kündigung bestimmter Arbeitnehmer verbieten (bspw. die Kündigung einer Schwangeren, s. 15 para. 1 lit. a EO). Kündigt der Arbeitgeber das Arbeitsverhältnis solcher Personen, liegt eine *unlawful termination* vor.[508] In dieser Monographie wird diese Konstellation als besonderer Kündigungsschutz bezeichnet (näher: Rn. 339 ff.). 313

Schließlich sieht das Arbeitsrecht Hongkongs eine Art allgemeinen Kündigungsschutz vor. Ist ein Arbeitnehmer mehr als 24 Monate ununterbrochen bei einem Arbeitgeber beschäftigt, ist er vor willkürlichen Kündigungen geschützt (s. 32A EO – näher Rn. 318 ff.). Eine Kündigung ist willkürlich *(unreasonable*[509]*)*, wenn Arbeitgeber die Ansprüche des Arbeitnehmers verkürzen wollte 314

---

504 *Court of First Instance*, Cheung Chi Keung v The Hospital Authority, 15.02.2006, HCA 3838/2003, Rn. 19; vgl. *Downey*, in: HKEmplLHdB, 7. Aufl., s. 6 EO Rn. 6.02.

505 *Court of First Instance*, Lam Siu Wai v EOC, 15.10.2021, HCLA 21/2020, Rn. 29.

506 *Downey*, in: HKEmplLHdB, 7. Aufl., s. 8A EO Rn. 8A.02.

507 *Glofcheski/Aslam*, Employment Law and Practice, Rn. 7.006. Daneben können unter den üblichen Voraussetzungen weitere Common Law Schadensersatzansprüche geltend gemacht werden (ders. Rn. 7.017 f. m. w. N.).

508 *Downey*, in: HKEmplLHdB, 7. Aufl., s. 15 EO Rn. 15.17.

509 *Downey*, in: HKEmplLHdB, s. 32K EO Rn. 32K.09.

(s. 32A para. 1 EO),[510] was wiederum vermutet wird, wenn er keine validen Kündigungsgründe (*valid reasons* - Sec 32K EO) vorbringen kann (s. 32A para. 2; 32M para. 1 EO).[511] Der Arbeitgeber trägt folglich die Beweislast für das Vorliegen eines *valid reason*.[512] Dieser muss indes nur *valid*, nicht aber *fair* oder *reasonable* sein.[513]

315 Die Begriffe *unreasonable* und *unlawful termination* sind voneinander zu unterscheiden. Eine Kündigung, die *unlawful* ist, muss nicht zwangsläufig auch *unreasonable* sein. Eine solche Konstellation zieht besondere Rechtsfolgen nach sich (näher: Rn. 345).[514]

316 Ist die Kündigung des Arbeitgebers *unreasonable* und/oder *unlawful* führt dies nicht wie in Deutschland zur Unwirksamkeit der Kündigung.[515] Vielmehr begründet ein Verstoß unterschiedliche (Kompensations-) Ansprüche (*remedies* - näher: Rn. 355 ff.).

317 Im gesamten Kündigungsschutzrecht ist derweil zu beachten, dass nur Arbeitnehmer geschützt werden, die mehr als vier Wochen und mindestens 18 Stunden pro Woche beschäftigt sind (sog. *continuous contract* - näher Rn. 363 ff.). Für den allgemeinen Kündigungsschutz ist dies von besonderer Bedeutung, da die Wartezeit von 24 Monaten nur dann erfüllt ist, wenn während des gesamten Zeitraums ein *continuous contract* vorlag (s. 32A para. 1a i.V.m. Nr. 3 para. 1 First Schedule EO).

---

510 Vgl. *Abate/Tran*, in: Chitty on Contract, Kap. 12, Rn. 186.

511 *Downey*, in: HKEmplLHdB, 7. Aufl., s. 32K EO Rn. 32K.09; Vgl. *Yeung*, in: AO - EO, s. 32A, No. 32A.03.

512 *Court of Appeal*, Campbell Richard Blakeney-Williams & Ors, v Cathay Pacific Airways Ltd & Anor, 24.12.2010, CACV 268/2009, Rn. 39; *Glofcheski/Aslam*, Employment Law and Practice, Rn. 7.046.

513 *Glofcheski/Aslam*, Employment Law and Practice, Rn. 7.057; anders als bspw. im englischen Arbeitsrecht.

514 Vgl. *Glofcheski/Ho*, IJCLLIR 2009, 327 (338). Hier unterscheidet sich das Recht in Hongkong vom englischen Vorbild. Dort stellt eine Kündigung, welche gegen ein Kündigungsverbot verstößt, eine *automatically unfair dismissal* dar, vgl. *Tröger/Roß-Kirsch*, Arbeitsrecht in Großbritannien, S. 123; so auch im südafrikanischen Arbeitsrecht: *Junker*, in: FS Reuter, S. 571 (580 ff.).

515 Vgl. zum entsprechenden englischen Arbeitsrecht: *Kallos*, Der gesetzliche Kündigungsschutz Englands, S. 109 m. w. N. Zu den Hintergründen dieser Regelung: *Kahn-Freund*, MLR 1974, 1 (23 f.).

[2] Schlüssigkeit des allgemeinen Kündigungsschutzes

[a] Valid Reason

Im Anwendungsbereich des allgemeinen Kündigungsschutzrechts muss der Arbeitgeber einen *valid reason* vorlegen können, wenn er das Arbeitsverhältnis rechtmäßig kündigen will. 318

Die *valid reasons,* auf die sich der Arbeitgeber hierbei stützen kann, sind in s. 32K EO aufgezählt. Benannt sind: *conduct, capacity and qualification, redundancy, of the employee, the fact that the employee or the employer or both of them would, in relation to the employment, be in contravention of the law, if the employee were to continue in the employment, any other reason of substance.* 319

Eine nähere Bestimmung dieser Begriffe nimmt die EO nicht vor. Geregelt ist lediglich, dass das *Labour Tribunal* bei seiner Beurteilung alle Umstände des Einzelfalls berücksichtigen soll (*the Labour Tribunal shall take into consideration the circumstances of the claim* – s. 32L para. 1 EO) und dass bei der Beurteilung insbesondere die Dauer des Arbeitsverhältnisses zu berücksichtigen ist (s. 32L para. 2 EO).[516] Es existieren auch keine Leitentscheidungen, die diese Begriffe näher konkretisieren. 320

Wie breit der Wortlaut der s. 32K EO gehalten ist, zeigt sich vor allem an s. 32K lit. a EO. Einen Kündigungsgrund kann demnach das Verhalten *(conduct)* des Arbeitnehmers darstellen. Die Norm spricht explizit nicht von Fehlverhalten *(misconduct)*, sondern von *conduct.*[517] Ein *misconduct* ist lediglich bei der außerordentlichen Kündigung erforderlich (s. 9 para. 1 lit. a (ii) EO). 321

Anders als in Deutschland wird die Angemessenheit der Kündigung im Verhältnis zum Grund *(ultima ratio)* nicht geprüft.[518] Ein vergleichbarer Prüfungsmaßstab *(band of reasonable responses)*, der zwischenzeitlich vom *Court of First Instance* angewandt wurde, ist sowohl vom *Court of Appeal* als auch vom *Court of Final Appeal* in der Grundsatzentscheidung Thomas Vincent v South China Morning Post Publishers Ltd verworfen worden.[519] 322

---

516 Kritisch zur praktischen Sinnhaftigkeit dieser Norm: *Glofcheski/Aslam*, Employment Law and Practice, Rn. 7.056.

517 *Court of Appeal*, Campbell Richard Blakeney-Williams & Ors v Cathay Pacific Airways Ltd & Anor, 24.12.2010, CACV 268/2009, Rn. 41.

518 Vgl. *Abate/Tran*, in: Chitty on Contract, Kap. 12, Rn. 187; *Walsh/Tam/Wong*, Hong Kong Employment Law, S. 544.

519 *Court of Final Appeal*, Thomas Vincent v South China Morning Post Publishers Ltd, 04.11.2005, FACV 2/2005, Rn. 25 ff.; *Glofcheski/Aslam*, Employment Law and Practice, Rn. 7.058.

[b] Vorschieben eines Grundes

323 Sofern ein *valid reason* vorliegt, muss nachgewiesen werden, dass dieser die Ursache für die Kündigung darstellt, sprich nicht nur vorgeschoben ist.[520] Der *Court of Final Appeal* postulierte hierzu in der Grundsatzentscheidung Campbell Richard Blakeney-Williams v Cathay Pacific instruktiv:

324 *„In order to come within s. 32K, a reason must, first of all, be true. In other words, it must be really why the employee was dismissed […].“*[521]

325 Um den *wahren Grund* der Kündigung zu bestimmen, muss der Sachverhalt in seiner Gesamtheit betrachtet werden. Liegt neben einem geltend gemachten Grund, der als *valid reason* zu qualifizieren wäre, ein weiterer Grund vor, dem eine solche Qualifikation nicht zukommt, ist zu prüfen, welcher der beiden Gründe für die Kündigung maßgeblich war. In der oben genannten Entscheidung stellte der *Court of Final Appeal* hierzu klar:

326 *„The less serious the conduct, the harder it will be for the employer to prove that it was the reason, rather than a pretext, for the dismissal.“*[522]

327 Trotz dieser aufgestellten Vorgaben besteht *prima facie* ein erhebliches Konfliktpotential hinsichtlich der Frage des *wahren Grundes* der Kündigung. Da das Hongkonger Kündigungsrecht nur sehr vage Vorgaben hinsichtlich der legitimen Kündigungsgründe macht (Rn. 321), ist es für den Arbeitgeber relativ einfach, einen solchen vorzuschieben.[523] Eine derartige Situation ist dem deutschen Kündigungsschutzrecht (§ 1 KSchG) fremd, das nicht vor willkürlichen Kündigungen oder Kündigungen aus bestimmten (verbotenen) Gründen schützt, sondern die Kündigung *per se* unter einen Rechtfertigungszwang stellt und damit eine Umgehung erschwert.

---

520 Vgl. *Price,* The Employment Laws of Hong Kong and China, S. 69.

521 *Court of Final Appeal,* Thomas Vincent v South China Morning Post Publishers Ltd, 04.11.2005, FACV 2/2005, Rn. 20, 31. Hier unterscheiden sich das Arbeitsrecht in England (aus dem der Ansatz des *band of reasonable responses* stammt) und Hongkong. Der *Court of Final Appeal* setzte sich damit explizit auseinander und stellte klar, dass das Arbeitsrecht in Hongkong *materially different* seien (Rn. 25).

522 *Court of Final Appeal,* Thomas Vincent v South China Morning Post Publishers Ltd, 04.11.2005, FACV 2/2005, Rn. 30; vgl. auch: *Glofcheski/Aslam,* Employment Law and Practice, Rn. 7.065.

523 Vgl. *Glofcheski/Aslam,* Employment Law and Practice, Rn. 7.056.

[c] Folgen des allgemeinen Kündigungsschutzes

Kann der Arbeitgeber keinen *valid reason* vortragen, kann der Arbeitnehmer *remedies* verlangen (s. 32M para. 1 EO). Diese bestehen entweder in einer *order of reinstatement or re-engagement* (s. 32N EO), oder einem *award of terminal payments* (s. 32O EO). 328

Die Wiedereinstellung (s. 32N EO) ist praktisch irrelevant, da sie die Zustimmung des Arbeitgebers voraussetzt (Sec 32N para. 3A; 3B a.e.c. EO).[524] Nur wenn die Kündigung gleichzeitig *unreasonable* und *unlawful* war, folglich nicht nur der allgemeine, sondern auch der besondere Kündigungsschutz verletzt wurde, kann das *Labour Tribunal* auch ohne die Zustimmung des Arbeitgebers die Wiedereinstellung anordnen, allerdings nur, wenn der *Presiding Officer* dies für zweckmäßig *(reasonable practically)* erachtet (s. 32N para. 3B EO). 329

Die Klage des Arbeitnehmers kann sich daher i.d.R. nur auf s. 32O EO beziehen. Diese Norm umfasst Ansprüche, die zum Zeitpunkt der Kündigung bereits fällig waren, sowie *pro rata temporis* Ansprüche auf geldwerte Leistungen, die der Arbeitnehmer hypothetisch erworben hätte, wäre nicht eine rechtswidrige Kündigung ausgesprochen worden.[525] Relevant ist dies etwa für Bonus-, sowie *severance* oder *long service* Zahlungen (vgl. Rn. 414 ff.). Der Lohnanspruch des Arbeitnehmers für den Zeitraum nach Auslaufen der Kündigungsfrist der willkürlichen Kündigung ist explizit von s. 32O ausgenommen;[526] auch die willkürliche Kündigung beendet das Arbeitsverhältnis (solange kein *reinstatement* bzw. *re-engagement* angeordnet wird).[527] Das *Labour Tribunal* kann weder Nichtvermögensschaden *(non-pecuniary damage)*[528] noch Strafschadensersatz *(punitive damages)*[529] mittels s. 32O EO zusprechen. 330

Die Zuerkennung dieser Ansprüche ist zudem nicht zwingend, sondern unterliegt dem Ermessen des *Labour Tribunal* (*the […] Labour Tribunal **may*** 331

---

524 *Glofcheski/Aslam*, Employment Law and Practice, Rn. 7.072.

525 *Downey*, in: HKEmplLHdB, 7. Aufl., s. 32O EO Rn. 32O.03; *Abate/Tran*, in: Chitty on Contract, Kap. 12, Rn. 158; *Glofcheski/Aslam*, Employment Law and Practice, Rn. 7.074.

526 *Court of Appeal*, Thomas Vincent v South China Morning Post Publishers Ltd, 13.10.2003, CACV 253/2002, Rn. 76. Dieser Befund wurde vom im Urteil des *Court of Final Appeal* nicht revidiert, das Gericht geht offensichtlich vom selben Grundsatz aus; vgl. *Court of Final Appeal*, Thomas Vincent v South China Morning Post Publishers Ltd, 04.11.2005, FACV 2/2005, Rn. 15.

527 *Kallos*, Der gesetzliche Kündigungsschutz Englands, S. 109 m. w. N.

528 *Glofcheski/Aslam*, Employment Law and Practice, Rn. 7084.

529 *Abate/Tran*, in: Chitty on Contract, Kap. 12, Rn. 186.

make an order […] or an award […] – 32M para. 1 EO – Hervorhebung durch den Autor). Liegen die Anspruchsvoraussetzungen vor, kann der *Presiding Officer* grds. trotzdem alle in Betracht kommenden *remedies* abweisen.[530]

[d] Sonstiger Schadensersatz

332 Neben den kündigungsschutzrechtlichen *remedies* kann ein Arbeitnehmer auch Schadensersatz nach dem Common Law *(common law damages)* geltend machen. Die Zuständigkeit für eine solche Klage liegt grds. beim *Labour Tribunal.*[531]

333 Hierbei kann sich der Arbeitnehmer auf einen Verstoß gegen die allgemeine vertragliche Vertrauenspflicht stützen *(duty of mutual trust and confidence).*[532] Ökonomisch ist dieser Anspruch regelmäßig wesentlich umfangreicher als die kündigungsschutzrechtlichen *remedies,* da er sich auch auf zukünftige, durch die Kündigung kausal verursachte Schäden beziehen kann.[533]

334 Eine rechtswidrige Kündigung allein begründet indes keine derartigen *common law damages,* vielmehr muss der Ausspruch der Kündigung mit einer besonderen Vertrauenspflichtverletzung verbunden sein, die einen Schaden erzeugt.[534] Dies ist etwa der Fall, wenn die Umstände der Trennung

---

530 *Downey*, in: HKEmplLHdB, 7. Aufl., s. 32M EO Rn. 32M.09.

531 *Court of Appeal*, Citipost (Asia) Ltd v Julian Robert Holliday [sic!], 08.02.2005, CACV 111/2004, Rn. 16. Nur wenn auch das Deliktsrecht berührt wird, liegt die Zuständigkeit bei der ordentlichen Gerichtsbarkeit; vgl. *Court of First Instance*, Lee Yiu Hong v Well In Hotel Supplies Company Ltd, 02.11.2020, HCLA 9/2020, Rn. 14.

532 Dieser Anspruch wurde im englischen Common Law begründet; *House of Lords*, Malik v Bank of Credit and Commerce International SA (in liquidation), 12.06.1997, [1997] I.C.R. 606. Anders als in anderen Common Law Jurisdiktionen (etwa Australien oder Singapur) folgen die Hongkonger Gerichte diesem Grundsatz auch nach dem *handover*; *Court of Appeal,* Bachicha v Poon Shiu Man Henry, 18.07.2000, CACV 55/2000, Rn. 48 ff. Vgl. auch: *Fisher/Greenwood*, Contract Law in Hong Kong, S. 157; *Ng*, Labour Law in Hong Kong, S. 114 Rn. 284.

533 *Glofcheski/Aslam*, Employment Law and Practice, Rn. 7.017. Im folgenden Fall betrug die Höhe des Schadensersatzes bspw. fast USD 1.000.00. *Court of First Instance*, Grant David Vincent Williams v Jefferies Hong Kong Ltd, 08.07.2013, HCA 320/2011.

534 Das Hongkonger Recht folgt auch insoweit dem englischen Recht, *House of Lords*, Addis v Gramophone, 26.07.1909, [1909] A.C. 488; sowie *House of Lords*, Malik v Bank of Credit and Commerce International SA (in liquidation), 12.06.1997, [1997] I.C.R. 606. Vgl. *Abate/Tran,* in: Chitty on Contract, Kap. 12, Rn. 067 und 163.

ungerechtfertigt rufschädigend[535] oder die Umstände der Beendigung der Beschäftigung nötigend[536] gewesen sind.

Als Schadensersatz kommt entweder materieller[537] oder (wohl auch)[538] 335 immaterieller Schadensersatz in Betracht. Dabei trifft den Arbeitnehmer eine Schadensminderungspflicht *(duty to mitigate)*.[539]

Die Durchsetzung von *common law damages* unterscheidet sich indes stark 336 von der Durchsetzung der *remedies* nach Part VIA EO. Der klagende Arbeitnehmer trägt die Beweislast für die Vertragsverletzung und den Schaden.[540] Es gelten weder die Beweiserleichterung der s. 32A para. 2 EO, noch eine vertragsimmanente Beweiserleichterung.[541]

[e] Zwischenfazit

Ein Arbeitgeber wird durch den Kündigungsschutz der s. 32A i.V.m. s. 32K EO 337 nur sehr bedingt von einer willkürlichen Kündigung *(without valid reason)* abgehalten, denn solange der Arbeitgeber die ausstehenden Lohnansprüche sowie ggf. fällige *pro rata temporis* Ansprüche korrekt ausbezahlt, kann der rechtswidrig gekündigte Arbeitnehmer i.d.R. nur noch auf Wiedereinstellung *(reinstatement / re-engagement)* klagen. Diese hat jedoch nur Erfolg, wenn der Arbeitgeber der Wiedereinstellung zustimmt (s. 32N para. 3 EO) oder (bei gleichzeitigem Verstoß gegen den besonderen Kündigungsschutz) der *Presiding Officer* sie für zweckmäßig *(reasonable practically)* hielte[542], was in der Praxis nur in besonderen Ausnahmefällen erfolgt.[543]

---

535 *Court of First Instance*, Grant David Vincent Williams v Jefferies Hong Kong Ltd, 08.07.2013, HCA 320/2011.

536 *Court of Appeal*, Bachicha v Poon Shiu Man Henry, 18.07.2000, CACV 55/2000.

537 *Abate/Tran*, in: Chitty on Contract, Kap. 12, Rn. 169.

538 Die Rechtslage ist noch nicht abschließend geklärt, vgl. *Glofcheski/Aslam*, Employment Law and Practice, Rn. 7.082.

539 *Abate/Tran*, in: Chitty on Contract, Kap. 12, Rn. 158.

540 *Glofcheski/Aslam*, Employment Law and Practice, Rn. 2.011;

541 *Court of Appeal*, Tadjudin v Bank of America, 20.05.2016, CACV 12/2015, Rn. 86; Vgl. *Court of First Instance*, Lam Siu Wai v EOC, 15.10.2021, HCLA 21/2020, Rn. 42 f.

542 Näher: *Yeung*, in: HKEO – An Annotated Guide, Bd. 2, 32N.18; 32N.19.

543 Zahlen aus England, in denen eine identische Rechtslage besteht, zeigen, dass eine derartige Entscheidung kaum je getroffen wird: Im Zeitraum 2010/11 wurde in 4.200 Kündigungsschutzprozessen lediglich in 8 Fällen ein *reinstatement / re-engagement* gewährt; *Morris*, in: Making Employment Rights Effective, S. 7 (18).

338 Darüber hinaus hat der Arbeitnehmer zwar – unabhängig von dem Kündigungsschutz (Part VIA EO) – die Möglichkeit, eine Schadensersatzklage wegen Verletzung der Treuepflicht zu erheben, diese ist wiederum in der Praxis selten durchsetzbar, da der Arbeitnehmer hier eine umfassende Beweislast trägt.

[3] Schlüssigkeit des besonderen Kündigungsschutzes

339 Neben dem allgemeinen Kündigungsschutz sieht das Hongkonger Recht in spezifischen Fällen einen besonderen Kündigungsschutz vor. Dieser schützt vor einer Kündigung bis zum Ende des Mutterschaftsurlaubs (*paid maternity leave* – s. 15 para. 1 EO),[544] wegen der Ausübung gewerkschaftlicher Aktivitäten (s. 21B para. 2 lit. b EO), während der krankheitsbedingten Arbeitsunfähigkeit (s. 33 para. 4B EO), von Hinweisgebern (s. 72B para. 1 EO und s. 6 FIUO), wegen der Ausübung des Schöffendienstes (*perform jury service* – s. 33 JO) und nach Arbeitsunfällen (s. 48 ECO).

[a] Spezifische Ausgleichsansprüche

340 Sofern der besondere Kündigungsschutz an einen statischen Zustand anknüpft, also aufgrund der Schwangerschaft oder der krankheitsbedingten Arbeitsunfähigkeit der betroffenen Arbeitnehmer besteht, sieht das Gesetz bisweilen direkte Zahlungsansprüche vor, die nicht mit den kündigungsschutzrechtlichen *remedies* nach Part VIA EO zusammenhängen (für Schwangere: s. 15 para. 2 EO; für Krankgeschriebene: s. 33B para. 4BA EO).

341 Dieser Ansprüche kann sich der Arbeitgeber nur erwehren, wenn er beweist, dass die Voraussetzungen der außerordentlichen Kündigung *(summary dismissal)* vorlagen.[545]

342 Darüber hinaus können Ansprüche aus dem Diskriminierungsrecht bestehen. Besondere Relevanz hat dies für schwangere Arbeitnehmerinnen, da ihnen Schadensersatz- bzw. Ausgleichsansprüche zustehen, wenn sie wegen der Schwangerschaft schlechter behandelt wurden (ss. 11, s. 8 SDO).[546] Für

544 Die *paid maternity leave* entspricht *de facto* eher den Schutzfristen nach § 3 MuSchG. Eine Unterscheidung zwischen Mutterschutz und Elternzeit nimmt das Recht in Hongkong indes nicht vor, es besteht nur die *paid maternity leave.* Um eine verständliche Übersetzung sicherzustellen, wird *paid maternity leave* hier mit *Mutterschaftsurlaub* übersetzt.

545 *Downey*, in: HKEmplLHdB, 7. Aufl., s. 15 EO, Rn. 15.04; *Glofcheski/Aslam*, Employment Law and Practice, Nr. 7.025; *Glofcheski*, in: The Modernization of Labour Law and Industrial Relations in a Comparative Perspective, S. 423 (432); *Walsh/Smith/Wong, ChinaStaff* 2009, Issue 3, 43 (44).

546 *Glofcheski/Ho*, IJCLLIR 2009, 327 (338).

diese Ansprüche gilt allerdings keine Beweislastumkehr (hierzu ausführlich: Rn. 376 ff.).

[b] Strafrechtliche Sanktionen

Verstöße gegen den besonderen Kündigungsschutz können mit Geldstrafen geahndet werden.[547] Diese Rechtsfolge ist vom zivilrechtlichen Verfahren getrennt, die Einhaltung wird öffentlich-rechtlich durch das *Labour Department* kontrolliert (vgl. Rn. 429 ff.). 343

[c] Kündigungsschutz nach Part VIA EO

Arbeitnehmer, die in den Anwendungsbereich des besonderen Kündigungsschutzes fallen, deren Arbeitsverhältnis aber trotzdem vom Arbeitgeber gekündigt wird, können *remedies* nach Part VIA EO verlangen. Voraussetzung hierfür ist allerdings, dass die Kündigung sowohl *unlawful* als auch *unreasonable* ist (*where he is dismissed by the employer other than for a valid reason within the meaning of section 32K **and** in contravention of* [...] - s. 32A para. 1 lit. c EO - Hervorhebung durch den Autor).[548] Die zweijährige Wartefrist des allgemeinen Kündigungsschutzes gilt in diesem Fall nicht (s. 32A para. 1 lit. a EO a.e.c.). 344

Verstößt die Kündigung gegen einen besonderen Kündigungsschutz und kann sich der Arbeitgeber keinen *valid reason* vortragen, schuldet er sowohl die spezifischen Ausgleichsansprüche (Rn. 340 ff.), als auch die *remedies* nach Part VIA EO. Kann er hingegen einen *valid reason* vortragen, so schuldet er nur die spezifischen Ausgleichsansprüche, nicht aber die *remedies* nach Part VIA EO.[549] 345

Für den Arbeitnehmer gilt hierbei eine Beweislastumkehr. So wird (widerlegbar) vermutet, dass kein *valid reason* vorlag (s. 32A para. 4 lit. b EO). Sofern der besondere Kündigungsschutz an eine Aktivität des Arbeitnehmers anknüpft, kommt dem Arbeitnehmer zudem eine zweite Beweislastumkehr zugute; nach s. 32A para. 4 lit. a EO wird vermutet, dass die Kündigung wegen einer der genannten Aktivitäten erfolgte. Kündigt der Arbeitgeber bspw. einen Arbeitnehmer, der zuvor einer gewerkschaftlichen Aktivität im Sinne des s. 21B 346

547 s. 33 JO; s. 48 para. 2 ECO; s. 10 para. 4 FIUO; ss. 15 para. 4; 21B para. 2; 33 para. 4BAA; 63A para. 5 EO.

548 *Court of First Instance*, Gan Yu Chiu v New World First Bus Services Ltd, 14.09.2009, HCLA 29/2008, Rn. 12 ff.; *Glofcheski/Aslam*, Employment Law and Practice, Rn. 7.051; *Glofcheski/Ho*, Int. J. Comp. L.L.I.R. 2009, 327 (338).

549 Vgl. *Court of First Instance*, Gan Yu Chiu v New World First Bus Services Ltd, 14.09.2009, HCLA 29/2008, Rn. 16 f.

para. 1 EO nachgegangen ist, wird vermutet, dass die Kündigung wegen dieser Tätigkeit erfolgte, mithin *unlawful* ist.

347 Dennoch weicht der resultierende Schutzstandard kaum vom allgemeinen Kündigungsschutz ab, was am Beispiel des Kündigungsverbots wegen gewerkschaftlicher Aktivitäten nach s. 21B para. 1 EO demonstriert werden soll.[550]

348 Hierzu ist zunächst klarzustellen, dass das Streikrecht in Hongkong zwar verfassungsrechtlich geschützt ist (Art. 27 Basic Law), indes weder Art. 27 Basic Law noch s. 21B EO die Kündigung eines streikenden Arbeitnehmers *a priori* ausschließen. Die Kündigung wäre nur dann ausgeschlossen, wenn sie zu einem angemessenen Zeitpunkt *(appropriate time)* erfolgen würde.[551] Nach s. 21B para. 3 EO ist ein Zeitpunkt nur dann angemessen, wenn er außerhalb der Arbeitszeit liegt oder der Arbeitgeber der Aktivität zugestimmt hat.[552]

349 Wurde der Arbeitnehmer zu einer *appropriate time* gewerkschaftlich tätig und wird er im Anschluss gekündigt, so ist die Kausalität der Tätigkeit zur Kündigung entscheidend. Die Kündigung könnte nämlich trotzdem rechtmäßig sein, wenn sie sich auf einen anderen, zulässigen Grund stützte. Hierzu führte der *Court of Appeal* unter Berufung[553] auf die *Court of Final Appeal* Entscheidung in Thomas Vincent v South China Morning Post aus:

350 *„If the employer fails to show that, the non-valid reason(s) aside, the employee would nonetheless have been dismissed for the valid reason, then he fails to discharge the burden upon him to establish a s. 32K reason.“*[554]

351 Der Arbeitgeber muss also *zeigen*, dass neben solchen gewerkschaftlichen Aktivitäten i.S.d. s. 21B para. 2 lit. b EO, auf die die Kündigung nicht gestützt werden

---

550 Kritisch auch: *Glofcheski/Ho*, Int. J. Comp. L.L.I.R. 2009, 327 (338).

551 *Court of Final Appeal*, Campbell Richard Blakeney-Williams & Ors v Cathay Pacific Airways Ltd & Anor, 26.11.2012, FACV 13/2011, Rn. 44.

552 *Glofcheski/Aslam*, Employment Law and Practice, Rn. 7.045.

553 *Court of Appeal*, Campbell Richard Blakeney-Williams & Ors v Cathay Pacific Airways Ltd & Anor, 24.12.2010, CACV 268/2009, Rn. 39 u. 54; gegen die Entscheidung wurde überwiegend erfolglos Rechtsbehelfe eingelegt, die folgende Entscheidung des *Court of Final Appeal* betraf nicht die Beurteilung der vorliegenden Fragestellung; vgl. *Court of Final Appeal*, Campbell Richard Blakeney-Williams & Ors v Cathay Pacific Airways Ltd & Anor, 26.09.2012, FACV 13/2011.

554 *Court of Appeal*, Campbell Richard Blakeney-Williams & Ors v Cathay Pacific Airways Ltd & Anor, 24.12.2010, CACV 268/2009, Rn. 55 f. Der Court of Final Appeal bestätigte diese Rechtsansicht, vgl. *Court of Final Appeal,* Campbell Richard Blakeney-Williams & Ors v Cathay Pacific Airways Ltd & Anor, 26.09.2012, FACV 13/2011, Rn. 56.

kann *(non-valid reasons)*, legitime Gründe *(valid reasons)* für die Kündigung vorliegen (vgl. s. 32A para. 4 lit. b EO). Gleichzeitig betont das Gericht, dass der *Telos* des s. 21B EO darin besteht, nicht wegen eines geschützten Verhaltens entlassen zu werden. Stellt ein solches Verhalten einen wesentlichen und ausschlaggebenden Grund für die Kündigung *(material and operative cause of dismissal)* dar, hat dies zur Folge, dass die Kündigung *unlawful* ist, selbst wenn daneben andere *valid reasons* vorliegen.[555]

Der Kündigungsschutz ist folglich an die Intention des Arbeitgebers geknüpft. Kann dieser überzeugend darlegen, dass ihn andere Gründe zur Kündigung bewogen haben, ist die Kündigung eines Arbeitnehmers, der gewerkschaftlich aktiv war, rechtmäßig. Dies bedeutet, dass der Arbeitnehmer zwar insoweit geschützt ist, als angenommen wird, dass seine Kündigung auf der gewerkschaftlichen Tätigkeit beruht und damit *unlawful* ist und kein *valid reason* vorliegt, der die Kündigung rechtfertigt. Indes ist die Motivation des Arbeitgebers bei der Kündigung extern nicht nachprüfbar. Sofern der Arbeitgeber überzeugend einen, der wenig spezifischen Kündigungsgründe des s. 32K EO (Rn. 318 ff.) vorbringen kann, kann die Kündigung rechtmäßig sein. 352

Anders als bspw. § 15 KSchG knüpft das Gesetz also nicht an den Status des Arbeitnehmers (als Betriebsratsmitglied) an, sondern stellt lediglich sicher, dass er nicht aufgrund seiner Aktivität in einer Gewerkschaft gekündigt wird, was zumindest potentiell die Möglichkeit eröffnet, andere vermeintlich legitimen Kündigungsgründe vorzuschieben und damit die Rechtsdurchsetzung stark erschwert. 353

[d] Folgen des besonderen Kündigungsschutzes

Selbst wenn das *Labour Tribunal* die Kündigung für rechtswidrig hält, macht dies selbige nicht unwirksam. Auch in diesem Fall beendet die Kündigung das Arbeitsverhältnis (vgl. Rn. 316). 354

Abgesehen von den bereits genannten spezifischen Rechtsfolgen der s. 15 para. 2 EO und s. 33B para. 4BA EO wird der Arbeitnehmer also primär *remedies* nach Part VIA geltend machen.[556] 355

Auch hier kann das *Labour Tribunal* die Wiedereinstellung anordnen *(reinstatement / re-engagement)*. Während beim allgemeinen Kündigungsschutz der Arbeitgeber der Weiterbeschäftigung zustimmen muss (vgl. Rn. 329), sind 356

555 *Court of Appeal*, Campbell Richard Blakeney-Williams & Ors v Cathay Pacific Airways Ltd & Anor, 24.12.2010, CACV 268/2009, Rn. 56.

556 Auch hier kommt aber ggf. ein Schadensersatz wegen eines Bruchs der Treuepflicht *(duty of mutual trust and confidence)* in Betracht. Vgl. Rn. 332.

die Voraussetzungen beim besonderen Kündigungsschutz abgesenkt (s. 32N para. 3B EO). Die Zustimmung des Arbeitgebers ist hier nicht zwingend erforderlich, verweigert der Arbeitgeber sie, kann das *Labour Tribunal* die Wiedereinstellung des Arbeitnehmers auch gegen den Willen des Arbeitgebers anordnen. Allerdings muss das *Labour Tribunal* die Weiterbeschäftigung dann für zweckmäßig *(reasonably practicable)* erachten, was den Anwendungsbereich stark schmälert.

357 Erfolgt kein *order for reinstatement / re-engagement,* besteht gem. s. 32O EO die Möglichkeit einen *award of terminal payment* zu erlassen. Diese bezieht sich dies aber primär auf *pro rata* Ansprüche, die bereits während des Arbeitsverhältnisses begründet wurden (Rn. 330).

358 Darüber hinaus besteht ggf. ein Anspruch auf eine Entschädigungssumme nach s. 32P EO. Dieser soll primär die unmittelbaren ökonomischen Folgen der Kündigung ausgleichen (vgl. s. 32P para. 3 lit. c, d, e, g EO).[557] Das Gesetz sieht keine spezifischen Gesichtspunkte vor, nach denen sich die Berechnung der Summe richtet, einzig die Höchstsumme von HKD 150.000 ist festgesetzt (s. 32P para. 3 EO).[558] Bei der Beurteilung sollen jedoch die Umstände des Einzelfalls,[559] insbesondere die Umstände der Kündigung sowie finanzielle Verluste und die Möglichkeit einer neuen Beschäftigungsaufnahme berücksichtigt werden (s. 32P para. 3 EO). Auch die Schuld *(fault)* des Arbeitgebers bei der Kündigung soll ein determinierender Faktor sein (s. 32P para. 3 EO). Die Dauer des Arbeitsverhältnisses spielt ebenfalls eine Rolle (s. 32Q EO), ist aber nicht von vergleichbarer Bedeutung wie bei der Berechnung einer Abfindung nach §§ 9, 10 KSchG.

[e] Zwischenfazit

359 Zusammenfassend zeigen sich Lücken im besonderen Kündigungsschutz. Sofern dieser an den Status der Arbeitnehmer anknüpft (etwa bei schwangeren Arbeitnehmerinnen), sind die *remedies* nach Part VIA EO für den Verstoß nur einklagbar, wenn die Kündigung gleichzeitig *unreasonable* war. Damit wird der besondere Kündigungsschutz faktisch stark eingeschränkt und auf das Niveau des allgemeinen Kündigungsschutzes herabgestuft. Zudem besteht eine

557 Sofern die Entlassung auch eine Diskriminierung darstellt, kann zusätzlich ein hierauf gestützter Schadensersatzanspruch geltend gemacht werden. Hierfür wäre das *Labour Tribunal* indes nicht zuständig.

558 Die Höhe dieser Summe hat sich jedenfalls in den letzten 20 Jahren nicht verändert; vgl. *Geffken*, Arbeit in China, S. 171.

559 *Downey*, in: HKEmplLHdB, 7. Aufl., s. 32P EO Rn. 32P.03.

Missbrauchsgefahr, da durch die Vorspiegelung eines validen Kündigungsgrundes eine *unlawful dismissal* weitestgehend rechtsfolgenfrei bleiben kann.

Auch der Kündigungsschutz, der an eine Aktivität der Arbeitnehmer anknüpft und ist strukturell nur bedingt geeignet, die Umgehung durch Vorspiegelung anderer Kündigungsgründe zu verhindern. Einen umfassenden Schutz, wie ihn etwa § 15 KSchG bietet, kennt das Hongkonger Kündigungsschutzrecht nicht. 360

Selbst in dem für den Arbeitnehmer günstigsten Fall, bei dem das *Labour Tribunal* davon ausgeht, dass die Kündigung *unlawful* und *unreasonable* ist, stehen dem Arbeitnehmer nur limitierte Ansprüche zu. Im Regelfall wird er allenfalls eine begrenzte Abfindung beanspruchen können. Ob dies den Arbeitgeber wirksam davon abhält, gegen ein Kündigungsverbot zu verstoßen, darf bezweifelt werden.[560] 361

[4] Umgehungsmöglichkeit durch Befristung

In Hongkong existiert kein allgemeines Befristungsrecht, auch die wiederholte Befristung eines Arbeitnehmers (Befristungskette) ist ohne Einschränkungen möglich.[561] Die Befristung eines Arbeitsvertrags ist nicht Ausnahme, sondern Regelfall; ein Arbeitsvertrag gilt, wenn nichts anderes vereinbart ist, jeweils für einen Monat (s. 5 para. 1 EO).[562] 362

Gleichzeitig setzen zahlreiche Regelungen der EO ein kontinuierliches Arbeitsverhältnis von bestimmter Dauer voraus (s. 3 EO – *continuous contract / employment*[563]).[564] Ein solcher *continuous contract* ist nur dann gegeben, wenn ein Arbeitnehmer mindestens 18 Stunden pro Woche (ausführlich hierzu Rn. 363 ff.) für die Dauer von mindestens vier Wochen für seinen Arbeitgeber tätig ist (Nr. 2 und 3 para. 1 First Schedule EO sog. *„4-18 requirement“*).[565] 363

---

560 Ähnlich: *Frank-Fahle/Leber/Schmierer*, Die Investment Hubs Dubai, Hongkong und Singapur, S. 239.

561 Vgl. *Court of Appeal*, Ong Man Sum v Wonderland Sea Food Restaurant O/b Long Yield Co. Ltd, 18.10.2006, CACV 241/2005, Rn. 9; *Downey*, in: HKEmplLHdB, 7. Aufl., s. 3 EO Rn. 3.02; *Chung*, APLR 2017, 29 (54 f.).

562 *Ng*, Labour Law in Hong Kong, S. 107 Rn. 265.

563 Die EO verwendet primär den Begriff *„continuous contract“*, weicht hiervon aber bisweilen zu Gunsten des Begriffs *„continuous employment“* ab. So verweist die Definition von *„continuous contract“* auf den *First Schedule*, welcher mit der Überschrift *„continuous employment“* überschrieben ist. Differenzen zwischen beiden Begriffen sind nicht erkennbar.

564 *Abate/Tran*, in: Chitty on Contract, Kap. 12, Rn. 092; Auflistung bei: *Chau*, HKJLS 2020, 53 (57 f.).

565 *Abate/Tran*, in: Chitty on Contract, Kap. 12, Rn. 094.

364 Die vertragliche Ausgestaltung ist dabei unerheblich, es kommt nur auf die tatsächliche Arbeitsleistung an. Diese kann auch auf vielen einzelnen Arbeitsverträgen erfolgen, sofern diese nahtlos aneinander anschließen.[566] Das Gesetz sieht zudem spezifische Fälle vor, in denen eine Unterbrechung des Arbeitsverhältnisses nicht zu einem Abbruch des *continuous contract* führt, etwa während krankheitsbedingter Fehlzeiten, eines Streiks oder zur Seuchenprävention (Nr. 3 u. 4 First Schedule EO).

365 Diese Verknüpfung bietet naturgemäß die Möglichkeit, bestimmte Regelungen durch eine Befristung der Beschäftigung zu umgehen.[567] Ein prominentes Beispiel hierfür ist der Anspruch auf *severance payment.* Dieser setzt voraus, dass ein *continuous contract* von mindestens 24 Monaten bestanden hat (s. 31B para. 1 EO).

366 Der *Court of Appeal* postulierte in seiner Grundsatzentscheidung Lui Lin Kam v Nice Creation Development Ltd., dass kein Anspruch auf ein *severance payment* besteht, wenn zwar zwischen der ersten Arbeitsaufnahme und dem Ende des letzten Arbeitsvertrages mehr als 24 Monate vergangen sind, das Arbeitsverhältnis aber in einzelnen befristeten Verträgen untergliedert ist, die je 18 Monaten dauern und von einer Pause von zwei Wochen unterbrochen waren. Nach Ansicht des Gerichts lag in diesem Fall aufgrund der Lücken zwischen den jeweiligen Verträgen kein *continuous contract* vor.[568] Das Gericht verneinte auch einen Verstoß gegen zwingende Arbeitnehmerrechte (s. 70 EO),[569] obwohl es die hinter der Vertragsgestaltung liegende Intention des Arbeitgebers, durch die Unterbrechungen den *continuos contract* zu brechen und dadurch keine *severance payment* leisten zu müssen, für offensichtlich *(obvious)* hielt.[570] Konsequenterweise wies das Gericht die Klage im Wesentlichen ab.

---

566 *Court of Appeal*, Lui Lin Kam & Other (雷蓮金) v Nice Creation Development Ltd, 10.07.2006, CACV 205/2003, Rn. 23; *Ng*, Labour Law in Hong Kong, S. 108 Rn. 266.

567 *Chau*, HKJLS 2020, 53 (58.).

568 *Court of Appeal*, Lui Lin Kam & Other (雷蓮金) v Nice Creation Development Ltd, 10.07.2006, CACV205/2003, Rn. 26, 47 ff. Das Gericht stellte auch klar, dass sogar ein Bruch von nur einer Woche ausgereicht hätte (Rn. 11).

569 *Court of Appeal*, Lui Lin Kam & Other (雷蓮金) v Nice Creation Development Ltd, 10.07.2006, CACV205/2003, Rn. 49; *Glofcheski/Aslam* nennen dies *„somewhat remarkable"; Glofcheski/Aslam*, Employment Law and Practice, Rn. 7.060.

570 *Court of Appeal*, Lui Lin Kam & Other (雷蓮金) v Nice Creation Development Ltd, 10.07.2006, CACV205/2003, Rn. 38. Kritisch: *Chung*, APLR 2017, 29 (33); *Glofcheski/Aslam*, Employment Law and Practice, Rn. 7.061.

Sofern die unterschiedlichen Arbeitsverträge also nicht nahtlos aneinandergereiht sind,[571] oder die gesetzlichen Ausnahmen einschlägig sind, unterbricht eine Lücke zwischen zwei Arbeitsverträgen das *continuous contract* nur dann nicht, wenn die Parteien explizit das Fortlaufen des (ursprünglichen) Arbeitsverhältnisses während der Unterbrechung vereinbart hatten (sog. *umbrella / global contract*).[572] Der Arbeitnehmer trägt die Beweislast über eine solche Vertragsgestaltung.[573] Präzedenzfälle, in denen ein solcher Vortrag Erfolg hatte, sind nicht bekannt.[574] 367

Die Entscheidung Lui Lin Kam v Nice Creation Development Ltd. wurde bislang nicht revidiert,[575] dementsprechend geht von ihr eine Bindungswirkung aus, die auch den *Court of Appeal* selbst umfasst *(horizontal stare decisis).*[576] 368

571 *Court of Appeal*, Lui Lin Kam & Other (雷蓮金) v Nice Creation Development Ltd, 10.07.2006, CACV205/2003, Rn. 23; *Ng*, Labour Law in Hong Kong, S. 108 Rn. 266.

572 *Court of Appeal*, Ong Man Sum Claimant v Wonderland Sea Food Restaurant O/b Long Yield Co. Ltd, 18.10.2006, CACV 241/2005, Rn. 7 abrufbar; vgl. *Downey*, in: HKEmplLHdB, 7. Aufl., s. 3 EO Rn. 3.02.

573 *Court of First Instance*, Fong Anne v Hong Kong Adventist Hospital, 22.06.2010, HCLA 33/2009, Rn. 39. Nach s. 3 para. 2 EO liegt die Beweislast bei Streitigkeiten über die Frage, ob ein Arbeitsvertrag ein *continuous contract* darstellt, beim Arbeitgeber. Der *Court of First Instance* stellte aber im genannten Urteil (a.a.O. Rn. 40) klar, dass diese Beweislast restriktiv auszulegen ist. Sofern die Beschäftigung unterbrochen wurde, müsste der Arbeitnehmer zunächst darlegen, dass die unterschiedlichen Arbeitsverhältnisse in einem *global contract* zusammenhingen. Im zweiten Schritt habe der Arbeitnehmer dann nachzuweisen, dass er mit dem Arbeitgeber eine Vereinbarung darüber getroffen hätte, dass seine Abwesenheit zwischen den einzelnen Verträgen den *continuous contract* nicht durchbrechen solle. Inwieweit dann überhaupt noch ein Anwendungsbereich für s. 3 para. 2 EO gegeben ist, muss kritisch hinterfragt werden.

574 *Chau*, HKJLS 2020, 53 (67). In der Entscheidung Wong Man Sum v Wonderland Sea Food Restaurant O/b Long Yield Co Ltd erkannte der *Court of Appeal* das Problem der oftmals fehlenden Beweise ebenfalls an und forderte eine gesetzliche Reform, 18.10.2006, CACV 241/2005, Rn. 8 u. 9.

575 Vgl. *Abate/Tran*, in: Chitty on Contract, Kap. 12, Rn. 096; *Walsh/Tam/Wong*, Hong Kong Employment Law, S. 11; *Chung*, APLR 2017, 29 ff.

576 Der *Court of Appeal* kann sich nur in Ausnahmefällen über diese Bindungswirkung hinwegsetzen. Ausführlich: *Lo/Cheng/Chui*, The Hong Kong Legal System, S. 168.

369 Der LegCo plant eine Expertenanhörung zur Reform des *continuous contract* im November 2023.[577] Es darf aber nicht davon ausgegangen werden, dass dem Vorhaben besondere Priorität eingeräumt wird, denn eine Anhörung des Experten war ursprünglich schon für das Jahr 2022 vorgesehen.[578] Die Notwendigkeit einer Reform wird darüber hinaus bereits seit Jahren kritisch reflektiert.[579]

370 Arbeitgeber können sich also spezifischen arbeitsrechtlichen Pflichten, bspw. der Pflicht zur Zahlung einer *severance payment* oder einer *long service payment,* aber auch des allgemeinen Kündigungsschutzes „entziehen", sofern sie die Arbeitsverträge konstant befristen und zwischen den einzelnen Verträgen kurze Pausen verbleiben.[580]

[5] Umgehungsmöglichkeit durch Teilzeit

371 Neben der Möglichkeit, einen *continuous contract* durch Befristungen zu unterbrechen, kann auch die Vereinbarung einer geringen Stundenzahl die Arbeitnehmerrechte der EO ausschließen. So setzt bspw. der besondere Kündigungsschutz von schwangeren Arbeitnehmerinnen einen *continuous contract* voraus (s. 15 para. 1 lit. a EO). Beträgt die übliche Arbeitszeit also nur 17 Stunden pro Woche, besteht kein Kündigungsschutz.

372 Es besteht also die strukturelle Möglichkeit, die Schutzbestimmungen zu umgehen, indem die anfallende Arbeit auf mehrere Teilzeitbeschäftigte aufgeteilt wird.[581] Dies wird bisweilen als *„casualization of the work force"* beschrieben.[582] Im Lichte der Entscheidung Lui Lin Kam v Nice Creation Development Ltd kann nicht davon ausgegangen werden, dass eine solche Vertragsgestaltung

577 *LegCo – Panel on Manpower*, List of outstanding items for discussion – LC Paper No. CB(2)138/2023(01), 17.02.2023, Nr. 17, abrufbar: https://t1p.de/5kii9 (zuletzt abgerufen: 10.06.2023).

578 *LegCo – Panel on Manpower*, List of outstanding items for discussion – LC Paper No. CB(2)215/2022(01), 14.04.2022, Nr. 9, abrufbar: https://t1p.de/5kii9 (zuletzt abgerufen: 10.06.2023).

579 *Chau*, HKJLS 2020, 53 (68).

580 Vgl. *Glofcheski*, HKLJ 2013,1 (4). *Chung* (APLR 2017, 29 [38]) spricht sogar von einer *"carte blanche" to blatantly and even legitimately "exploit" their employees.*

581 Vgl. *Glofcheski*, in: The Modernization of Labour Law and Industrial Relations in a Comparative Perspective, S. 423 (430); *Abate/Tran*, in: Chitty on Contract, Kap. 12, Rn. 098.

582 *Glofcheski/Aslam*, Employment Law and Practice, Rn. 7.046; *Chung*, APLR 2017, 29 (34).

gegen s. 70 EO verstößt; vielmehr dürfte ein derartiges Vorgehen für wirksam erachtet werden.[583]

Auch wenn diese Umgehungsmöglichkeit in der Rechtspraxis nicht alltäglich ist, bleibt festzuhalten, dass im Jahr 2021 155.800 Arbeitnehmer (5,3 % aller Arbeitnehmer in Hongkong) weniger als 18 Stunden pro Woche beschäftigt waren und somit in wesentlichen Bereichen des Arbeitsrechts nicht gesetzlich geschützt werden.[584] Zudem dürfte diese Problematik vor allem im Bereich der sog. *Gig-Economy* an Relevanz gewinnen, da die dort üblicherweise schwankenden Arbeitszeiten die Anwendbarkeit der Arbeitnehmerrechte ausschließen könnten.[585] 373

bb) Beweislastregelungen

Neben der inneren Schlüssigkeit des materiellen Rechts spielt der Beweislast eine bedeutende Rolle beim Zugang zum Recht. Die Monographie untersucht daher Konstellationen, in denen die Beweislastverteilung den Zugang der Arbeitnehmer zum Recht behindern kann. 374

Zunächst ist auf die inquisitorische Rolle des *Presiding Officer* des *Labour Tribunal* hinzuweisen (vgl. Rn. 194 ff.). Durch diese Pflicht lassen sich die Folgen der Beweislastverteilung nur bedingt mit der deutschen Rechtslage vergleichen. Dennoch darf die Beweislastverteilung nicht als potentielles Hindernis ausgeblendet werden. Dies liegt zum einen daran, dass ein Teil der arbeitsrechtlichen Ansprüche nicht vor dem *Labour Tribunal,* sondern vor der ordentlichen Gerichtsbarkeit geltend gemacht werden muss, wo keine derartige Inquisitionspflicht besteht. Zum anderen ist aber auch bei einer Inquisitionspflicht die Beweislastverteilung nicht irrelevant, da sie bei einem *non liquet* über den Ausgang des Verfahrens entscheidet.[586] 375

---

583 Allenfalls könnte ein Verstoß gegen die SDO gegeben sein. Ein derartiger Fall ist aber bislang noch nicht bekannt, vgl. *Abate/Tran*, in: Chitty on Contract, Kap. 12, Rn. 098.

584 *Census and Statistics Department*, Thematic Household Survey Report No. 72, 2021, S. 13 Nr. 3.8, abrufbar: https://t1p.de/8sg0o (zuletzt abgerufen: 01.06.2023).

585 Generell ist indes unklar, ob Vertragsverhältnisse im Bereich der Gig-Economy überhaupt als Arbeitsverhältnisse anzusehen sind; umfassend zur Problematik: *Wong,* Should the law on labour protection for "gig workers" in Hong Kong be reformed?, S. 10 f.

586 *High Court*, Chow Koon Sing (Trading as Lee Cheung Transportation Company) v Fan Kok Choy, 10.04.1990, HCLA 26/1989, Rn. 18; *Abate/Tran*, in: Chitty on Contract, Kap. 12, Rn. 127; allgemein zum *non liquet* im Common Law: *Rabello*, Ann. Surv. Int'l & Comp. L. 2004, 1 (5 f.).

[1] Beweislast im Diskriminierungsrecht

376 Diskriminierungsrechtliche Ansprüche müssen i.d.R.[587] vor dem *District Court* geltend gemacht werden.[588] Dort ist zwar das Beweisrecht insg. vereinfacht,[589] eine dem *Labour Tribunal* vergleichbare Inquisitionspflicht besteht aber nicht.[590]

377 Das Anti-Diskriminierungsrecht findet einen eigenen Weg der Beweislastverteilung. Die Kausalität zwischen dem Vorliegen eines pönalisierten Merkmals und einer Schlechterstellung wird dort primär durch den sog. *but for test* beurteilt.[591] Die zentrale Fragestellung, die im Rahmen des *but for test* untersucht werden soll, lautet: „*would the outcome have been different 'but for' the race, sex, or other protected class status of those adversely affected?*".[592] Der *but for test* entspricht folglich der im deutschen Straf- oder Schadensrecht üblichen *conditio sine qua non* Formel.[593]

378 Der *but for test* hat primär den Hintergrund, dass die Motivlage des (vermeintlich) Diskriminierenden bei der Beurteilung des Vorliegens einer Schlechterbehandlung keine Beachtung finden soll.[594] Eine Schlechterbehandlung, die seitens des (vermeintlich) Diskriminierenden auf „neutrale" Erwägungen wie bspw. Kundenwünsche zurückgeführt wird, kann eine Diskriminierung darstellen, entscheidend ist lediglich, dass die Schlechterstellung wegen *(but for)* eines pönalisierten Merkmals *(protected grounds)* erfolgte.[595] Gleichwohl kann

---

587 In besonderen Ausnahmefällen kann auch eine Zuständigkeit des *Court of First Instance* für den Rechtsstreit zuständig sein. Vgl. *District Court*, Cheuk Kit Man v Fwd Life Insurance Co (Bermuda) Ltd and Ors., 10.10.2018, DCEO 12/2017, Rn. 72 ff.; *Chan*, in: HKDiscrLHdB, 2022, s. 76 SDO Rn. 76.13.

588 s. 76 para. 3 SDO; s. 72 para. 3, DDO; s. 54 para. 2 FSDO; s. 70 para. 3, RDO.

589 s. 73B para. 5; s. 73C para. 5; s. 73D para. 5; s. 73E para. 5 DCO.

590 Zum begrenzten Einfluss dieser Regelung siehe aber: *Ittner/Bindra*, EuZA 2023, im Erscheinen.

591 *Court of Final Appeal*, Secretary for Justice & Ors v Chan Wah & Ors, 22.12.2000, FACV 11 u. 13/2000; *Court of Final Appeal*, Leung Kwok Hung also known as "Long Hair" v Commissioner of Correctional Services, 27.11.2020, FACV 8/2019; *Hou*, Means of Transformation, S. 23.

592 *Eyer*, Va. L. Rev. 2021, 1621 (1626).

593 *Knöfel*, VersR 2019, 1249 (1258).

594 *Walsh/Tam/Wong*, Hong Kong Employment Law, S. 400. Irrelevant ist auch, ob die Diskriminierung im Rahmen eines Motivbündels erfolgt: *Glofcheski/Aslam*, Employment Law and Practice, Rn. 8.035; *Court of Appeal (England & Wales)*, Owen and Briggs v James, 15.06.1982, [1982] I.C.R. 618.

595 *Connolly*, IntJDiscr&Law 2009, 1, 37 (39).

eine Schlechterbehandlung durch spezifische arbeitsbezogene Belange gerechtfertigt werden.[596]

Zwar kann der *but for test* die Beurteilung einer direkten Diskriminierung erleichtern, indes ist seine Aussagekraft, insbesondere bei indirekter Diskriminierung, beschränkt.[597] 379

Auch in Hongkong werden die Schwächen des *but for test* anerkannt, weswegen der Test teils adaptiert,[598] oder sogar ganz aufgegeben wird.[599] Anstelle oder ergänzend zum *but for test* soll eine Art abgestufte Darlegungslast eine gerechte Entscheidung durch das Gericht ermöglichen. Hierbei orientieren sich die Hongkonger Gerichte primär an der Entscheidung King v The Great-Britain China Centre des *Court of Appeal for England & Wales*.[600] 380

Grundlage dieses prozessualen Ansatzes ist die durchgehende Beweislast des Klägers.[601] Von dieser Beweislast wird – anders als in Deutschland – auch dann nicht abgewichen, wenn Indizien eine Diskriminierung nahelegen. Vielmehr wird eine Umkehr der Beweislast *(shift of the burden of proof)* explizit als *„unnötig"* und *„nicht hilfreich"* abgelehnt.[602] 381

596 *Rosenbloom/Hui/Leung*, JoWIoChinaS 2011 – Nr. 2, 22 (41).

597 *Glofcheski/Aslam*, Employment Law and Practice, Rn. 2.046; *District Court*, Yeung Chung Wai v St Paul's Hospital, 20.07.2006, DCEO 7/2003, Rn. 21.

598 *District Court*, Yeung Chung Wai v St Paul's Hospital, 20.07.2006, DCEO 7/2003, Rn. 21.

599 U.a. *District Court*, Sit Ka Yin v Equal Opportunities Commission, 11.02.2010, DCEO 11/1999, Rn. 135 ff. (der darauf folgende Antrag auf *leave to appeal* wurde verworfen: *Court of Appeal*, 04.11.2011, HCMP 1117/2011); *District Court*, Haden, Francis William v Leighton Contractors (Asia) Ltd, 11.02.2022, DCEO 16/2018 Rn. 41. Vgl. Auch: *Glofcheski/Aslam*, Employment Law and Practice, Rn. 8.031 f.

600 Court of Appeal (England and Wales), King v the Great Britain-China Centre, 11.10.1991, [1991] IRLR 513.

601 *District Court*, Haden, Francis William v Leighton Contractors (Asia) Ltd, 11.02.2022, DCEO 16/2018, Rn. 43; *EOC*, The Discrimination Law Review 2016, S. 76.

602 *District Court*, Lam Wing Lai v Yt Cheng (Chingtai) Ltd, 23.12.2005, DCEO 6/2004, hierbei unter zustimmenden Bezug auf: *Court of Appeal (England & Wales)*, King v the Great Britain-China Centre, 11.10.1991, [1991] IRLR 513. Das Urteil wurde angefochten, der *appeal* wurde indes vom *Court of Appeal* verworfen; *Court of Appeal*, Lam Wing Lai v Yt Cheng (Chingtai) Ltd, 30.05.2006, HCMP 718/2006. Unter zustimmendem Bezug: *District Court*, Chan Choi Yin Janice v Toppan Forms (Hk) Ltd, 03.03.2006, DCEO 6/2002, Rn. 68 f.; *District Court*, Waliyah v Yip Hoi Sun Terence and Anor., 19.01.2017, DCEO 1/2015, Rn. 9; *Hou*, Means of Transformation, S. 37; vgl. *Kho/Shaheera/Yee*, in: HKEmpLawM, Bd. 1, F.57.

382 Wenn ein Kläger Indizien vortragen kann, die eine Diskriminierung nahelegen, soll er aber in gewissem Umfang unterstützt werden, da auch das Diskriminierungsrecht in Hongkong anerkennt, dass in den meisten Fällen[603] keine direkten Beweise für die Diskriminierung vorgelegt werden können.[604] Trägt der Kläger Tatsachen vor, die eine Diskriminierung hinreichend wahrscheinlich machen, da sowohl eine Ungleichbehandlung als auch ein besonderes pönalisiertes Merkmal vorliegen, fordert das Gericht den Beklagten auf, seine Entscheidung zu erklären *(explanation)*.[605] Erfolgt keine Erklärung oder erachtet das Gericht diese für inadäquat *(inadequate)* oder unbefriedigend *(unsatisfactory)*, kann das Gericht auf eine verbotene Diskriminierung schließen *(it will be legitimate for the tribunal to infer that the discrimination was on racial grounds)*.[606]

383 Das *House of Lords*, das die diese Grundsätze in seiner Entscheidung Glasgow City Council v Zafar bestätigte, stellte explizit klar, dass das Gericht nicht gezwungen ist, in Ermangelung einer überzeugenden Erklärung der Klage stattzugeben:

384 *„In particular, certain remarks of mine […] to the effect that such inference 'should' be drawn put the matter too high, are inconsistent with later Court of Appeal authority and should not be followed.“*[607]

385 Dieser Ansicht schließt sich die Rechtsprechung in Hongkong weiterhin an. So statuierte der *District Court* in Yeung Chung Wai v St Paul's Hospital:

386 *„I am of the view that the evidential burden does not shift to the defendant employer at any stage. However, the court should approach the question of proof with common sense bearing in mind the standard of proof is on the balance of probabilities and it is sometimes not easy to have direct evidence of discrimination. […].“*[608]

---

603 *Connolly*, IntJDiscr&Law 2009, 37 (42).

604 *EOC*, The Discrimination Law Review 2016, S. 76.

605 *District Court*, Lam Wing Lai v Yt Cheng (Chingtai) Ltd, 23.12.2005, DCEO 6/2004, Rn. 38; *EOC*, The Discrimination Law Review 2016, S. 76 f.

606 *District Court*, Lam Wing Lai v Yt Cheng (Chingtai) Ltd, 23.12.2005, DCEO 6/2004, Rn. 38 hierbei unter zustimmenden Bezug auf: Court of Appeal (England and Wales), King v the Great Britain-China Centre, 11.10.1991, [1991] IRLR 513, Rn. 36.

607 *House of Lords*, Glasgow City Council v Zafar, 27.11.1997, [1997] 1 W.L.R. 1659 (1664); *Smith/Baker/Warnock*, Smith & Wood's Employment Law, S. 296.

608 *District Court*, Yeung Chung Wai v St Paul's Hospital, 20.07.2006, DCEO 7/2003, Rn. 31; hierauf Bezug nehmend: *District Court*, Haden, Francis William v Leighton Contractors (Asia) Ltd, 11.02.2022, DCEO 16/2018, Rn. 45 ff.; *District Court*, Tan, Shaun Zhi Ming v Euromoney Institutional Investor (Jersey) Ltd, 24.06.2022,

Aufgrund der europäischen Antidiskriminierungsrichtlinien[609] war das Vereinigte Königreich gezwungen, die Beweislastverteilung in Diskriminierungssachen neu zu regeln. Hierzu wurde zunächst s. 63a Sex Discrimination (Indirect Discrimination and Burden of Proof) Regulations 2001 eingefügt, welche mittlerweile in s. 136 para. 2 Equality Act 2010 aufgegangen ist. Diese Regelung lautet: *„If there are facts from which the court could decide, in the absence of any other explanation, that a person (A) contravened the provision concerned, the court* ***must*** *hold that the contravention occurred."* Dieser Ansatz geht über die Beweislastverteilung nach King v Great – Britain China Centre hinaus, da er eine echte Umkehr der Beweislast nach dem Indizienbeweis durch den Arbeitnehmer vorsieht.[610] 387

Zwar mag der Unterschied zwischen einer Erklärungspflicht des vermeintlich Diskriminierenden und einer echten Beweislastumkehr auf den ersten Blick gering erscheinen. *De facto* ist diese Unterscheidung allerdings sehr bedeutend. Wurden im Falle einer Beweislastumkehr nach deutschem Recht (§ 22 AGG) diskriminierenden Indizien *„bewiesen"* bzw. glaubhaft gemacht,[611] so führt jeder ernsthafte Zweifel daran, dass die Diskriminierung *„überhaupt keine Rolle gespielt hat"*[612] zum Obsiegen des Klägers. Eine ähnliche Beweislastverteilung findet sich auch im neuen britischen Recht (s. 136 Equality Act 2010).[613] 388

Hongkong hat diese Gesetzesänderung nicht übernommen, stattdessen beziehen sich die Gerichte weiterhin auf die alte Rechtslage im Vereinigten Königreich, sprich auf die Entscheidung King v Great – Britain China Centre. Dies führt im Vergleich zur neuen britischen und deutschen Rechtslage zu Hindernissen der Rechtsdurchsetzung. Denn nach dieser Rechtslage müssen diskriminierte Arbeitnehmer über die innere Motivation des Diskriminierenden Beweis führen. Die Erklärungspflicht, die den Beklagten in diesem Fall trifft, führt zu einem weiten Ermessensspielraum und damit zu einer geringen Berechenbarkeit. Diskriminierte Arbeitnehmer müssen folglich i.d.R. eine Klage 389

DCEO 4/2017, Rn. 36; vgl. *Rosenbloom/Hui/Leung*, JoWIoChinaS 2011 – Nr. 2, 22 (41).

609 Ausführlich: *Ittner/Bindra*, EuZA 2023, im Erscheinen.

610 *Court of Appeal (England & Wales)*, Wong v Igen Ltd, 18.02.2005, [2005] I.C.R. 931. *Smith/Baker/Warnock*, Smith & Wood's Employment Law, S. 296. Bestätigt durch: UK *Supreme Court*, Hewage v Grampian Health Board, 25.07.2012, [2012] UKSC 37, Rn. 32; *Smith/Baker/Warnock*, Smith & Wood's Employment Law, S. 296.

611 *Schlachter*, in: ErfK, § 22 AGG Rn. 2; *Thüsing*, in: MüKO, § 22 AGG Rn. 10.

612 *BAG*, Urt. v. 05.02.2004 – 8 AZR 112/03, NZA 2004, 540 (544).

613 *Smith/Baker/Warnock*, Smith & Wood's Employment Law, S. 296 m. w. N.

ins Blaue hinein erheben, was offenkundig wenig attraktiv ist. Dieser Umstand dürfte eine Ursache für die geringe Anzahl von Diskriminierungsklagen in Hongkong sein (vgl. Rn. 305).

390 Auch die EOC forderte (bislang erfolglos) in einer Stellungnahme im Jahr 2016 eine Änderung des Diskriminierungsrechts und einer Implementierung einer (echten) Beweislastumkehr:

391 *„Recommendation 21:*
It is recommended that the Government amend the four anti-discrimination Ordinances to include provisions on the standard and burden of proof: […] In relation to the burden of proof these should indicate that the plaintiff must establish facts from which discrimination can be inferred, and that once they have done so the burden of proof shifts to the defendant to show there was in fact no discrimination.“[614]

[2] Beweislast bei Überstunden

392 Fordert der Arbeitnehmer die Entlohnung für (bislang) unbezahlte Überstunden, so trägt er die Beweislast über die Leistung dieser Stunden.[615]

393 Im Gegensatz zur deutschen Rechtslage,[616] verpflichtet das Hongkonger Recht den Arbeitgeber nicht generell, die Überstunden bzw. Arbeitszeit aufzuzeichnen. Nur wenn das monatliche Gehalt des Arbeitnehmers HKD 15.300 (Ninth Schedule EO) nicht übersteigt, müssen die Arbeitszeiten erfasst und entsprechende Aufzeichnungen aufbewahrt werden (s. 49A para. 3 lit. ea EO).[617]

394 Arbeitnehmer, deren Einkommen diesen Betrag übersteigt, können sich i.d.R. zum Beweis der geleisteten Arbeit also nicht auf Aufzeichnungen stützen.[618] Der *Presiding Officer* kann zwar von den Parteien die Vorlage von Unterlagen – auch von Stundenzetteln – verlangen (vgl. Rn. 194 ff.). Liegen diese jedoch nicht vor, geht die Ungewissheit über die geleisteten Arbeitsstunden letztlich zu Lasten des klagenden Arbeitnehmers. In einem solchen Fall kann der *Presiding Officer* zur Erfüllung seiner Inquisitionspflicht allenfalls Zeugen laden oder die Parteien befragen, was – ebenso wie in Deutschland – nur selten zu einer abschließenden Klärung des Sachverhalts führen dürfte.

395 Wird die Einkommensgrenze nicht überschritten, können sich Arbeitnehmer grds. auf die Stundenaufzeichnungen berufen. Im Zuge seiner

---

614 *EOC*, The Discrimination Law Review 2016, S. 80.
615 *Glofcheski/Aslam*, Employment Law and Practice, Rn. 2.011.
616 *BAG*, Bschl. v. 13.09.2022 – 1 ABR 22/21, NZA 2022, 1616.
617 Näher: *Walsh/Tam/Wong*, Hong Kong Employment Law, S 292
618 Vgl. entsprechend (das Urteil bezieht sich nicht auf den vergütungsrechtlichen Arbeitszeitbegriff): *EuGH* 14.05.2019 – C-55/18 Rn. 48 f. – CCOO.

Inquisitionspflicht wird der *Presiding Officer* diese regelmäßig vom Arbeitgeber einfordern. Hat der Arbeitgeber die Arbeitszeit pflichtwidrig nicht aufgezeichnet, führt dies aber nicht zu einer Beweislastumkehr, eine solche sieht das Gesetz nicht vor.[619] Vielmehr können lediglich Geldstrafen verhängt werden (s. 63D para. 1 EO).[620] Auch in diesen Entgeltgruppen besteht also nur eine mittelbare Beweiserleichterung für den Arbeitnehmer, keine Beweislastumkehr. Soweit im gerichtlichen Verfahren die Anzahl der Überstunden aufgeklärt werden kann, wird zulasten des Arbeitnehmers entschieden.[621]

cc) Berechenbarkeit der Erfolgsaussichten

Zuletzt wird die Berechenbarkeit der Erfolgsaussichten der Rechtsdurchsetzung 396
betrachtet. Hierbei ist das Kündigungsschutzrecht in Hongkong (Part VIA EO) von besonderer Relevanz.

Ob eine Kündigung überhaupt als rechtswidrig anzusehen ist, der Arbeit- 397
nehmer folglich *remedies* verlangen kann, ist nur schwer abzuschätzen. Die *valid reasons* (s. 32K EO) sind sprachlich kaum eingrenzbar (vgl. Rn. 318 ff.).

Daneben führt auch die wenig intuitive Unterscheidung zwischen *unlawful* 398
und *unreasonable termination* (vgl. Rn. 345 f.) zu Rechtsunsicherheit.

Von zentraler Bedeutung sind indes die Ermessensspielräume, die dem 399
Presiding Officer im Rahmen der kündigungsschutzrechtlichen *remedies* zugesprochen werden. Alle *remedies* setzen grds. voraus, dass der *Presiding Officer* die Rechtsfolge im Einzelfall für angemessen erachtet (*just and appropriate in*

---

619 Die Rechtslage in Deutschland ist nicht abschließend geklärt. Grds. liegt hier trotz der bestehenden Aufzeichnungspflichten (bspw. § 16 Abs. 1 ArbZG) die Darlegungs- und Beweislast im Überstundenprozess beim Arbeitnehmer (*BAG*, Urt. v. 04.05.2022 – 5 AZR 359/21, NZA 2022, 1267). Unklar ist jedoch, ob sich aufgrund der neuen Rechtsprechung zur (umfassenden) Arbeitszeiterfassung, nunmehr in Hinblick auf eine sekundäre Beweislast des Arbeitgebers Änderungen ergeben.

620 *Downey*, in: HKEmplLHdB, 7. Aufl., s. 49A EO Rn. 49A.02.

621 Dies war der Fall in einem vom Autor in seiner Eigenschaft als *Legal Case Officer* verfolgten Fall vor dem *Labour Tribunal* im April 2022. Die Kläger, deren Arbeitszeit wegen Unterschreitung der relevanten Einkommensschwelle hätte aufgezeichnet werden müssen, versuchten – in Ermangelung entsprechender Aufzeichnungen durch den Arbeitgeber – anhand anderer Indizien die Leistung von Überstunden darzulegen. Da der *Presiding Officer* auch nach dem *trial* keine Überzeugung über die Leistung der Überstunden erlangen konnte, wies er die Klage schließlich ab. Der Verstoß des Arbeitgebers gegen s. 49A para. 3 lit. ea EO war hierbei nicht von Belang.

the circumstances – ss. 32N para. 1; 32O para. 1; 32P para. 1 EO), was diesem einen weiten Ermessensspielraum gewährt (Rn. 331). Zieht man die naheliegende Parallele zum deutschen Verwaltungsrecht, so müsste man die kündigungsschutzrechtliche Ansprüche nach Part VIA eigentlich als Anspruch auf eine ermessensfehlerfreie Entscheidung bezeichnen.

400 Zuletzt wird die Berechenbarkeit auch durch den Mangel von Leitentscheidungen der oberen Gerichte beeinträchtigt. Da die Zahl der eingelegten Rechtsbehelfe seit Jahren sehr gering ist (vgl. Rn. 218), bestehen kaum Möglichkeiten, die offenen Bestimmungen der EO richterrechtlich auszuformen. Die Bedeutung der Entscheidungen von Gerichten anderer Common Law Jurisdiktionen nimmt indes stark ab, insbesondere seit der *Court of Final Appeal* das Arbeitsrecht in Hongkong im Vergleich zum englischen Recht als *„materially different"* bezeichnete.[622] In Deutschland dürften Referenzentscheidungen die Einschätzung der Erfolgsaussichten erheblich stärker beeinflussen.[623]

401 Die Folgen der mangelnden Berechenbarkeit werden durch das Prozessrecht verstärkt. Die häufigen Wechsel in der Person des zuständigen *Presiding Officer* macht die Entscheidung kaum vorhersehbar, was sich freilich auch auf die Aushandlung einer gütlichen Einigung negativ auswirkt.

3. Förderungsansätze

402 Nachdem die Hindernisse des Zugangs zum Recht analysiert wurden, fokussiert sich die Arbeit nun auf Regelungen, die die individuelle Rechtsdurchsetzung fördern.

a) Ökonomische Förderungsansätze

aa) Direktes Kostenrisiko

403 Das unmittelbare Kostenrisiko der arbeitsgerichtlichen Rechtsdurchsetzung wird primär durch die niedrigen Gebühren der Klageerhebung (Rn. 238) vor dem *Labour Tribunal* minimiert.[624] Anders als in Deutschland hat die Art der

---

622 *Court of Final Appeal*, Thomas Vincent v South China Morning Post Publishers Ltd, 04.11.2005, FACV 2/2005, Rn. 31. Vgl. auch *Glofcheski/Aslam*, Employment Law and Practice, Rn. 7.061.

623 Zur Bedeutung des Richterrechts in Deutschland: *Fischinger*, in: MüHdb ArbR, Bd. 1, § 6 Rn. 23 f.

624 Dies gilt nur für das *Labour Tribunal*, da sich die Kostenregeln des *District Court* bzw. *High Court* nach eigenen, abweichenden Regelungen richten.

Verfahrenserledigung keine Auswirkung auf die gerichtlichen Kosten, da diese nur bei der Klageerhebung erhoben werden.

Von Bedeutung sind auch die kostenfreien *conciliation* Verfahren vor der *Labour Relations Division* und der EOC. 404

Sofern die Rechtsdurchsetzung vor den ordentlichen Gerichten erfolgt, 405 bzw. diese als weitere Rechtsinstanz in Anspruch genommen werden, sichert das *legal aid scheme* etwaige Kostennachteile für Bedürftige umfassend ab. Da arbeitsrechtliche Streitigkeiten jedoch nur selten in den Anwendungsbereich des *legal aid schemes* fallen, ist dessen Effektivität erheblich eingeschränkt (vgl. Rn. 232 ff.).

Für Verfahren vor dem *District* und *High Court* sieht Practice Direction 31 406 para. 5 vor, dass das richterliche Ermessen über die Kostenverteilung die Bereitschaft der Parteien zur Mediation berücksichtigen soll.[625] Daneben können die Parteien vor diesen Gerichten die andere Seite durch sog. *„sanctioned offers"* zum Abschluss eines Prozessvergleichs drängen. Bspw. kann der Beklagte dem Kläger anbieten, den Rechtsstreit gegen die Zahlung einer bestimmten Summe für erledigt zu erklären. Lehnt der Kläger dies ab, muss er auch dann einen Teil der Kosten des Beklagten tragen, wenn er den Rechtsstreit zwar gewinnt, der ihm zugesprochene Betrag aber nicht höher ist als die *sanctioned offer* des Beklagten.[626] Durch diese Regeln kann zumindest *de jure* ein gewisser Druck zur zügigen und kostengünstigeren gütlichen Einigung erzeugt werden. Ob diese Regelungen in der Praxis einen nennenswerten Einfluss auf das Prozessverhalten haben, ist allerdings nicht bekannt.

bb) Indirektes Kostenrisiko

Im Bereich des Antidiskriminierungsrechts besteht eine Art Maßrege- 407 lungsverbot *(discrimination by way of victimisation)*.[627] Hinweisgeber oder Beschwerdeführer genießen hierdurch einen gewissen Schutz vor mittelbaren ökonomischen Einbußen.

Sofern ein Arbeitnehmer Rechte außerhalb des Diskriminierungsrechts 408 wahrnimmt, kann allenfalls der allgemeine Kündigungsschutz nach s. 32A EO Schutz vor einer Kündigung bieten, da die Kündigung wegen der Wahrnehmung von Rechten i.d.R. nicht auf einen *valid reason* gestützt werden könnte (siehe aber Rn. 328 ff.).

---

625 Hierzu: *Chan*, in: Civil Case Management in the Twenty-First Century, S. 13 (29).

626 Order 22 Rule 23 RoDC; Order 22 Rule 23 RoHC.

627 s. 9 SDO, s. 6 RDO, s. 6 FSDO, s. 7 DDO.

b) Förderungsansätze im formellen Recht

aa) Labour Relations Division

409 Trotz der geschilderten Kritikpunkte (vgl. Rn. 264 ff.), kann die *conciliation* vor der *Labour Relations Division* den Zugang zum Recht positiv beeinflussen. Dazu tragen die Kostenfreiheit und die geringen formalen Anforderungen ebenso bei wie das kompakte Verfahren ohne behördliche Sachaufklärungspflicht. Dies zeigt auch die Praxis: In den Jahren 2020, 2021 und 2022 konnten in rund 75 % der *conciliation* Verfahren eine gütliche Einigung erzielt werden.[628]

bb) Beschleunigungsgebot

410 Nach s. 16 LTO sind alle Beamte des *Labour Tribunal* dazu gehalten, vermeidbare Verzögerungen *(avoidable delay)* zu verhindern. Dieser Grundsatz ist auch bei der Entscheidung über die Terminierung bzw. Aussetzung des Verfahrens zu berücksichtigen.[629] Diese Regelung erscheint auf den ersten Blick vergleichbar mit den §§ 9 Abs. 1; 61a ArbGG. Es ist jedoch zu berücksichtigen, dass die Möglichkeiten zur Beschleunigung des Verfahrens in Hongkong durch das übrige Verfahrensrecht stark eingeschränkt sind. Der Inquisitionsgrundsatz, der die LTO durchzieht, führt regelmäßig zu einer Einschränkung der Möglichkeit der Beschleunigung, was sich bspw. beim Versäumnisurteil (s. 21 LTO) manifestiert (vgl. Rn. 288 ff.).

cc) Absenkung der Förmlichkeit des Verfahrens

411 Das Verfahren vor dem Labour Tribunal soll, wie das entsprechende Verfahrensrecht (s. 20 para. 1 LTO) ausdrücklich klarstellt, informell ablaufen.[630] Dies steht in starkem Kontrast zur deutschen Praxis, in der die Förmlichkeiten des arbeitsgerichtlichen Verfahrens im Vergleich zu anderen Zivilverfahren teilweise sogar erhöht sind.[631]

412 Die Inquisitionspflicht des *Presiding Officer* hat wohl den größten Anteil an der geringen Förmlichkeit des Verfahrens (s. 20 para. 3 LTO). Die Gefahr der Parteien, durch einen mangelnden Vortrag den Rechtsstreit zu verlieren, wird

---

628 2020: 74.7 %, 2021: 74.6 % and 2022: 75.9 %. Die Zahlen beruhen auf Angaben des *Labour Department* auf Anfrage *(access to information request)* des Autors vom 04.04.2023.

629 *Lee*, in: AO – LTO, s. 29A Rn. 29A.02

630 Einem entsprechenden Grundgedanken unterliegen auch die englischen *Employment Tribunals*: *Morris*, in: Making Employment Rights Effective, S. 7 (18).

631 Bspw. Einspruchsfrist nach § 59 S. 1 ArbGG im Vergleich zu § 339 Abs. 1 ZPO.

folglich in gewissem Maße gesenkt. Auch die Gefahr einer Präklusion ist grds. ausgeschlossen.

Die positiven Auswirkungen dieses Ansatzes auf den Zugang der Arbeitnehmer zum Recht werden jedoch durch die Ineffizienz des Verfahrens infolge des Inquisitionsgrundsatzes zum Großteil konterkariert (vgl. Rn. 282 ff.). 413

c) Förderungsansätze im materiellen Recht

aa) Abfindungsrecht

Wie bereits beschrieben, gewährt die EO einen Anspruch auf *payment in lieu of notice, severance* bzw. *long service payment.* 414

Ein *payment in lieu of notice* muss der Arbeitgeber oder Arbeitnehmer entrichten, wenn sie die Kündigungsfrist nicht bzw. nicht vollständig eingehalten haben. Sie unterliegt keiner Schadensminderungspflicht,[632] dementsprechend entfallen auch alle Streitigkeiten über die Zumutbarkeit der Aufnahme von Alternativtätigkeiten.[633] 415

Ein *severance payment* wird fällig, wenn ein Arbeitnehmer, der seit mindestens 24 Monaten beim selben Arbeitgeber beschäftigt ist, aus betriebsbedingten Gründen *(redundancy)* entlassen wird (s. 31B EO). Die *long service payment* (s. 31R EO) setzt eine Beschäftigung von mehr als fünf Jahren voraus, umfasst dafür alle anderen Kündigungsgründe, mit Ausnahme der Kündigung aus wichtigem Grund (*summary dismissal* – ss. 9 bzw. 10 EO). Der Kündigung gleichgestellt ist ferner der Ablauf eines befristeten Arbeitsvertrages (s. 31T para. 1 lit. b EO). In beiden Fällen ist die Art der Berechnung der Entschädigung im Gesetz genau festgelegt (ss. 31G bzw. 31V EO). Ein Arbeitnehmer kann daher im Einzelnen nachvollziehen, ob und welche Zahlung ihm zusteht. Insbesondere die *long service payment* umfasst beinahe jede Kündigung bzw. Vertragsbeendigung. 416

Im Gegensatz zum deutschen Recht muss der Arbeitnehmer in Hongkong keinen (vorgeschobenen) Willen zur Fortführung des Arbeitsverhältnisses 417

---

632 *Kho/Shaheera/Yee*, in: HKEmpLawM, Bd. 2, P.4; *Walsh/Tam/Wong*, Hong Kong Employment Law, S. 543; anders noch: *Ribeiro*, HKLJ 1978, 308 (311). Der Grund hierfür liegt in der Besonderheit der s. 8a EO, welche auch erklärt, warum das Arbeitsrecht in Hongkong insoweit vom englischen Arbeitsrecht abweicht. Zu letzterem: *Korn/Sethi*, Employment Tribunal Remedies, S. 42 Rn. 1.148 ff.

633 Die Schadensminderungspflicht des Arbeitnehmers im Kündigungsschutzprozess gewinnt seit einigen Jahren in Deutschland an praktischer Relevanz (vgl. *BAG*, Urt. v. 27.05.2020 – 5 AZR 387/19, NZA 2020, 1113; *LAG Berlin-Brandenburg*, 30.09.2022 – 6 Sa 280/22, BeckRS 2022, 37919).

vortragen, um vor Gericht eventuell einen Abfindungsvertrag abschließen zu können. Vielmehr kann ein Arbeitnehmer in Hongkong ohne Weiteres seinem (ehemaligen) Arbeitgeber mit einer detaillierten Rechnung entgegentreten. Diesem Betrag wird sich der Arbeitgeber im Zweifel nur schwer entziehen können, denn sowohl in Bezug auf das Bestehen des Anspruches selbst als auch auf dessen Durchsetzbarkeit hin kann zudem eine effiziente und unkomplizierte, evtl. sogar automatisierte Rechtsinformation erfolgen. Die Parameter, die die Höhe der Zahlung bestimmen, sind gesetzlich vorgegeben und damit statisch. Anspruchsinhaber können das Bestehen bzw. die Höhe ihrer Ansprüche also ohne Weiteres prüfen und mit dieser Information den entsprechenden Betrag einfordern.

bb) Informationsanspruch

418 Wie im deutschen Recht besteht im Hongkonger Recht ein Anspruch des Arbeitnehmers gegen den Arbeitgeber auf Herausgabe einer Kopie der gespeicherten Daten (s. 18 PDPO). Darunter fallen z.B. Aufzeichnungen über Ermittlungen im Zusammenhang mit Disziplinarmaßnahmen oder Unterlagen, in denen die Einstellung oder Beförderung des Arbeitnehmers erörtert wird.[634]

419 Ein Arbeitnehmer hat damit unter Umständen die Möglichkeit, ein arbeits- oder diskriminierungsrechtliches Verfahren vorzubereiten oder zu beeinflussen, indem er personenbezogene Daten bei seinem Arbeitgeber abfragt.

4. Fazit – Die Effektivität der individuellen Rechtsdurchsetzung im engeren Sinne

420 Im Folgenden soll anhand der dargestellten Hindernisse und Förderungsansätze die Effektivität des Zugangs zum Recht anhand des herausgearbeiteten Beurteilungsmaßstabs (Rn. 27) beurteilt werden.

a) Ökonomische Risiken der Geltendmachung

421 Ein besonderes Hindernis stellt die anwaltliche Kostenpraxis (Rn. 243) sowie das Fehlen eines umfassenden Maßregelungsverbots (Rn. 249) dar.

422 Daneben ist die Effektivität des Zugangs zum Recht durch den Umfang der *cost order* eingeschränkt (siehe Rn. 239 ff.).

---

634 *Privacy Commissioner for Personal Data*, Personal Data (Privacy) Ordinance – Code of Practice on Human Resource Management, 2000, S. 10 Rn. 1.5.3, abrufbar: https://t1p.de/r4u7f (zuletzt abgerufen: 26.05.2023).

Die niedrigen Kosten des *filing* sowie die Kostenfreiheit der *conciliation* vor der *Labour Relations Division* des *Labour Department* sowie der EOC stärken indes die Effektivität des Zugangs zum Recht. 423

Auch die Unterstützung des *Legal Aid Department* ist durchaus der Effektivität des Zugangs zum Recht dienlich, gleichwohl aber im Bereich des Arbeitsrechts größtenteils nicht anwendbar. 424

b) Faires Verfahren

Das Prozessrecht versucht, durch die Absenkung formeller Standards ein effizientes und kostengünstiges Verfahren zu erreichen und damit die Effektivität des Zugangs zum Recht zu fördern. Dieses legitime Ziel wird indes durch die derzeitige Ausgestaltung nur unzureichend realisiert. Vielmehr fördern der Ausschluss der anwaltlichen Vertretung und die Inquisitionspflicht weder die Chancengleichheit noch die Effizienz der Streitbeilegung. Es wäre nach Ansicht des Autors naheliegender, ein faires Verfahren durch die (realisierbare) Möglichkeit einer qualifizierten Vertretung zu gewährleisten. In diesem Falle wäre es nicht notwendig, die Förmlichkeit des Verfahrens erheblich abzusenken, da diese für den Prozessvertreter keine wesentlichen Einschränkungen mit sich brächte.[635] Insbesondere spezialisierte Rechtsanwälte bzw. Gewerkschafts-/Verbandsvertreter sind in der Lage, die materielle Rechtslage und die Möglichkeiten einer gütlichen Einigung rasch zu überblicken.[636] Die Förmlichkeit des Verfahrens herabzusetzen, ermöglicht dem juristischen Laien demgegenüber nicht, in gleichem Maße ohne anwaltliche Hilfe effizient einen Rechtsstreit zu führen.[637] 425

Ein vergleichbares Hindernis zeigt sich auch bei der Zuständigkeit des *Labour Tribunal*. Auch hier verringert die derzeitige gesetzliche Regelung die Effizienz des Verfahrens, anstatt sie zu erhöhen. Statt umfassend alle Streitigkeiten aus dem Arbeitsverhältnis am *Labour Tribunal* zu bündeln, wurde eine „Mosaik-Zuständigkeit" geschaffen, die wenig überschaubar ist und tendenziell zu widerstreitenden Ergebnissen oder zumindest zu Verzögerungen führt. 426

---

635 Sofern aufgrund des fehlerhaften Verhaltens des Vertreters Regelungen des Prozessrechts die Rechtsdurchsetzung einschränken, würde dies darüber hinaus zu einer Schadensersatzpflicht des Vertreters führen. Auch insoweit ist der Arbeitnehmer also nicht schutzbedürftig.

636 Vgl. *Wrase* et al., Zugang zum Recht in Berlin, S. 56.

637 Unter einer ähnlichen Prämisse diskutierten *Haug/Pfarr/Struck* sogar die Einführung einer Anwaltspflicht, vgl. *Haug/Pfarr/Struck*, Möglichkeiten der Beschleunigung des arbeitsgerichtlichen Verfahrens, S. 23.

427 Auch im materiellen Recht finden sich erhebliche Hindernisse der Rechtsdurchsetzung. Von besonderer Bedeutung ist hierbei die mangelnde Berechenbarkeit der Erfolgsaussichten, die in Verbindung mit den bestehenden Kostenrisiken Kläger von der Geltendmachung ihrer Ansprüche abhalten dürfte.

C. Kollektive Rechtsdurchsetzung

428 Im Folgenden wird dargelegt, welche Institutionen an der kollektiven Rechtsdurchsetzung beteiligt sind und wie das Recht diese Beteiligung ausgestaltet.

I. *Labour Department*

429 Die Unterscheidung zwischen privatem und öffentlichem Arbeitsrecht ist in Hongkong von untergeordneter Bedeutung. Das *Labour Department* überwacht die Einhaltung der EO, die beide Bereiche umfasst. Zu diesem Zweck gliedert sich das *Labour Department* in mehrere Abteilungen. Neben der bereits thematisierten *Labour Relations Division* sowie dem MECAB existieren u.a. die *Employment Claims Investigation Division,* die *Employees' Compensation Division,* die *Wage Security Division,* die *Labour Inspection Division* sowie der *Occupational Safety Service.*[638]

430 Im Gegensatz zum deutschen Arbeitsschutzrecht reguliert die EO das Arbeitsverhältnis nur recht begrenzt (vgl. Rn. 516), weist aber dort, wo sie Regelungen vorsieht, eine hohe Sanktionsdichte auf (bspw. ss. 15 para. 4; 15M para. 2; 31O para. 3 lit. a; 31RA para. 6 EO).[639] Von besonderer Bedeutung ist dabei die Auswahl der sanktionierten Verhaltensweisen. Sanktioniert werden nämlich nicht nur Verstöße gegen klassische Arbeitsschutzvorschriften, sondern auch die nicht rechtzeitige Auszahlung von gesetzlichen Abfindungsansprüchen (bspw. ss. 31O para. 3 lit. a; 31RA para. 6 EO). Ein Arbeitgeber, der nicht innerhalb von zwei Monaten nach Erhalt einer entsprechenden Aufforderung des Arbeitnehmers den korrekten Betrag auszahlt, sieht sich daher nicht nur mit zivilrechtlichen, sondern auch mit strafrechtlichen Konsequenzen konfrontiert. Naturgemäß hat dies zur Folge, dass oftmals sowohl ein zivilrechtliches als auch ein strafrechtliches Verfahren gegen einen Arbeitgeber eingeleitet werden, die sodann parallel verlaufen. Hierbei findet jedoch weder

638 *Labour Department,* Organisation Chart, 2022, abrufbar: https://t1p.de/6phus (zuletzt abgerufen: 08.06.2023).

639 *Geffken*, Arbeit in China, S. 175.

eine Verbindung der Verfahren statt, noch lässt sich aus dem Ausgang eines der Verfahren auf das Ergebnis des anderen schließen.[640] Dies liegt vor allem daran, dass die Verurteilung wegen eines Verstoßes gegen die strafrechtlichen Bestimmungen der EO ein höheres Maß an Gewissheit erfordert als die Verurteilung im zivilrechtlichen Verfahren. Während bei letzterem eine Abwägung der Wahrscheinlichkeiten *(balance of probabilities)*[641] angesetzt wird, muss die Schuld bei strafrechtlichen Verfahren jenseits eines vernünftigen Zweifels *(beyond reasonable doubt*[642]*)* feststehen.[643] Dementsprechend kommt das zivilrechtliche Verfahren regelmäßig zu einem anderen Ergebnis als das strafrechtliche Verfahren.[644]

Obwohl die Arbeitnehmer und das *Labour Department* regelmäßig auf- 431
grund desselben Anlasses Verfahren initiieren, ist die Kooperation zwischen beiden Seiten begrenzt. Dies liegt vor allem an der prozessualen Ausgestaltung des strafrechtlichen Verfahrens. Das *Labour Department* ist bei der Beweisführung regelmäßig auf die Kooperation des Arbeitnehmers angewiesen.[645] Entscheidet sich ein Arbeitnehmer dafür, als Zeuge der Anklage *(prosecution*

---

640 Vgl. *Downey*, in: HKEmplLHdB, 7. Aufl., s. 32M EO Rn. 32M.04.

641 *Court of First Instance*, Chan Chi Ling Elwyn (陳志凌) v Richfield Realty Ltd (田生地產有限公司), 11.07.2011, HCLA 9/2013, Rn. 26; *Court of First Instance*, Sobrevilla Rhennie Boy Fernandez v Chua Grace Gonzales, 07.06.2017; HCLA 7/2015, Rn. 21; *Lo/Cheng/Chui*, The Hong Kong Legal System, S. 275; Dieses Beweismaß dürfte damit dem deutschen Beweismaß in Zivilsachen *(mit einem für das praktische Leben brauchbaren Grad an Gewissheit, der den Zweifeln Schweigen gebietet, ohne sie völlig auszuschließen)* vergleichbar sein, auch wenn der Grad der nötigen Gewissheit in Common Law Staaten wohl etwas geringer sein dürfte. Hierzu: *Schweizer*, Beweiswürdigung und Beweismaß, S. 455.

642 *District Court*, HKSAR v Law Wan Tung, 10.02.2015, DCCC 421/2014 & DCCC 651/2014, Rn. 6. Das Beweismaß dürfte dem wortgleichen deutschen Pendant aus § 261 StPO entsprechen; vgl. hierzu: *Kunz*, ZStW 2009, 572 (572).

643 Eine Besonderheit stellt der Verstoß gegen den Kündigungsschutz von Hinweisgebern nach s. 72B para. 1 lit. a–d EO dar: Da ein Fall einer sog. *strict liability* vorliegt (s. 63A para. 5 EO), muss kein spezifischer Vorsatz des Arbeitgebers nachgewiesen werden. Vgl. *Glofcheski/Aslam*, Employment Law and Practice, Rn. 7.036 (Fn. 65); *Downey*, in: HKEmplLHdB, 7. Aufl., s. 63A EO Rn. 63A.05.

644 Zur Unterscheidung des Beweismaßes im rechtsvergleichenden Kontext: *Schweizer*, Beweiswürdigung und Beweismaß, S. 425 f.

645 Zu diesem Zweck händigt das *Labour Department* regelmäßig folgende Infobroschüre an Arbeitnehmer aus, die eine *conciliation* mit ihrem Arbeitgeber beantragt haben; *Labour Department*, Protect Your Interests and Come Forward as Prosecution Witness, 2022, abrufbar: https://t1p.de/qumgj (zuletzt abgerufen: 10.06.2023).

witness) aufzutreten, hat dies jedoch keine Auswirkungen auf seine zivilrechtlichen Ansprüche. Auch im Falle einer strafrechtlichen Verurteilung wird dem Arbeitnehmer nicht automatisch sein Anspruch zuerkannt, vielmehr muss er diese im Regelfall selbstständig zivilrechtlich durchsetzen; nur für den Hinweisgeber besteht eine Sonderregelung (s. 72B para. 2 EO). Will ein Arbeitnehmer also schnell und effizient eine möglichst einvernehmliche Lösung mit dem Arbeitgeber anstreben, um die ihm zustehenden Ansprüche möglichst zeitnah zu erhalten, wird er sich wohl eher gegen die Mitwirkung als *prosecution witness* entscheiden, um so eine größere Kooperationsbereitschaft sicherzustellen.

432 Auch wenn nachvollziehbar ist, dass das strafrechtliche und zivilrechtliche Verfahren nicht vermischt werden sollen, so ist dennoch schwer verständlich, warum nur Hinweisgeber (s. 72B para. 2 EO) ihre Ansprüche im strafrechtlichen Verfahren geltend machen können. Es erscheint insoweit naheliegend, in derartigen Verfahren, in denen inzident sowieso über das Bestehen des Anspruches entschieden wird, auch eine Art Adhäsionsentscheidung (vgl. § 403 StPO) zu ermöglichen. Dies wäre offensichtlich mit geringerem Aufwand verbunden, als vom Arbeitnehmer zu verlangen, den Anspruch „parallel" vor dem *Labour Tribunal* geltend zu machen. Da eine entsprechende (umfassende) Regelung indes fehlt, muss angenommen werden, dass Arbeitnehmer Ansprüche entweder fallen lassen oder ihre Bereitschaft zum (freiwilligen) Auftreten als *prosecution witness* leidet.

433 Neben den Regelungen der EO existieren weitere *ordinances,* die primär die Arbeitssicherheit sicherstellen sollen. Hierzu zählen etwa die FIUO oder die OSHO. Auch in Hinblick auf diese *ordinances* obliegt die Kontrolle dem *Labour Department.* Hierfür kann es Betriebe inspizieren und Untersuchungen durchführen, aber auch Arbeitgeber und Arbeitnehmer beraten.[646]

434 Die Anzahl der Kontrollen durch das *Labour Department* erscheint – im deutschen Vergleich – recht hoch. In den Jahren 2016 bis 2020 führte das *Labour Department* insgesamt 711.402 Kontrollen *(inspections to workplace)* durch.[647] In (ganz) Deutschland belief sich die Zahl der Besichtigungen durch die Gewerbeaufsicht im selben Zeitraum auf 829.117.[648] Arbeitgeber, die ihren Verpflichtungen nicht nachkommen, sanktioniert das *Labour Department*

646 *Glofcheski/Aslam*, Employment Law and Practice, Rn. 9.085.

647 *Labour Department*, Key Statistics of Workplace Inspections (English), 2022, abrufbar: https://t1p.de/r8o7w (zuletzt abgerufen: 07.06.2023).

648 *Bundesanstalt für Arbeitsschutz und Arbeitsmedizin*, Sicherheit und Gesundheit bei der Arbeit Berichtsjahre 2018, S. 131 bzw. Berichtsjahr 2020, S. 159, beide Berichte abrufbar bei: https://t1p.de/nvhgm (zuletzt abgerufen: 07.06.2023).

rigide. In den Jahren 2016 bis 2021 wurden 14.024 Anklagen erhoben *(prosecution taken),* denen 10.094 Verurteilungen folgten.[649] Im Vergleich hierzu ergingen in Bayern im selben Zeitraum nur insgesamt zehn Aburteilungen[650] aufgrund von arbeitsrechtlichen[651] Verstößen.[652] Daneben erließ das bayerische Gewerbeaufsichtsamt in den Jahren 2018 bis 2020 insgesamt 830 Bußgeldbescheide.[653]

II. *Unions*

In Hongkong, garantiert Art. 27 Basic Law die Vereinigungsfreiheit, es steht Arbeitgebern und Arbeitnehmern demnach frei, *unions* zu bilden.[654] Die Anzahl der Arbeitsverhältnisse, deren Inhalt von einem Tarifvertrag bestimmt wird, war[655] und ist allerdings äußerst gering.[656] 435

---

649 *Labour Department,* Key Statistics on Prosecutions, abrufbar: https://t1p.de/2nea2 (zuletzt abgerufen: 07.06.2023).

650 *Aburteilungen* umfassen erlassene Strafbefehle und Hauptverfahren, die entweder mit einem Einstellungsbeschluss oder mit einem Urteil (auch Freispruch) rechtskräftig abgeschlossen wurden; vgl. Schriftliche Antwort der bayerischen Landesregierung v. 15.11.2021, Az. 15/0013.05-3/70, S. 6.

651 Berücksichtigt wurden Verstöße gegen das Arbeitnehmerüberlassungsgesetz, das Arbeitsgerichtsgesetz, das Arbeitsschutzgesetz, das Arbeitszeitgesetz, das Betriebsverfassungsgesetz, das Sprecherausschussgesetz sowie das Seearbeitsgesetz.

652 *Bayerisches Landesamt für Statistik,* Rechtspflege – Strafverfolgungsstatistik, alle Berichte abrufbar unter: https://t1p.de/oopat (zuletzt abgerufen: 07.06.2023).

653 *Bundesanstalt für Arbeitsschutz und Arbeitsmedizin,* Sicherheit und Gesundheit bei der Arbeit Berichtsjahre 2020, S. 163, abrufbar bei: https://t1p.de/nvhgm (zuletzt abgerufen: 07.06.2023).

654 *Chiu,* in: Working Paper Series No. 37, S. 10; *Ng/Wright,* in: The Handbook of Human Resource Management Policies and Practices in Asia-Pacific Economies, S. 167 (236).

655 *Ng/Sit,* Labour Relations and Labour Conditions in Hong Kong, S. 90 f.; *Geffken,* Arbeit in China, S. 159.

656 *Glofcheski/Aslam,* Employment Law and Practice, Rn. 16.001. *Frank-Fahle/Leber/Schmierer* gehen davon aus, dass ca. 5 % der Arbeitsverträge von Tarifverträgen umfasst sind; *Frank-Fahle/Leber/Schmierer,* Die Investment Hubs Dubai, Hongkong und Singapur, S. 232. Die Wirkung von Tarifverträgen ist indes sehr einzelfallabhängig und nicht mit dem deutschen Verständnis vergleichbar (ausführlich: Rn. 436 ff.).

1. *Hintergrund*

436 Gewerkschaften, also die *unions* der Arbeitnehmer, hatten eine sehr wechselhafte Rolle in Bezug auf die kollektive Rechtsdurchsetzung, die stark mit der politischen Situation Hongkongs verbunden war.

437 Die Geschichte der Gewerkschaftsbewegung reicht beinahe so weit zurück wie die ihrer Regulierung. Bereits im Jahr 1845 begann die britische Kolonialverwaltung alle gesellschaftlichen Organisationen und damit auch Gewerkschaften strikt zu regulieren, um damit die Macht der Triaden in Hongkong einzudämmen.[657] Dennoch erreichte die Wirkungsmacht der Gewerkschaften in den 1920er Jahren einen Höhepunkt, insbesondere während des Generalstreiks von 1925. Hierbei standen neben zivilgesellschaftlichen Zielsetzungen wie der Versammlungs- und Meinungsfreiheit auch arbeitsrechtliche Forderungen wie die Regulierungen der Arbeitszeit sowie die Schaffung eines Mindestlohns im Mittelpunkt der Auseinandersetzungen.[658] In der Folge erließ die britische Kolonialverwaltung die *Illegal Strikes and Lock-Outs Ordinance,*[659] welche die Gewerkschaften bzw. deren Tätigkeit weiter regulierte. In der Folge kam es für die nächsten 20 Jahre bis zum Ausbruch des Zweiten Weltkriegs kaum noch zu Auseinandersetzungen, die Macht der Gewerkschaften war zum Großteil gebrochen.[660] Während der japanischen Besetzung Hongkong zwischen 1941 und 1945 waren Gewerkschaften vollständig verboten.[661]

438 Nach dem Zweiten Weltkrieg wurden Gewerkschaften zwar wieder legalisiert, die Gewerkschaftsbewegung war allerdings politisch tief zwischen der kommunistischen *Hong Kong Federation of Trade Unions* und dem nationalistischen *Hong Kong and Kowloon Trades Union Council* gespalten.[662] Aufgrund dieser anhaltenden Spaltung schaffte es die Gewerkschaftsbewegung als Ganzes kaum, relevanten Einfluss auf den Arbeitsmarkt zu nehmen.[663]

439 Seit dem *handover* Hongkongs an die Volksrepublik China im Jahr 1997 garantieren das *Basic Law* (Art. 27) sowie die *Bill of Rights Ordinance* (s. 8

---

657 *Ng*, Labour Law in Hong Kong, S. 218 Rn. 640 f.

658 *Ng*, Labour Law in Hong Kong, S. 220 Rn. 647.

659 Historischer Gesetzestext abrufbar unter: https://t1p.de/75ler (zuletzt abgerufen: 07.06.2023).

660 *Ng*, Labour Law in Hong Kong, S. 221 Rn. 650.

661 *Ng*, Labour Law in Hong Kong, S. 223 Rn. 655.

662 *Ng*, Labour Law in Hong Kong, S. 224 Rn. 658.

663 Vgl. *Ng/Sit*, Labour Relations and Labour Conditions in Hong Kong, S. 88 f.; *Chung*, APLR 2017, 29 (47); *Chau*, HKJLS 2020, 53 (71).

Art. 18 BORO) das Vereinigungsrecht.[664] Gleichwohl ist die gewerkschaftliche Aktivität *de facto* stark eingeschränkt. Ein Grund hierfür liegt in der starken Zersplitterung der Gewerkschaftsbewegung, die auch in der Zeit Hongkongs als Sonderverwaltungszone prädominant bleibt. Schon die bloße Anzahl der Gewerkschaften verdeutlicht dies: Im Jahr 2020 waren insg. 1.355 Gewerkschaften beim *Labour Department* registriert.[665] Diese Zersplitterung resultiert insb. aus dem Umstand, dass zumeist Gewerkschaften für die Beschäftigten von je nur einem Unternehmen gegründet werden.[666] Diese Kleingewerkschaften organisieren sich dann wiederum in unterschiedlichen, gleichwohl ebenfalls zahlreichen Föderationen.

2. Gesetzliche Stellung

Neben diesen historischen Hintergründen ist die Wirkungsmacht der Gewerkschaften auch durch ihre schwache gesetzliche Stellung beschränkt. 440

Gewerkschaften sind spezifisch registrierte Gesellschaften. Anders als in Deutschland ist in Hongkong die Registrierung ein konstitutiver Akt (ss. 5 para. 1; 13 TUO).[667] Eine registrierte Gewerkschaft muss sich nach den Pflichten der TUO, insbesondere hinsichtlich ihrer finanziellen Zuwendungen (Part V TUO) richten, andernfalls kann der *Registrar* die Registrierung widerrufen (s. 18 TUO). 441

Tritt eine Gewerkschaft in einen Arbeitskampf, muss sie die Regelungen der LRO beachten. Diese *ordinance* regelt primär das Schlichtungsverfahren. Führt ein Arbeitskampf zum Abschluss eines Tarifvertrags, geht von diesem keine zwingende Wirkung aus.[668] Es existiert keine § 4 Abs. 1 TVG vergleichbare Norm (mehr). Stattdessen muss individuell geprüft werden, ob die Parteien des Tarifvertrags eine rechtliche Bindung desselben intendierten.[669] 442

Gewerkschaften in Hongkong haben derzeit keinen Rechtsanspruch innerhalb von Betrieben tätig zu werden, bzw. über betriebliche Entscheidungen mitzubestimmen. Ende der 1990er Jahre standen den Gewerkschaften kurzzeitig 443

664 *Geffken*, Arbeit in China, S. 163.

665 *Labour Department*, Annual Statistical Report of Trade Unions in Hong Kong 2020, S. 4, abrufbar: https://t1p.de/6dn7k (zuletzt abgerufen: 01.06.2023).

666 *Geffken*, Arbeit in China, S. 177.

667 *Glofcheski/Aslam*, Employment Law and Practice, Rn. 16.011

668 *Glofcheski/Aslam*, Employment Law and Practice, Rn. 16.050 ff.

669 *Court of First Instance*, Cable & Wireless (Hong Kong) Ltd Staff Association v Hong Kong Telecom International Ltd, 01.03.2001, HCA 7389/1991, Rn. 27 ff.

jedoch derartige Rechte zu. Kurz vor dem *handover* beschloss der LegCo am 26. Juni 1997 die *Employee's Rights to Representation, Consultation and Collective Bargaining Ordinance* (ERRCCBO); am letzten Tag der britischen Kolonialzeit – 30. Juni 1997 – wurde das Gesetz verkündet.[670] Nach der ERRCCBO hatten die Gewerkschaften einen Anspruch auf Beratungen mit dem Arbeitgeber (*consultation* – s. 7 ERRCCBO [1997]) und auf Vertretung der eigenen Mitglieder gegenüber dem Arbeitgeber (*representation* – s. 4 ERRCCBO [1997]).[671] Außerdem wurde ein rechtlicher Rahmen für die verbindliche Aushandlung von Tarifverträgen geschaffen (s. 12 ff. ERRCCBO [1997]).[672] Daneben wurde der Kündigungsschutz der s. 21B EO verstärkt, sodass dieser auch Aktivitäten nach der ERRCCBO umfasste (s. 2B para. 1 lit. d EO [1997]).

444 Bereits am 17. Juli 1997 wurde die ERRCCBO allerdings vom *Provisional Legislative Council*[673] ausgesetzt *(suspended)* und schließlich am 30. Oktober 1997 endgültig außer Kraft gesetzt.[674] Eine vergleichbare Regelung wurde in der Folge nicht mehr beschlossen. Stattdessen betonte die Regierung Hongkongs die Bedeutung der „*voluntary nature of collective bargaining*" sowie der „*harmonious labour relations*".[675]

445 Gewerkschaftlichen Arbeitnehmervertretern bleibt nur, sich auf freiwilliger, informeller Basis in sog. „*joint consultative committees*" mit Arbeitgebern über aktuelle Konfliktthemen auszutauschen.[676] Dieses Modell wurde bereits in der Kolonialzeit vorgestellt, gewann aber allenfalls im öffentlichen Dienst

---

670 *Chung*, APLR 2017, 29 (45 f.).

671 *Chung*, APLR 2017, 29 (46).

672 *Fosh* et al., The Journal for Industrial Relations 2000, 417 (420).

673 Da die Volksrepublik China die Wahl des LegCo im Jahr 1995 nicht anerkannte, wurde dieser vorzeitig im Zuge des *handover* aufgelöst und durch den *Provisional LegCo* ersetzt. Im Jahr 1998 wurde (unter einem reformierten, weniger demokratischen Wahlsystem) ein neuer *LegCo* bestimmt und der *Provisional LegCo* in der Folge aufgelöst. Näher hierzu: *Select Committee on Foreign Affairs – UK Parliament*, The electoral system and progress to direct elections, 1998, abrufbar: https://t1p.de/6enad (zuletzt abgerufen: 01.06.2023).

674 *Chung*, APLR 2017, 29 (45 f.).

675 *Hong Kong Government*, Response of the Government of the Hong Kong Special Administrative Region to the 318th Report of the Committee on Freedom of Association (Case No. 1942), 2000, abrufbar: https://t1p.de/66i9k (zuletzt abgerufen: 06.06.2023).

676 *Labour Department*, Guide to Good People Management, 2019, S. 12, abrufbar: https://t1p.de/p0gj6 (zuletzt abgerufen: 06.06.2023); *Ng*, Labour Law in Hong Kong, S. 284 Rn. 817.

Bedeutung.[677] Zwischenzeitliche Diskussionen, diese Institution gesetzlich zu stärken, indem eine Pflicht zur Aufstellung sog. *„joint industrial committees"* eingeführt werden sollte, blieben ergebnislos.[678] Da keine gesetzliche Regelung über die *joint consultative committees*, bzw. ihre Rechte und Pflichten existiert, haben diese Gremien regelmäßig keine Relevanz.[679] *Ng* beschreibt die Reaktion von Arbeitnehmern und Arbeitgebern auf dieses Modell instruktiv als *„lukewarm or apathetic"*.[680]

Eine aktive Rolle in der Durchsetzung von Rechten wird den Gewerkschaften allenfalls durch die CRTPO eingeräumt. Diese begründet die Möglichkeit einer gewillkürten Prozessstandschaft, indem sie die Durchsetzung von vertraglichen Rechten durch Dritte zulässt. Diese Prozessstandschaft ist nicht auf Gewerkschaften beschränkt, könnte dort aber besondere Anwendung finden, indem die Gewerkschaft im eigenen Namen für den betroffenen Arbeitnehmer klagt.[681] Gleichwohl ist auch die Bedeutung dieser Vorgehensweise sehr begrenzt, da nach s. 4 para. 1 CRTPO die Prozessstandschaft des Dritten in der Regel ausdrücklich zwischen den (Arbeits-)Vertragsparteien vereinbart werden muss. 446

3. Neue Entwicklungen

Spätestens seit dem sog. *„anti-extradition law amendment bill movement" (反對逃犯條例修訂草案運動)* im Jahr 2019 sind die Gewerkschaften ins Fadenkreuz einer zunehmend autokratisch[682] agierenden Regierung geraten. Die ohnehin eingeschränkten rechtlichen und faktischen Möglichkeiten gewerkschaftlicher Arbeit wurden dadurch erheblich eingeschränkt.[683] Allein im Jahr 2021 mussten sich mindestens 29 Gewerkschaften bzw. Föderationen auflösen.[684] Besonders gravierend war die Auflösung einer der größten gewerkschaftlichen Organisationen, der *Hong Kong Confederation of Trade Unions,* 447

---

677 *Chan/Snape*, in: Hong Kong Management and Labour, S. 271 (284).

678 *Ng*, Labour Law in Hong Kong, S. 290 Rn. 831

679 *Ng*, Labour Law in Hong Kong, S. 285 Rn. 819.

680 *Ng*, Labour Law in Hong Kong, S. 285 Rn. 818.

681 *Abate/Tran*, in: Chitty on Contract, Kap. 12, Rn. 051.

682 *Yuan*, in: Deutsche Welle v. 11.03.2021; *McLaughlin*, in: The Atlantic v. 01.08.2020; *US Department of State*, Hong Kong 2022 Human Rights Report, S. 3 ff., abrufbar: https://t1p.de/nzbix (zuletzt abgerufen: 12.06.2023).

683 Vgl. *Freedomhouse*, Freedom of the World 2022 – Hong Kong, Abschn. E3, abrufbar: https://t1p.de/6uepe (zuletzt abgerufen: 12.06.2023).

684 *Yiu/Pang*, in: Reuters v. 03.10.2021.

mit ca. 130.000 Mitgliedern,[685] im Oktober 2021. Die Mitglieder der prodemokratischen Föderation entschieden sich zu diesem Schritt, nachdem einer der Gründer inhaftiert worden war und ein weiteres führendes Mitglied Hongkong verlassen musste.[686] Dies führte nicht nur zum Verbot einzelner Gruppierungen, sondern auch zu einem generellen Ansehens- und Machtverlust der verbliebenen Arbeitnehmerorganisationen.[687]

448 Will man die zukünftige Entwicklung der Gewerkschaftsbewegung in Hongkong prognostizieren, muss man auf die Situation in (Festland-) China blicken. Dort existiert mit 中華全國總工會 (*Gesamtchinesischer Gewerkschaftsbund* – engl. Akronym: ACFTU) nur ein einziger, quasi-staatlicher Gewerkschaftsbund.[688] Einzelgewerkschaften benötigen für ihre Gründung die Zustimmung einer ihnen übergeordneten Gewerkschaft.[689] Eine innergewerkschaftliche demokratische Legitimation besteht ebenso wenig wie ein echter Aushandlungsprozess von Tarifverträgen.[690]

III. *Equal Opportunities Commission*

449 Die EOC unterstützt Arbeitnehmer nicht nur durch *conciliation* und *legal assistance*, sondern kann auch selbst Gerichtsverfahren initiieren. Als Anhang zu allen *Discrimination Ordinances* existieren *Discrimination (Proceedings by EOC) Regulations.*[691] Diese ermöglichen es der EOC, im eigenen Namen gegen einen (vermeintlich) Diskriminierenden vorzugehen. Die Voraussetzungen hierfür sind je nach Rechtsgrundlage unterschiedlich, in der Regel ist jedoch ein besonderes öffentliches Interesse an der Klage erforderlich.

450 Diese Befugnis nutzte die EOC erstmals[692] im Verfahren EOC v Apple Daily Ltd. Die beklagte Zeitschrift hatte (wohl)[693] in einer Zeitungsannonce nach „*beautiful female reporters to report on balls and parties*" gesucht. Schlussendlich

---

685 *Labour Department*, Annual Statistical Report of Trade Unions in Hong Kong 2020, S. 4, abrufbar: https://t1p.de/6dn7k (zuletzt abgerufen: 01.06.2023).

686 *Yiu*, in: Reuters v. 19.09.2021.

687 *Nee*, in: Cambridge Core Blog v. 19.04.2022.

688 *Chan*, LANDS 2019, 461 (468); *Chan/Hui*, CQ 2014, 221 (227).

689 *Chan*, LANDS 2019, 461 (468).

690 *Lin*, Made in China 2021, Issue 2, 17 (19 f.).

691 Cap. 480C; Cap. 487C; Cap. 527C; Cap. 602C.

692 *EOC*, Press Release v. 01.09.1997, abrufbar: https://t1p.de/baxfa (zuletzt abgerufen: 10.06.2023).

693 Eine eindeutige Klärung des Inhalts der chinesischen Stellenausschreibung konnte im Verfahren nicht erreicht werden.

erhob die EOC vor dem *District Court* Klage auf Feststellung der Rechtswidrigkeit (s. 82 para. 2 lit. a SDO) der Ausschreibung sowie auf eine Strafzahlung (s. 82 para. 5 SDO). Der *Court of Appeal* gab der Klage zuletzt (teilweise) statt.[694]

Die Entscheidung hatte einen erheblichen Einfluss auf die Gestaltung von Stellenausschreibungen und führte zu einem Bedeutungsgewinn des Diskriminierungsrechts.[695] Nach Kenntnis des Autors wurde in der Folge aber keine vergleichbare Klage mehr erhoben.[696] Warum die EOC von dieser Befugnis nicht häufiger Gebrauch macht, ist nicht geklärt. 451

IV. Fazit – Die Effektivität der kollektiven Rechtsdurchsetzung

Die kollektive Rechtsdurchsetzung ist fast ausschließlich durch behördliche Instanzen geprägt. Arbeitnehmerseitige Organisationen haben keine relevanten Befugnisse der Rechtsdurchsetzung (mehr). 452

Da die EO Arbeitgeber auch für die Vorenthaltung von Zahlungsansprüchen oder Verstößen gegen den besonderen Kündigungsschutz sanktioniert, kann das *Labour Department* direkt in einzelne Arbeitsverhältnisse eingreifen. Gleichzeitig kommt dieser Befugnis auch eine präventive Wirkung zu, da Arbeitgeber bei der Abwägung ihres Vorgehens nicht nur zivilrechtliche, sondern auch strafrechtliche Folgen zu befürchten haben. Gleichwohl ist diese Verfolgung an einen recht hohen Beweismaßstab geknüpft (vgl. Rn. 430) und in ihrem Anwendungsbereich recht beschränkt (vgl. Rn. 516). Des Weiteren wird das *Labour Department* zumeist nicht von Amts wegen, sondern nur im Zuge einer Beschwerde tätig werden, da das *Labour Department* naturgemäß nicht selbstständig Kenntnis von Verstößen gegen Zahlungspflichten bzw. Kündigungsverboten erlangen kann. 453

Daneben könnte die EOC *de jure* mit ihrer eigenen Klagebefugnis einen großen Einfluss auf das Antidiskriminierungsrecht nehmen (vgl. Rn. 449 ff.). *De facto* wird das Arbeitsrecht hierdurch aber mangels entsprechender Klagen nicht beeinflusst. 454

---

694 *Court of Appeal*, EOC v Apple Daily Ltd, 27.11.1998, CACV 168/1998.

695 Vgl. *Barrow*, IntJDiscr&Law 2022, 107 (112).

696 Die EOC nutzte die Klagebefugnis ein weiteres Mal und erreichte hierdurch die Grundsatzentscheidung EOC v Director of Education, die sich indes auf die Geschlechterdiskriminierung im Schulrecht bezog. Zum Ausbleiben von entsprechenden Klagen in Bezug auf die Geschlechterdiskriminierung: *Barrow*, IntJDiscr&Law 2022, 107 (112). Vgl. auch: *Ittner/Bindra*, EuZA 2023, im Erscheinen.

455 Die Rechtsdurchsetzung in Hongkong ist also allenfalls in Ausnahmen kollektiv geprägt und nimmt dementsprechend selten Einfluss auf den Zugang zum Recht. Die Effektivität der kollektiven Rechtsdurchsetzung ist daher als gering anzusehen.

§ 5 Zentrale Unterschiede

Im Folgenden sollen die zentralen Unterschiede der beiden Rechtssysteme erläutert und anhand der herausgearbeiteten Kriterien der Effektivität des Zugangs zum Recht analysiert werden. 456

A. Individuelle Rechtsdurchsetzung

I. Schwierigkeit der Kenntniserlangung

1. Behördliche Information

In Hongkong werden Arbeitnehmer oftmals erst nur durch behördliche Rechtsinformationsstellen Kenntnis von ihren Ansprüchen erhalten. Da diese Informationen kostenlos und leicht zugänglich sind, ist sie mit geringen Hürden verbunden. 457

In Deutschland spielt diese Art der Rechtsinformation eine sehr untergeordnete Rolle. Die Anstrengungen der Antidiskriminierungsstelle des Bundes, die Öffentlichkeit über diskriminierungsrelevante Sachverhalte zu informieren, sind zwar existent, gleichwohl kaum wahrnehmbar, da sie sich im Wesentlichen auf die Veröffentlichung von Informationen auf der Website der Stelle sowie auf einzelne Projekte beschränken. Auch bei der individuellen Rechtsauskunft durch die Antidiskriminierungsstelle zeigt sich im Vergleich mit Hongkong die geringe Effektivität des deutschen Ansatzes. Die EOC in Hongkong beantwortet beinahe viermal so viele *enquiries*, obwohl Hongkong nicht einmal ein Zehntel der Einwohner Deutschlands beheimatet (vgl. Rn. 107). 458

Ansonsten beschränkt sich die behördliche Rechtsinformation in Deutschland im Wesentlichen auf die Veröffentlichung von PDF-Dateien durch das BMAS. Dessen allgemeine Broschüre zum Arbeitsrecht umfasst 101 Seiten[697], die Publikation zum Arbeitszeitrecht 81.[698] Diese Informationspraxis des BMAS stellt insbesondere für Menschen mit intellektuellen oder sprachlichen 459

---

697 *BMAS*, Arbeitsrecht – Informationen für Arbeitnehmer und Arbeitgeber, 2022, abrufbar: https://t1p.de/pri9b (zuletzt abgerufen: 01.06.2023).

698 *BMAS*, Das Arbeitszeitgesetz, 2018, abrufbar: https://t1p.de/y41zf (zuletzt abgerufen: 01.06.2023).

Einschränkungen eine erhebliche Barriere dar.[699] Der Erkenntnisgewinn aus den Publikationen dürfte für diese Gruppen äußerst gering sein.

2. Digitale Angebote

460 Während Hongkong Anstrengungen unternimmt, Informationen zum Arbeitsrecht digital und haptisch aufzubereiten, sind derartige Anstrengungen in Deutschland bislang kaum erkennbar.[700]

3. Vorgerichtliche Rechtsberatung

461 Arbeitnehmer in Hongkong, die alternativ oder in Folge einer behördlichen Rechtsauskunft eine fachlich fundierte Rechtsberatung in Anspruch nehmen möchten, werden sich dies nur in Ausnahmefällen leisten können (vgl. Rn. 243).

462 In Deutschland wird die vorgerichtliche Rechtsberatung stärker gefördert, was sich in den Regelungen zur Beratungshilfe und zum Rechtsanwaltsvergütungsgesetz sowie in den Möglichkeiten der betrieblichen und gewerkschaftlichen Beratung niederschlägt.

a) Beratungshilfe

463 Die Beratungshilfe soll es bedürftigen Bürgern ermöglichen, trotz fehlender finanzieller Mittel Rechtsberatung in Anspruch zu nehmen. Ob dieses Institut in der Rechtswirklichkeit einen nennenswerten Beitrag zur Rechtsfindung leistet, muss bezweifelt werden.

464 Unklarheiten erzeugen zunächst die stark schwankenden Antragszahlen. Während im Jahr 2006 noch 921.754 Antragsteller die Beratungshilfe in

---

699 Neben dem offensichtlichen Hindernis, sich auf den Seiten des BMAS zurechtfinden zu können, wirken auch die dort in leichter Sprache vorhandenen Publikationen des BMAS wenig zugänglich. Aufgeführt wird etwa die Broschüre: *Fürsorgerische Leistungen der sozialen* Entschädigung – *Erklärung in Leichter Sprache* oder *Ergänzende unabhängige Teilhabeberatung (EUTB) – Leichte Sprache*; alle Berichte aufrufbar: https://t1p.de/ai0rd (zuletzt abgerufen: 01.06.2023).

700 Die *Digital Service GmbH des Bundes* ist damit beauftragt, ein Rechtsinformationsportal zu erstellen. Selbiges befindet sich in der Entwicklungsphase. Der Kern scheint allerdings vor allem darin zu bestehen, neben dem Gesetzestext relevante Rechtsprechung zu verlinken. Arbeitnehmer, die die relevante rechtliche Norm nicht kennen, werden offenbar nicht spezifisch angesprochen. Auch die Bedeutung des Europarechts wird offenbar nicht erkannt. Vgl. *Digital Service GmbH des Bundes*, Aus Rechtsinformationen werden Open Data: Neues Projekt mit dem BMJ nimmt Fahrt auf, abrufbar: https://t1p.de/pl3ps (zuletzt abgerufen: 01.06.2023).

Anspruch nahmen, waren es im Jahr 2020 nur noch 416.992.[701] Als Erklärung kann zwar auf die veränderte Arbeitsmarktsituation seit dem Jahr 2006 verwiesen werden, dies kann das Phänomen allerdings nicht abschließend erklären. Zum einen war das Jahr 2020 entscheidend durch die COVID-19-Pandemie und die damit einhergehenden wirtschaftlichen Komplikationen geprägt, zum anderen waren die Beratungsanfragen auch in den Jahren 2013 (814.555) und 2014 (817.586) wesentlich höher als in 2020.

Für das Arbeitsrecht dürfte der Beratungshilfe allerdings nur eine sehr geringe 465
Bedeutung zukommen, was die Auswertung der bayerischen Statistik zeigt. Im Jahr 2021 wurden dort in 5.238 Fällen im Rahmen der Beratungshilfe Beratung und Auskunft erteilt.[702] Zwar wurden hierbei die jeweiligen Rechtsgebiete nicht erfasst, selbst wenn man aber davon ausginge, dass alle Beratungsfälle das Arbeitsrecht betroffen hätten, so hätten lediglich 0,068 % der Arbeitnehmer in Bayern eine Beratung in Anspruch genommen.[703]

b) *Rechtsanwaltsvergütungsgesetz*

Zwar kann auch in Deutschland die Vergütung individuell ausgehandelt wer- 466
den, gleichwohl bietet § 3a RVG Schutz hinsichtlich der Klarheit einer solchen Vereinbarung. Gleichzeitig ist der Einfluss des RVG im Bereich der Rechtsschutzversicherungen weiterhin groß, da die Versicherungen im Regelfall nur die anwaltlichen Gebühren nach dem RVG erstatten (vgl. Nr. 2.3.1.1 ARB 2021).[704] Da ein wesentlicher Anteil der Arbeitnehmer über eine solche Rechtsschutzversicherung verfügt,[705] hat das RVG einen entscheidenden Einfluss auf die anwaltliche Vergütung im Arbeitsrecht.

---

701 *BMJ*, Beratungshilfestatistik 1981 bis 2020, S. 2, abrufbar: https://t1p.de/3iu62 (zuletzt abgerufen: 10.06.2023).

702 Die Zahlen basieren aus den Auskünften des bayerischen Staatsministeriums der Justiz auf eine Informationsfreiheitsanfrage des Autors. Die Anfrage und Angaben können öffentlich eingesehen werden: https://t1p.de/7y040 (zuletzt abgerufen: 10.06.2023).

703 Verhältnis der Anzahl von Beratungen zur Anzahl der Arbeitnehmer in Bayern im Jahr 2021 (7.671.600). Zu Letzterem: *Bayerisches Landesamt für Statistik*, Pressemitteilung 81/2022/32/A v. 17.03.2022, abrufbar: https://t1p.de/6hwto (zuletzt abgerufen: 01.06.2023).

704 Vgl. *Obarowski*, in: MüKO VVG, Nr. 600 Rn. 99.

705 Die Zahl der Haushalte, die von einer Rechtsschutzversicherung abgedeckt sind, ist seit Jahren auf einem konstant hohen Niveau. In einer Umfrage des ROLAND-Rechtsreports gaben im Jahr 2022 59 % der Befragten an, für ihren Haushalt bestünde eine solche Absicherung. Wie viele Rechtsschutzversicherungen auch

c) *Betriebliche und gewerkschaftliche Beratung*

467 Während die betriebliche oder gewerkschaftliche Rechtsberatung in Hongkong aus den angesprochenen Gründen (Rn. 443 ff.) keine relevante Rolle einnimmt, ist sie in Deutschland traditionell von essentieller Bedeutung.

468 Der Betriebsrat ermöglicht durch seine Angebote (insb. § 39 Abs. 1 S. 1 BetrVG) eine erste niedrigschwellige Einordnung der jeweiligen Fragestellung, ggf. sogar noch bevor der Arbeitnehmer diese als rechtliches Problem erkennt. Begünstigt wird dies durch die Kostenfreiheit (§ 37 Abs. 1 BetrVG), sowie durch die Lohnfortzahlung für Zeiten der Beratung (§ 39 Abs. 3 BetrVG). Gleichzeitig ermöglicht die (bedingte) Erlaubnis zur Rechtsberatung (§ 2 Abs. 3 Nr. 3 RDG, § 80 Abs. 1 Nr. 1 BetrVG)[706] sowie die Möglichkeit der Hinzuziehung von Sachverständigen[707] dass Betriebsräte nicht nur allgemeine Rechtsauskünfte, sondern (in gewissem Umfang) auch fundierte individuelle Auskünfte erteilen können.

469 Daneben nehmen Gewerkschaften großen Einfluss auf die Aufklärung der Arbeitnehmer über ihre Rechte. Dies erfolgt zum einen durch die gewerkschaftliche Vernetzung, durch die Arbeitnehmer auf einen Rechtsverstoß aufmerksam gemacht werden können. Zum anderen können sich gewerkschaftsangehörige Arbeitnehmer von den gewerkschaftlichen Rechtsschutzstellen ohne Kostenhindernisse[708] in einem frühen Stadium Informationen zu möglichen Rechtsverletzungen einholen (vgl. Rn. 37 ff.).

470 Diese Informationsquellen werden jedoch durch den zunehmenden Bedeutungsverlust von Gewerkschaften und Betriebsräten immer mehr eingeschränkt. Nur noch 8 % der Betriebe verfügen überhaupt über einen Betriebsrat.[709] Dabei handelt es sich vor allem um Großbetriebe, sodass insgesamt noch rund 38 % der Arbeitnehmer vertreten werden.[710] In Betrieben mit fünf bis

---

arbeitsrechtliche Streitigkeiten abdecken, ist indes unbekannt. Vgl. *ROLAND-Gruppe/IfDA*, Roland Rechtsreport, 2023, S. 22 f.

706 *Johnigk*, in: GWG Anwaltliches Berufsrecht, § 2 RDG Rn. 65.

707 *Koch*, in: ErfK, § 39 BetrVG Rn. 2.

708 Vgl. etwa: *DGB-Rechtsschutz*, Unsere Leistungen, abrufbar: https://t1p.de/k8c61 (zuletzt abgerufen: 07.06.2023).

709 *IAB*, Tabelle 7: Betriebe mit Betriebsrat und Beschäftigte in Betrieben mit Betriebsrat, 1993 bis 2021, 2022, abrufbar: https://t1p.de/oh51x (zuletzt abgerufen: 07.06.2023).

710 In den neuen Bundesländern: 34 %, in den alten: 39 %; *Statistisches Bundesamt*, Arbeitnehmervertretungen, 2019, abrufbar: https://t1p.de/vac2l (zuletzt abgerufen: 07.06.2023); Ausführlich zu Entwicklungstrends der betrieblichen Mitbestimmung: *Funder*, WSI-Mitteilungen 2018. 497 ff.

50 Beschäftigten werden lediglich 7 % der Arbeitnehmer durch einen Betriebsrat vertreten.[711] Gleichzeitig sank die Anzahl der Mitglieder in den Gewerkschaften des Deutschen Gewerkschaftsbundes von 9.768.373 im Jahr 1994[712] auf 5.729.371 im Jahr 2021.[713]

4. *Fazit*

Der Vergleich der beiden Rechtsgebiete zeigt unterschiedliche rechtspolitische Ansätze, die zu unterschiedlichen Hindernissen beim Zugang zum Recht führen. 471

Der behördlich und informatorisch geprägte Hongkonger Ansatz bietet Arbeitnehmern die Möglichkeit, niedrigschwellig und kostenfrei Kenntnis von ihren Rechten zu erhalten. Er ist insbesondere in der Anfangsphase der Kenntniserlangung wirksam und dient damit einer potenziell großen Zahl von Arbeitnehmern als Orientierungshilfe. Er ist jedoch weder so fundiert wie eine anwaltliche Rechtsberatung noch mit entsprechenden Mandatspflichten verbunden. Eine behördliche Rechtsauskunft weist daher – im Vergleich zur anwaltlichen Rechtsberatung – strukturelle Defizite auf. Diese zeigen sich auch in Bereichen des deutschen Rechts, in denen eine Beratungspflicht der Behörden vorgeschrieben sind, etwa in § 14 SGB I.[714] 472

Der deutsche Ansatz setzt sich aus anwaltlichen und betrieblichen bzw. gewerkschaftlichen Rechtsberatungsangeboten zusammen und ist damit sowohl niedrigschwellig als auch qualifiziert. 473

In der Rechtspraxis droht er allerdings zu scheitern, da die Bedeutung von Betriebsräten und Gewerkschaften stark sinkt (vgl. Rn. 470), weswegen zahlreiche Arbeitnehmer von diesen Angeboten nicht mehr profitieren. Insoweit ist der deutsche Ansatz durch die Kostenregulierung der anwaltlichen Tätigkeit sowie der Existenz der Beratungshilfe zwar weiterhin sehr qualifiziert, gleichwohl wenig niedrigschwellig. Insbesondere im frühen Stadium der Kenntniserlangung bestehen daher in Deutschland teilweise Defizite, da Arbeitnehmer 474

711 *Statistisches Bundesamt*, Arbeitnehmervertretungen, 2019, abrufbar: https://t1p.de/vac2l (zuletzt abgerufen: 07.06.2023).

712 *Deutscher Gewerkschaftsbund*, Mitgliederzahlen 1994, abrufbar: https://t1p.de/9l7cg (zuletzt abgerufen: 06.06.2023).

713 *Deutscher Gewerkschaftsbund*, Mitgliederzahlen 2022, abrufbar: https://t1p.de/px4ls (zuletzt abgerufen: 06.06.2023). Zu den Gründen für den Bedeutungsverfall: *Baccaro/Howell*, MPIfG Discussion Paper, 17/19, S. 8 ff.

714 Ausführlich hierzu: *Schillen* et al., WSI-Mitteilungen 2022, 29 (31).

die Rechtswidrigkeit nicht erkennen bzw. die Schwelle zur anwaltlichen Beratung nicht überschreiten.[715]

II. Ökonomische Risiken einer Rechtsdurchsetzung

1. *Direkte Risiken*

475 Die unmittelbaren Gerichtskosten stellen in beiden Rechtsordnungen kein besonders relevantes Hindernis dar. In Hongkong sind die Kosten der Klageerhebung marginal (vgl. Rn. 238); in Deutschland werden i.d.R. keine Kosten fällig, da von deren Erhebung bei der gütlichen Einigung verzichtet wird (Anlage 1 Nr. 8210 zu § 3 Abs. 2 GKG) und eine Absicherung mittels der Prozesskostenhilfe besteht.

476 Bei den sonstigen Kosten, die mit dem gerichtlichen Verfahren zusammenhängen, besteht jedoch ein entscheidender Unterschied. Während in Hongkong im Rahmen der *cost order* auch über die Kosten und Auslagen der Parteien entschieden wird, ist eine vergleichbare Regelung in Deutschland nicht gegeben. Zwar schließt § 12a ArbGG nicht die Pflicht aus, Reise-, Verpflegungs- und Übernachtungskosten einer Partei[716] bzw. die Kosten eines Gutachtens[717] (§ 91 Abs. 1 S. 1 ZPO i.V.m. § 46 Abs. 1 ArbGG) zu erstatten. Allerdings kann die obsiegende Partei in Deutschland keinen Ersatz für ihren Verdienstausfall verlangen,[718] während dieser Kostenpunkt in Hongkong regelmäßig von großem Umfang ist. Zudem dürfte die Verfahrensdauer in Deutschland regelmäßig kürzer sein, als in Hongkong, was die Kosten der Parteien (ob erstattungsfähig oder nicht) mindert.[719]

477 Noch bedeutender sind die Unterschiede bei den Kosten der anwaltlichen Vertretung. Diese Kosten müssen beide Parteien zwar selbst tragen (§ 12a

---

715 Vgl. zur entsprechenden Situation im Sozialrecht: *Schillen* et al., WSI-Mitteilungen 2022, 29 (31). Zur Zugangsbarriere zur anwaltlichen Rechtsberatung allgemein: *McDonald*, UC Irvine L. Rev. 2021, 693 (697).

716 *Poeche*, in: BeckOK ArbR, § 12a ArbGG Rn. 8; *Künzl*, in: GMP, § 12a Rn. 16.

717 *Künzl*, in: GMP, § 12a Rn. 26.

718 *Poeche*, in: BeckOK ArbR, § 12a ArbGG Rn. 5; *Künzl*, in: GMP, § 12a Rn. 16.

719 Der überwiegende Anteil der im Jahr 2021 erledigten Rechtsstreite (Bestandsschutz: 67,5 %; andere Streitgegenstände: 79,3 %) dauerten nicht länger als 3 Monaten; dies indiziert, dass vermutlich keine Beweisaufnahme durchgeführt wurde. *Statistisches Bundesamt,* Arbeitsgerichte – Fachserie 10 Reihe 2.8, 2021, S. 130 Lfd. Nr. 145 ff., abrufbar: https://t1p.de/rccfk (zuletzt abgerufen: 06.06.2023). In Hongkong wird die durchschnittliche Verfahrensdauer nicht erfasst (Rn. 220).

ArbGG; für Hongkong vgl. Rn. 176).[720] Aufgrund des RVG und der weiten Verbreitung von Rechtsschutzversicherungen (Rn. 466) sind diese Kosten in Deutschland jedoch regelmäßig geringer. Die gesetzlichen Anwaltskosten eines Kündigungsstreits eines Arbeitnehmers in Deutschland, der den durchschnittlichen Bruttomonatslohn (EUR 4.105[721]) erhält, betragen etwa EUR 2.005,15.[722] Dies entspräche etwa vier Stunden anwaltlicher Beratung in Hongkong (vgl. Rn. 243). Beauftragt der Arbeitnehmer in Hongkong den Anwalt mit der Ausarbeitung von Schriftsätzen und der (passiven) Teilnahme an den Anhörungen beim *Labour Tribunal,* wird diese Stundenzahl regelmäßig weit überschritten (vgl. Rn. 188).

Dieser Unterschied wird (bislang) durch den gewerkschaftlichen Rechtsschutz verstärkt, denn Gewerkschaftsmitglieder müssen die Vertretung vor Gericht nicht separat vergüten.[723] Dieser Rechtsschutz lohnt sich besonders für Arbeitnehmer mit geringem Einkommen, da sich der Gewerkschaftsbeitrag i.d.R. am Bruttoeinkommen orientiert. Diese Arbeitnehmer erhalten die Leistungen des Rechtsschutzes also für einen (absolut) geringeren Beitrag, als Arbeitnehmer mit einem höheren Monatslohn. Durch den Bedeutungsverlust der Gewerkschaften (Rn. 470) sinkt nun die Anzahl der Arbeitnehmer, die von diesem Instrument profitieren. 478

2. *Indirekte Risiken*

a) *Maßregelungsverbot*

Ein wesentlicher Unterschied der Rechtsordnungen zeigt sich in der Existenz 479
eines allgemeinen (§ 612a BGB) und besonderen (etwa: § 16 Abs. 1 AGG, § 36 Abs. 1 HinSchG; § 84 Abs. 3 BetrVG) Maßregelungsverbots. Dadurch werden die mittelbaren wirtschaftlichen Risiken der Rechtsdurchsetzung *(de jure)* erheblich reduziert (Rn. 249).

---

720 Im Instanzenzug weicht die Kostentragung von dieser Regel ab.

721 *Statistisches Bundesamt*, Verdienste nach Branchen und Berufen, 2023, abrufbar: https://t1p.de/xooph (zuletzt abgerufen: 10.06.2023).

722 Berechnung nach: *Justiz NRW*, Kostenberechnung für die Kosten der 1. Instanz, abrufbar: https://t1p.de/gapx6 (zuletzt abgerufen: 07.06.2023). Die Berechnung ist lediglich ein Näherungswert. Beantragt der Arbeitnehmer nicht nur die Feststellung des Fortbestehens des Arbeitsverhältnisses, sondern noch weitere Ansprüche (bspw. die Ausstellung eines Zwischenzeugnisses), erhöht sich die Summe. Gleiches gilt für den Fall der gütlichen Einigung.

723 *DGB Rechtsschutz GmbH*, Unsere Leistungen, abrufbar: https://t1p.de/kkukv (zuletzt abgerufen: 18.06.2023).

480 Gleichwohl zeigt sich im Vergleich eine Lücke des deutschen Rechts im Bereich des Maßregelungsverbots. Zwar gilt das allgemeine Maßregelungsverbot umfassend für alle Bereiche, allerdings ist es – anders als die besonderen Maßregelungsverbote – nicht mit einer Beweislastumkehr verbunden.[724] Für Arbeitnehmer, die in den Anwendungsbereich von § 1 KSchG fallen, mag dies von geringer Bedeutung sein, für Arbeitnehmer im Kleinbetrieb hat dies aber eine ungünstige Beweislastverteilung zur Folge. Sie tragen sowohl im Hinblick auf § 612a BGB[725] als auch in Hinblick auf eine mögliche Treuwidrigkeit der Kündigung[726] die Beweislast. Während Arbeitnehmer in Hongkong also nach zwei Jahren auch in einem Kleinbetrieb zumindest mittelbar über den allgemeinen Kündigungsschutz vor einer willkürlichen Kündigung geschützt sind und hierbei von einer Beweislastumkehr profitieren (vgl. aber Rn. 318 ff.), kommt ein solcher Schutz Arbeitnehmern in einem deutschen Kleinbetrieb trotz der Wirkung des § 612a BGB nicht zu.[727]

b) Notwendige Eskalation

481 Gleichzeitig darf die Realität der Arbeitsbeziehung nicht aus dem Blick geraten. Jede Auseinandersetzung im Arbeitsverhältnis gefährdet die Sozialbeziehung; je größer die Eskalation der Auseinandersetzung ist, desto wahrscheinlicher wird eine Zerrüttung.[728] Auch ein Maßregelungsverbot oder ein Kündigungsschutz kann nicht garantieren, dass ein Arbeitnehmer, der seine Rechte in Anspruch nimmt, in keinem Fall sein berufliches Fortkommen gefährdet. Daher muss untersucht werden, ob die Rechtsordnungen die Möglichkeit einer eskalationsarmen Streitbeilegung ermöglichen.

---

724 §§ 16 Abs. 1, 3, 22 AGG sowie § 36 Abs. 2 HinwSchG.

725 *BAG*, Urt. v. 18.10.2017 – 10 AZR 330/16, NZA 2017, 1452 (1456); *BAG*, Urt. v. 21.09.2011 – 7 AZR 150/10, NZA 2012, 317 (321); *LAG Nürnberg*, Urt. v. 24.02.2021 – 3 Sa 331/20, BeckRS 2021, 13407; *Benecke*, in: BeckOGK, § 612a Rn. 65 f.

726 *BAG*, Urt. v. 21.02. 2001 – 2 AZR 15/00, NZA 2001, 833 (836); *Linck*, in: Schaub-ArbRHdb, § 129 Rn. 19.

727 Rund 18 % der deutschen Arbeitnehmer waren 2020 in einem Kleinbetrieb beschäftigt, dieser Bereich ist also keineswegs vernachlässigbar, vgl. *Statistisches Bundesamt*, Kleine und mittlere Unternehmen, abrufbar: https://t1p.de/dujsq (zuletzt abgerufen: 31.05.2023).

728 Entsprechend zu diesem Phänomen in Bezug auf den Kündigungsschutz nach § 15 KSchG: *Däubler/Kittner*, Geschichte und Zukunft der Betriebsverfassung, S. 554 f.

In Hongkong steht die behördlich organisierte außergerichtliche Streitbeilegung im Rahmen der *conciliation* im Vordergrund. Dies hat den Vorzug, dass hierfür nicht notwendigerweise Klage erhoben, bzw. Schriftsätze gewechselt werden müssen. Zwar spielt der rechtliche Hintergrund des Konflikts eine Rolle, dieser wird aber nicht primär thematisiert, da im Ergebnis keine Entscheidung gesprochen wird (Rn. 124). Die Parteien haben also noch die Möglichkeit, den Hintergrund ihrer Konflikte zu analysieren und im Rahmen der bisherigen informellen Regelungen der Sozialbeziehungen eine gütliche Einigung zu erzielen.[729] 482

In Deutschland ist der Ansatz erneut doppelseitig. Ein Fokus liegt hier auf der betrieblichen Streitbeilegung. Der Betriebsrat kann dabei deeskalativ wirken, indem er als eine Art Puffer zwischen den Interessen der Arbeitnehmer und des Arbeitgebers wirkt.[730] Zum einen darf seine Zuständigkeit zur Bearbeitung von Beschwerden (§ 85 Abs. 1 BetrVG) nicht übersehen werden.[731] Diese betriebsinterne Streitbeilegung kann Konflikte lösen, bevor ein Konflikt durch eine Klage eskaliert.[732] Zum anderen muss berücksichtigt werden, dass Betriebsrat und Arbeitgeber sowohl rechtlich (§ 2 Abs. 1 BetrVG) als auch faktisch zu einer vertrauensvollen Zusammenarbeit verpflichtet sind, da sie sich konstant im Aushandlungsprozess befinden.[733] Dieser bedingt (im Idealfall) ein originäres Interesse an möglichst zielführenden Kompromissen, das sich auch auf die Lösung von Konflikten mit einzelnen Arbeitnehmern bezieht. Sofern nämlich eine Betriebspartei durch ein unkooperatives Verhalten das gegenseitige Vertrauensverhältnis zerrüttet, dürften alle folgenden Verhandlungen im Anwendungsbereich der betrieblichen Mitbestimmungsrechte von großem Konfliktpotential begleitet werden, *ergo* wenig zielführend sein. Hieran wird i.d.R. auf beiden Seiten kein Interesse bestehen.[734] 483

---

729 Ähnlich: *Kocher*, Effektive Mobilisierung von Beschäftigtenrechten, S. 27.

730 Vgl. *Blankenburg/Schönholz*, Zur Soziologie des Arbeitsgerichtsverfahrens, S. 59.

731 Auch § 3 KSchG verpflichtet den Betriebsrat, die Belange eines gekündigten Arbeitnehmers gegenüber dem Arbeitgeber geltend zu machen. Indes ist die Norm von geringer praktischer Relevanz (*Künzl*, in: APS Kündigungsrecht, § 3 KSchG Rn. 3) und befähigt den Betriebsrat nicht, die Einigungsstelle anzurufen. Daher wird sie in dieser Monographie nicht näher erläutert.

732 Vgl. *Blankenburg/Schönholz*, Zur Soziologie des Arbeitsgerichtsverfahrens, S. 63.

733 Dass dieser Grundsatz von beiden Seiten bisweilen gebrochen wird, soll freilich nicht negiert werden.

734 Auch hier soll jedoch nicht negiert werden, dass Betriebsparteien zum Teil ein Interesse an einer Zerrüttung der Beziehung haben können und sich dementsprechend nicht konstruktiv verhalten.

484 Demgegenüber kommt der behördlichen außergerichtlichen Streitbeilegung in Deutschland keine relevante Rolle zu. Zwar existiert auf dem Gebiet des Antidiskriminierungsrechts eine entsprechende Rechtsgrundlage (§ 15 Abs. 2 Nr. 3 AGG). In der Praxis spielt sie indes keine Rolle. Im gesamten Jahr 2021 wurden lediglich 111 derartige Verfahren durchgeführt.[735]

485 Auch andere Formen der außergerichtlichen Streitbeilegung sind in Deutschland wenig relevant, bisweilen werden sie sogar durch gesetzliche Regelungen verhindert. Entweder erfolgt dies direkt, wie etwa durch § 101 ArbGG[736] oder indirekt durch Regelungen wie §§ 4 S. 1; 7 KSchG, § 17 S. 1 TzBfG und § 61b Abs. 1 ArbGG bzw. durch zweistufigen Ausschlussfristen, welche Arbeitnehmer zu einem umgehenden gerichtlichen Vorgehen zwingen, da andernfalls ihr Anspruch untergeht.[737]

486 Im Bereich des Kündigungsschutzrechts verhindert darüber hinaus § 159 Abs. 1 Nr. 1 SGB III die außergerichtliche Lösung eines Konflikts. Zwar ist es zur Vermeidung einer Sperrzeit nicht zwingend erforderlich, einen Aufhebungsvertrag im Wege eines gerichtlichen Vergleichs einzugehen.[738] *De facto* werden aber zahlreiche Arbeitnehmer das Risiko scheuen und den „sicheren" Weg des gerichtlichen Vergleichs vorziehen.[739]

487 Arbeitnehmer, die in Betrieben tätig sind, in denen kein Betriebsrat existiert, haben folglich keine realistische Möglichkeit, ihre Konflikte außergerichtlich beizulegen. Es bleibt ihnen nur die Möglichkeit, die Formalitäten des

---

735 Die Zahl bezieht sich zudem auf den gesamten Anwendungsbereich des AGG. Die Angaben beruhen auf einer Informationsfreiheitsanfrage des Autors vom 20.02.2023, abrufbar: https://t1p.de/k25q0 (zuletzt abgerufen: 10.06.2023).

736 Vgl. *Junker*, GK Arbeitsrecht, § 12 Rn. 845.

737 Vgl. *Natter*, in: Nichts zu klagen?, S. 43 (56)

738 Es läge ein wichtiger Grund iSd. § 159 Abs. 1 Nr. 1 SGB III vor, wenn die Parteien den Aufhebungsvertrag zur Vermeidung einer arbeitgeberseitigen Kündigung abschließen; vgl. *Bundesagentur für Arbeit*, Fachliche Weisungen – § 159 SGB III, Stand: 12.2021, S. 14, abrufbar: https://t1p.de/0uxna (zuletzt abgerufen: 10.06.2023).

739 Der arbeitsgerichtliche Vergleich hat zwar keine bindende Wirkung in Bezug auf § 159 SGB III, indes hält die Bundesagentur einen solchen Vergleich regelmäßig für *nicht sperrzeitrelevant*. (*Bundesagentur für Arbeit*, Fachliche Weisungen – § 159 SGB III, Stand: 12.2021, S. 9, abrufbar: abrufbar: https://t1p.de/0uxna [zuletzt abgerufen: 10.06.2023]); *Schulte/Lingscheid*, in: Tschöpe ArbR Hdb, C. Arbeitsrechtlicher Aufhebungsvertrag Rn. 75.

Gerichtsverfahrens in Kauf zu nehmen und damit den Konflikt stark zu eskalieren oder auf den Anspruch zu verzichten.[740]

Dieser Zwangssituation kann nicht entgegengehalten werden, dass die (obligatorischen) Güteverhandlung bzw. die Möglichkeit des Güterichterverfahrens vergleichbar mit alternativen Streitbeilegungsinstrumenten sei.[741] Eine derartige Herangehensweise verkennt den soziologischen Hintergrund der arbeitsrechtlichen Auseinandersetzung. Eine Sozialbeziehung richtet sich nach informellen Traditionen und Absprachen (Rn. 37), sie muss bereits fundamental gestört sein, bevor sich eine Partei entschließt, den Konflikt nach streng formalisierten Regeln und ggf. unter Zwang durch einen externen Richter lösen zu wollen.[742] Die Güteverhandlung basiert indes darauf, dass eine Partei Klage erhoben hat, sprich diesen formalisierten Vorgang in Gang setzt. Sie ist also gerade in die prozessuale Situation eingekleidet, aus der die notwendige Eskalation entspringt. Insoweit überrascht es nicht, dass im Jahr 2021 in 45,9 % der Rechtsstreitigkeiten vor den Arbeitsgerichten der Streitgegenstand die Frage des Bestandsschutzes zum Inhalt hatte.[743] Setzt man die Anzahl der im Jahr 2021 erledigten Verfahren, in denen der Bestandsschutz nicht Verfahrensgegenstand war (116.551),[744] in Relation zur Gesamtzahl der Arbeitnehmer in Deutschland im Jahr 2020 (40.859.000),[745] so zeigt sich, dass (statistisch) nur 0,28 % der Arbeitnehmer einen Konflikt gerichtlich ausgetragen hat. Es kann aber kaum davon ausgegangen werden, dass in 99,72 % der Arbeitsverhältnisse 488

740 Vgl. *Risak*, pm 2013, 240 (244).

741 So aber: *Natter*, in: Nichts zu klagen?, S. 43 (58).

742 Vgl. *Blankenburg/Schönholz*, Zur Soziologie des Arbeitsgerichtsverfahrens, S. 52 f.; 146 ff.

743 Vergleich der Verfahren, in denen der Bestandsschutz den einzigen oder einen der Verfahrensgegenstände bildete (172.552), zur Gesamtzahl der Verfahrensgegenstände (375.237). *Statistisches Bundesamt,* Arbeitsgerichte – Fachserie 10 Reihe 2.8, 2021, S. 130 Lfd. Nr. 1433, abrufbar: https://t1p.de/rccfk (zuletzt abgerufen: 01.06.2023). Vgl. *Blankenburg/Schönholz*, Zur Soziologie des Arbeitsgerichtsverfahrens, S. 52.

744 Nicht erfasst werden folglich Verfahren, die entweder nur den Bestandsschutz zum Inhalt haben oder bei denen der Bestandsschutz einen der Verfahrensgegenstände darstellt. Berechnung nach: *Statistisches Bundesamt*, Arbeitsgerichte – Fachserie 10 Reihe 2.8, 2021, S. 22 Lfd. Nr. 10 ff., abrufbar: https://t1p.de/rccfk (zuletzt abgerufen: 01.06.2023).

745 Anzahl der Arbeitnehmer im Jahr 2021 – *Statistisches Bundesamt*, Erwerbspersonen, Erwerbslose und Erwerbstätige mit Wohnort in Deutschland, 2022 abrufbar: https://t1p.de/545hq (zuletzt abgerufen: 01.06.2023).

entweder kein Konflikt gegeben war oder diese Konflikte vollständig außergerichtlich beigelegt werden konnten. Ein signifikanter Anteil dürfte also schlicht fallengelassen worden sein.[746]

III. Faires Verfahren

1. Konnexität der Streitbeilegungsmöglichkeiten

489 Eine Hürde bei der Rechtsdurchsetzung in Hongkong ist das Zusammenspiel von außergerichtlicher und gerichtlicher Rechtsdurchsetzung. Dies gilt insbesondere für das Antidiskriminierungsrecht, das den diskriminierten Arbeitnehmer faktisch zu einer langwierigen und regelmäßig wenig ertragreichen *conciliation* zwingt (vgl. Rn. 295 ff.), was sich oftmals zugunsten des Arbeitgebers auswirkt.[747]

490 Diese Gefahr ist bei der *conciliation* durch die *Labour Relations Division* weniger ausgeprägt. Indes besteht dort regelmäßig das Risiko, dass der Arbeitnehmer entweder übervorteilt wird, oder die *conciliation* mangels Entscheidungsmacht des *Conciliation Officer* lediglich eine Verzögerung darstellt (vgl. Rn. 264).

491 Welche Probleme entstehen, wenn Arbeitnehmer keine realistische Möglichkeit haben, ein gerichtliches Verfahren in Anspruch zu nehmen, zeigt das Beispiel der *Employment Tribunals* in Großbritannien. Im Juli 2013 wurden dort Gebühren für das Verfahren vor dem *Employment Tribunal* eingeführt (GBP 550 und GBP 1.200) und im April 2014 die verpflichtende *early conciliation* vor dem *Advisory, Conciliation and Arbitration Service* (ACAS) eingeführt.[748] Diese Konstruktion führte zu der systematischen Gefahr, dass Arbeitnehmer ihren Rechtsstreit unter allen Umständen während der *early conciliation* beilegen wollten, um die Zahlung der Gerichtskosten zu vermeiden. Dies gewährte Arbeitgebern eine sehr günstige Ausgangsposition in den Verhandlungen, insbesondere wenn sie diese in die Länge zogen.[749] Im Jahr 2017 entschied der UK *Supreme Court,* dass die Gebührenordnung rechtswidrig sei, weil sie den Zugang zum Recht *(access to justice)* unterbände.[750]

---

746 Vgl. auch: *Blankenburg/Schönholz*, Zur Soziologie des Arbeitsgerichtsverfahrens, S. 52 f.

747 Vgl. *Galanter*, L&Soc'yRev 1974, 95 (125).

748 *Pyper/McGuinness/Brown*, House of Commons Briefing Paper Number 7081, v. 18.12.2017, Nr. 2.2 und 3.2.

749 Vgl. *Jones/Prassl*, ZKM 20
15, 36 (38 f.).

750 UK *Supreme Court*, R v Lord Chancellor, 26.07.2017, [2017] UKSC 51, Rn. 98.

Da das deutsche Arbeitsrecht außerhalb von §§ 101 Abs. 2; 102 Abs. 1 ArbGG[751] keinen Zwang zur außergerichtlichen Streitbeilegung vorsieht, wird dieser Gefahr vorgebeugt. Arbeitnehmer können folglich jederzeit den Versuch der innbetrieblichen Konfliktlösung abbrechen und Klage vor dem Arbeitsgericht erheben. 492

2. *Berechenbarkeit der Erfolgsaussichten*

Ein faires Verfahren setzt voraus, dass die Erfolgschancen mit hinreichender Sicherheit prognostiziert werden können, die Gefahr überraschender Entscheidungen also möglichst reduziert ist. Dies wiederum ist durch das Arbeitsrecht in Hongkong nur sehr eingeschränkt gewährleistet, vor allem das Kündigungsschutzrecht ist von unbestimmten Rechtsbegriffen und Ermessensspielräumen geprägt. Darüber hinaus führen die geringe Anzahl von Leitentscheidungen, das Fehlen einer obersten Fachgerichtsbarkeit sowie die wechselnden Zuständigkeiten der *Presiding Officer* zu einer mangelnden Berechenbarkeit der Erfolgsaussichten. 493

In Deutschland sind die Erfolgsaussichten berechenbarer. Die Rechtslage hängt zwar auch hier von wenig spezifischen Rechtsbegriffen ab. Durch eine extensive Rechtsprechung der Instanzgerichte und des EuGH sind jedoch (auf Arbeitnehmerseite) wesentlich häufiger konkrete rechtliche Einschätzungen möglich.[752] Darüber hinaus dient in Deutschland auch das AGB-Recht einer zuverlässigeren Berechenbarkeit der Erfolgsaussichten einer Rechtsdurchsetzung.[753] 494

Signifikante Unterschiede zeigen sich auch im Bereich der Beweislastumkehr. Diese sind in Hongkong entweder nicht existent (Diskriminierungsrecht) oder leicht zu umgehen. Die in Deutschland existierenden Beweislastregelungen sind (speziell im besonderen Kündigungsschutz) umfassender, vergleichbare Umgehungsmöglichkeiten bestehen nicht. 495

---

751 Diese Regelungen sind kaum von praktischer Relevanz, da ihr praktischer Anwendungsbereich sehr begrenzt ist.

752 *Preis* spricht hinsichtlich der personenbedingten Kündigung von einer *„bis ins Einzelne gehende Prüfungsdogmatik"*, von *„klare[n] Prüfungskriterien"* hinsichtlich der verhaltensbedingten Kündigung sowie von einer *„dogmatischen Strukturierung"* der betriebsbedingten Kündigungen, die in den letzten Jahrzehnten erfolgt sei; *Preis*, Prinzipien des Kündigungsrechts bei Arbeitsverhältnissen, S. 845 f.

753 Ausführlich: *Greiner*, AuR 2016, 92 ff.

496 Eine zuverlässigere Berechenbarkeit zeigt sich darüber hinaus auch auf Rechtsfolgenseite. Ein gerichtlicher Ermessensspielraum besteht in Deutschland nur im Bereich des § 253 BGB oder §§ 9, 10 KSchG. In allen wesentlichen Bereichen ist die Kammer bzw. der Senat an die konkreten Anträge der Parteien (§ 308 ZPO i.V.m. § 46 Abs. 1 S. 1 ArbGG) und die Rechtsfolgen der jeweiligen Rechtsnorm gebunden. Dies zeigt sich insbesondere im Bereich des Kündigungsschutzes. Während in Hongkong dem *Presiding Officer* ein weites Ermessen hinsichtlich der Rechtsfolge eingeräumt wird (vgl. Rn. 331), besteht in Deutschland keinerlei Spielraum. Hält die Kammer eine Kündigung für unwirksam, steht schlicht fest, dass das Arbeitsverhältnis weiter fortbesteht.[754] Auch wenn ein überwiegender Anteil der Kläger bereit ist, auf diesen Anspruch im Wege eines Vergleichs zu verzichten,[755] bildet diese relativ klare Rechtslage dennoch die Grundlage für Vergleichsverhandlung.[756]

3. *Struktur des gerichtlichen Verfahrens*

497 Naturgemäß wird die Fairness des Verfahrens von seiner Struktur bestimmt. Hierbei bestehen große Unterschiede zwischen den beiden Rechtsordnungen.

498 Da die Struktur in Hongkong vom jeweiligen Gericht abhängt und sich bisweilen stark unterscheidet, soll hier allein auf die Struktur des *Labour Tribunal* eingegangen werden. Die Ausführungen gelten entsprechend für das MECAB.

499 In Hongkong fokussiert sowohl das prozessuale als auch das materielle Recht den *Presiding Officer*. Ihm kommt sowohl das Recht als auch die Pflicht zu, den Ablauf des Verfahrens zu bestimmen und im Ergebnis eine sachgerechte Lösung zu finden. Bei allen Entscheidungen agiert er ohne die Mitwirkung von ehrenamtlichen Richtern, das Verfahren ist also ganz auf ihn zugeschnitten. Die Naturparteien treffen zwar auch gewisse Mitwirkungspflichten

---

754 Bei leitenden Angestellten sind dann jedoch die Besonderheiten des § 14 Abs. 2 KSchG zu beachten.

755 Vgl. *Grotmann-Höfling*, AuR 2021, 159 (161 m.w.N.).

756 *Preis* sieht die hohe Vergleichsquote als Zeichen von prozessualen und materiellrechtlichen *Unsicherheitsfaktoren* (*Preis*, Prinzipien des Kündigungsrechts bei Arbeitsverhältnissen, S. 72). Die Existenz solcher Faktoren soll nicht bestritten werden, gleichwohl muss bezweifelt werden, dass es möglich wäre, einen wesentlichen Anteil der Arbeitsverhältnisse nach einer erfolgreichen Kündigungsschutzklage ohne Weiteres fortzusetzen. Die hohe Vergleichsquote dürfte eher aus der zerstörten Sozialverbindung resultieren; so auch: *Schymik*, ZKM 2023, 61 (61). *Junker* nennt die Weiterbeschäftigung zu Unrecht Gekündigter in der Praxis eine „*Illusion*“, *Junker*, Gutachten B für den 65. Deutschen Juristentag 2004, B75.

(vgl. Rn. 194 ff.), ihre Einflussmöglichkeiten sind aber recht beschränkt. Prozessvertreter wiederum haben aufgrund ihres Ausschlusses keinerlei Einflussmöglichkeiten auf das Verfahren.

In Deutschland ist diese Struktur vielschichtiger. Zwar nimmt auch hier der 500
Vorsitzende Richter eine zentrale Stellung im arbeitsgerichtlichen Verfahren ein, da er bereits in einem frühen Verfahrensstadium unmittelbar in das Verfahren eingebunden ist,[757] meist, ohne dass zuvor Schriftsätze ausgetauscht wurden.[758] Gleichwohl unterscheidet sich die Rolle des Vorsitzenden Richters bzw. der Kammer stark von der des *Presiding Officer.* Die Verantwortung für den Sachvortrag liegt bei den Parteien,[759] kommen sie dieser nicht nach, droht die Präklusion, erscheinen sie nicht zur mündlichen Verhandlung, ergeht ein Versäumnisurteil. Ermessensspielräume im materiellen Recht bestehen kaum, auch das Prozessrecht lässt den Arbeitsrichtern wenig Spielraum.[760] Die Struktur des Verfahrens wird demnach von mehreren Polen bestimmt, von denen keiner eine absolute Stellung einnimmt. Diese Multipolarität ist nicht nur ein Phänomen des theoretischen Rechts, sondern auch der Praxis, da die überwiegende Zahl der Arbeitnehmer sich durch einen Prozessbevollmächtigten vertreten lässt.[761]

Die unterschiedliche Verfahrensstruktur führt zu unterschiedlicher Effi- 501
zienz. Ein *Presiding Officer* muss sich selbst ein umfassendes Bild des gesamten Sachverhalts machen und hieraus den relevanten streitigen Sachverhalt herausschälen. Eine Kammer am Arbeitsgericht hingegen muss nur analysieren, ob eine Sachverhaltsdarstellung erheblich bzw. der Sachverhalt hierdurch streitig ist. Bei Unklarheiten, kann der deutsche Arbeitsrichter den Parteien aufgeben, ihren Vortrag zu präzisieren (§ 56 Abs. 1 Nr. 1 ArbGG),[762] Trägt eine Partei

---

757 Dies bezieht sich auf die Erörterung- und Aufklärungsbefugnisse nach § 54 Abs. 1 ArbGG.

758 Da vor der Güteverhandlung keine Präklusion droht, werden Beklagte i.d.R. zu diesem Zeitpunkt noch nicht auf die Klage erwidert haben. Siehe: *Künzl*, in: OKS Hdb ArbVerf, Kap. 2 Rn. 200.

759 Dies reicht bis zur Geltendmachung von Sachvortrags- bzw. Beweisverwertungsverboten. Vgl. *Dyck/Ittner*, NJW 2021, 1633.

760 Vgl. etwa: *LAG Sachsen*, Bschl. v. 25.01.2023 – 1 Ta 10/23, juris Rn. 20 ff.

761 *Junker*, GK Arbeitsrecht, § 12 Rn. 870. Allgemein zur Rolle von Rechtsanwälten in Systemen mit Beibringungsgrundsatz: *Zimmerman/Tyler*, Fordham Urban Law Journal 2010, Vol. 37 Nr. 1, 473 (476 f.).

762 *Schwab* beschreibt dies instruktiv: *[Die] Darlegungslasten […] schaukeln sich praktisch auf bis zur Problemlösung. Schwab*, in: Schwab/Weth ArbGG, § 58 ArbGG Rn. 89.

(trotzdem) unsubstantiierten Sachverhalt vor, ist dieser Vortrag schlicht unbeachtlich.[763] Der *Presiding Officer* wiederum müsste in einem solchen Fall den Sachverhalt selbst näher ausforschen.

502 Die Bedeutung dieser Unterscheidung darf nicht unterschätzt werden.[764] Gerade im deutschen Kündigungsschutz sind die Anforderungen an einen hinreichenden Sachvortrag enorm hoch.[765] Rechtsstreitigkeiten bedürfen daher oftmals keiner Beweisaufnahme. Die Möglichkeit, Tatsachenvortrag unberücksichtigt zu lassen oder verspäteten Vortrag zurückzuweisen, beschleunigt das Verfahren enorm und erhöht damit die Effektivität des Zugangs zum Recht.[766]

503 Die Zentrierung des arbeitsgerichtlichen Verfahrens auf den *Presiding Officer* wirkt also effizienzmindernd. Dies wird zumeist (implizit) mit seiner Kostengünstigkeit rechtfertigt (vgl. Rn. 170), doch deren Existenz ist bei näherer Betrachtung zweifelhaft. Zum einen beauftragen Parteien bisweilen Rechtsanwälte, die im Hintergrund den Prozess beeinflussen sollen (Rn. 176). Zum anderen führt die geringe Effizienz dazu, dass die Parteien, während der *hearings* keiner wertschöpfenden Tätigkeit nachgehen können, was ebenfalls Einbußen erzeugt. Diese Einbußen müssen die Parteien entweder selbst tragen, oder durch die *cost order* ausgleichen.

504 Die deutsche Struktur des deutschen Arbeitsgerichtsverfahrens kann folglich ein effizienteres, mithin regelmäßig schnelleres Vorgehen ermöglichen; die (vermeintlichen) Kostenvorteile des *Labour Tribunal* können dies nicht aufwiegen. Der Zugang zum Recht wird daher durch die Struktur des deutschen arbeitsgerichtlichen Verfahrens positiver beeinflusst.

4. Bedeutung der praktischen Durchsetzbarkeit

a) Bedeutung der Rechtsfortbildung

505 Seit einigen Jahren fokussiert der EuGH die Durchsetzbarkeit von Rechten und nutzt hierfür das Mittel der Rechtsfortbildung. Er spricht hierbei von der *tatsächlichen*[767] Möglichkeit, Rechte durchzusetzen bzw. zu genießen. Auch wenn

---

763 *Fritsche*, in: MüKO ZPO, § 138 ZPO Rn. 22.

764 So auch: *Schwab*, in: Schwab/Weth ArbGG, § 58 ArbGG Rn. 91.

765 Ein instruktives Beispiel hierfür bilden – vom Arbeitgeber vorzutragenden – Einzelheiten des Wegfalls des Beschäftigungsbedarfs im Rahmen des § 1 KSchG; vgl. *Kiel*, in: APS Kündigungsrecht, § 1 Rn. 471.

766 Vgl. *Haug/Pfarr/Struck*, Möglichkeiten der Beschleunigung des arbeitsgerichtlichen Verfahrens, 1985, S. 24.

767 *EuGH* 06.11.2018 – C-684/16 Ls. 2 – Max-Planck-Gesellschaft; *EuGH* 22.09.2022 – C-120/21 Rn. 56; *EuGH* 14.05.2019 – C-55/18 Rn. 48 – CCOO.

die Entscheidungen, in denen der EuGH diesen Grundsatz geprägt hat, nicht unumstritten sind, ist seine Idee, das materielle Recht nach der Effektivität der Durchsetzbarkeit zu analysieren und zu formen, keineswegs neu.

Schon im Jahr 1928 legte das Reichsarbeitsgericht seiner Entscheidung eine 506
ähnliche Überlegung zugrunde. Das RAG postulierte damals: „*Allerdings kann unter Umständen eine Umgehung des KündSchG darin liegen, daß die Beteiligten an Stelle eines einheitlich dauernden Dienstverhältnisses eine Kette fortgesetzter kurzfristig bestimmter Dienstverträge schließen*“[768] und begründete damit das Befristungsrecht. Dem folgte der Große Senat des BAG im Jahr 1960 und argumentierte, dass eine Befristung nur zulässig sei, wenn ein sachlicher Grund vorläge und dieser nicht vorgeschoben ist, „*so daß [befristete Verträge] mit Recht und aus gutem Grund von den Kündigungsschutzvorschriften nicht betroffen werden.*“[769]

Eine ähnliche Entwicklung existiert in Hongkong nicht. Wie sich u.a. an 507
der Entscheidung Lui Lin Kam v Nice Creation Development Ltd zeigen lässt (vgl. Rn. 366), sieht die Rechtsprechung in Hongkong keine Notwendigkeit, das materielle Recht einschränkend auszulegen, um so Umgehungen von Rechtsansprüchen auszuschließen.[770]

Auch hier zeigt sich das Paradoxon, dass der stärkere rechtsgestaltende 508
Eingriff nicht in der Common Law Rechtsordnung Hongkong, sondern in Deutschland erfolgt.

b) Fristen

Ein weiterer Unterschied liegt in der Länge der Fristen, innerhalb derer 509
Ansprüche geltend gemacht werden müssen. Während in Deutschland eine Kündigung drei Wochen nach Zugang i.d.R. nicht mehr angegriffen werden kann (§ 4 S. 1; 7 KSchG) und ein diskriminierungsrechtlicher Schadensersatzersatzanspruch binnen zwei Monaten verjährungshemmend geltend gemacht werden muss (§ 15 Abs. 4 AGG), bestehen in Hongkong deutlich längere Fristen. Kündigungsschutzrechtliche *remedies* können dort bis zu neun Monate nach der Kündigung gerichtlich geltend gemacht werden (s. 32I lit. b EO).[771]

---

768 *RAG*, Urt. v. 19.05.1928, RAG 1, 361.

769 *BAG*, Bschl. v. 12.10.1960 – 3 AZR 65/59, AP BGB § 620 Nr. 16.

770 Ausführlicher Vergleich des Befristungsrechts und seiner Umgehung in Deutschland und Hongkong: *Chung*, APLR 2017, 29 ff.

771 Hierfür muss der Arbeitnehmer grds. spätestens drei Monate nach der relevanten Handlung gegenüber dem Arbeitgeber in Schriftform den Anspruch geltend machen (s. 32I lit. a EO). Diese Frist kann gleichwohl um sechs weitere Monate verlängert werden (s. 32I lit. a EO aE), was regelmäßig auch erfolgt. In jedem Fall

Für Ansprüche aus den *Discrimination Ordinances* beträgt die Frist 24 Monate (s. 80 RDO, s. 86 SDO, s. 82 DDO und s. 64 FSDO) für Ansprüchen aus der EO, die keine *remedies* betreffen[772], sogar bis zu sechs Jahre (s. 4 para. 1 Limitation Ordinance, Cap 347).

510 Zwar ist die Interessenlage bei Kündigungsstreitigkeiten nur bedingt vergleichbar, da auch eine rechtswidrige Kündigung in Hongkong grds. voll wirksam ist und das Arbeitsverhältnis beendet. Dennoch ist die Bedeutung, die in Deutschland dem schnellen Rechtsfrieden beigemessen wird, durchaus bemerkenswert. Dies gilt umso mehr, als §§ 4 S. 1; 7 KSchG bzw. § 17 TzBfG ausdrücklich nur auf Klagen des Arbeitnehmers anwendbar sind.[773]

511 Im Bereich des diskriminierungsrechtlichen Schadensersatzes ist die Interessenlage dagegen an sich vergleichbar. Gleichwohl unterscheidet sich die Länge der Fristen auch hier stark, was sich nicht ohne weiteres erklären lässt. Zwar ist es nach der Ansicht des EuGH einem Arbeitnehmer auch im Rahmen einer zweimonatigen Frist nicht unmöglich bzw. übermäßig erschwert, seine Rechte auszuüben.[774] Gleichwohl muss diese Zeitspanne als knapp bezeichnet werden,[775] insbesondere, weil der Arbeitnehmer im sensiblen Bereich des Antidiskriminierungsrechts binnen dieser zwei Monate den Konflikt formalisieren und damit unmittelbar eskalieren muss.[776] Dies gilt umso mehr, als auch die anschließende Frist zur gerichtlichen Geltendmachung (§ 61b Abs. 1 ArbGG) denkbar kurz gehalten ist.

512 Bei diesen Ansprüchen muss sich der betroffene Arbeitnehmer also sehr schnell entscheiden, ob er den Konflikt eskalieren und damit das Arbeitsverhältnis gefährden will oder ob er den Anspruch aufgibt. Es erscheint eher unwahrscheinlich, dass sich Arbeitnehmer während eines bestehenden Arbeitsverhältnisses zu einer solchen Klage entschließen. Derartige Ansprüche werden wohl allenfalls von abgelehnten Bewerbern geltend gemacht.[777]

---

muss indes nach s. 32I lit. b EO eine Klage binnen neun Monaten nach der relevanten Handlung erhoben werden.

772 *Working Party on the Review of the Labour Tribunal*, Report of the Working Party – LC Paper No. CB(2)3033/03-04(01), S. 17 Rn. 3.7.

773 Zum KSchG: *BAG*, Urt. v. 01.10.2020 – 2 AZR 214/20, NJW 2020, 3675 (3675 Ls. 1).

774 *EuGH* 08.07.2010 – C-246/09 Antwort 1 – Bulicke.

775 So auch: *Berghahn* et al., Evaluation des Allgemeinen Gleichbehandlungsgesetzes, S. 91.

776 *Kocher*, in: Das Allgemeine Gleichbehandlungsgesetz, S. 55 (61).

777 Da aber nicht einmal klar ist, wie viele Klagen im Bereich des AGG überhaupt erhoben werden (vgl. Rn. 535), kann dies nur spekuliert werden.

Die kurzen Fristen des deutschen Arbeitsrechts, speziell im Bereich des AGG, wirken sich also negativ auf die Effektivität des Zugangs zum Recht aus, da sie die Möglichkeit der Durchführung eines fairen Verfahrens erheblich erschweren. 513

B. Kollektive Rechtsdurchsetzung

I. Behördliche Kontrolle

Eine Besonderheit des deutschen Arbeitsschutzes besteht, provokant formuliert, in dessen ausbleibender Kontrolle. Seit mehreren Jahren sinkt sowohl die Anzahl der Kontrollen der Gewerbeaufsicht als auch die Zahl der besichtigten Betriebe beständig.[778] Dies wird auch die Einführung einer Mindestinspektionsquote von 5 % ab dem Jahr 2026 (§ 21 Abs. 1a ArbSchG) nicht reformieren, denn auch dann ist rein rechnerisch eine Betriebsprüfung nur alle 20 Jahre zu erwarten.[779] 514

Gleichzeitig muss anerkannt werden, dass das deutsche Arbeitsrecht zunehmend „verrechtlicht".[780] Insbesondere das historisch gewachsene[781] Arbeitsschutz- und Arbeitszeitrecht sind bisweilen kaum überblickbar.[782] Dies führt zwangsläufig zu Umsetzungs- und Kontrollschwierigkeiten nicht nur bei den Arbeitgebern, sondern auch bei den Aufsichtsbehörden.[783] 515

---

778 2016: Zahl der besichtigten Betriebe: 82.653, Gesamtzahl der Besichtigungen: 200.564; 2019: Zahl der besichtigten Betriebe: 61.864, Gesamtzahl der Besichtigungen: 151.096; 2021: Zahl der besichtigten Betriebe: 54.784, Gesamtzahl der Besichtigten: 127.737. Angaben: *Bundesanstalt für Arbeitsschutz und Arbeitsmedizin*, Sicherheit und Gesundheit bei der Arbeit Berichtsjahre 2018, S. 131 bzw. Berichtsjahr 2021, S. 184, beide Berichte abrufbar bei: https://t1p.de/nvhgm (zuletzt abgerufen: 01.06.2023).

779 Aufgrund einer unterschiedlichen Priorisierung der Betriebe wird der Prüfungszyklus in der Praxis nach oben und unten abweichen. Ob er überhaupt eingehalten werden kann, ist unklar, es wurde zumindest keine Pflicht der Länder zur ausreichenden personellen Ausstattung getroffen. Siehe: *Däubler*, NZA 2021, 86 (87).

780 *Greiner*, AuR 2016, 92 (95). Zum Begriff der Verrechtlichung von Arbeitsbeziehungen: *Däubler*, Gesellschaftliche Interessen und Arbeitsrecht, S. 49; *Kirk*, IJCLLIR 2022, 157 (161); *Brown* et al., BJIR 2000, 611 (611 f.).

781 Vgl. ausführlich: *Ayaß/Rudloff/Tennstedt*, Sozialstaat im Werden, S. 56 ff.

782 Ausführlich: *Kollmer*, ARP 2020, 242 (242). Monographisch: *Lindemann*, Grenzen der Arbeitszeit.

783 *Greiner*, AuR 2016, 92 (96).

516 Das Arbeitsrecht und seine Kontrolle in Hongkong stehen dem deutschen System geradezu diametral gegenüber. Zwar sind zahlreiche Ansprüche in der EO sanktionsbewehrt, gleichwohl existieren generell weniger Vorschriften, die in einem öffentlich-rechtlichen Rahmen auf das Arbeitsverhältnis einwirken.[784] Es bestehen insbesondere keine Regelungen zur maximalen Arbeitszeit[785] oder zur Arbeitnehmerüberlassung. Die arbeitsrechtlichen Regelungen, die vom *Labour Department* kontrolliert werden, sind folglich leichter zu überblicken; Verstöße sind gleichzeitig einfacher als solche zu erkennen. Der Umfang der behördlichen Kontrolle in Bezug auf einen Verstoß gegen die Pflicht zur rechtzeitigen Zahlung einer Abfindung (s. 31O para. 3 lit. a EO), ist nicht vergleichbar mit der Untersuchung, ob eine verbotene Arbeitnehmerüberlassung vorliegt.

517 Die tatsächlichen Unterschiede in der Praxis der Arbeitsbeziehungen dürften in beiden Rechtsordnungen nur geringfügig von behördlichem Einschreiten geprägt sein; in Hongkong wegen einer zurückhaltenden Reglementierung, in Deutschland wegen des Mangels an aktiver Kontrolle.

II. Arbeitnehmervereinigungen

518 In Deutschland besteht eine lange Tradition der innerbetrieblichen Streitbeilegung. Dabei vermischen sich teilweise Rechtssetzung und Rechtsdurchsetzung. Der Betriebsrat ist nicht nur für die Überwachung der gesetzlichen arbeitsrechtlichen Regelungen zuständig (§ 80 Abs. 1 Nr. 1 Var. 1 bis 3 BetrVG), sondern hat auch das Recht, gemeinsam mit dem Arbeitgeber verbindliche Regeln für den Betrieb zu setzen (§ 87 BetrVG). Solche Regeln werden also von (idealtypisch) ausgeglichenen Parteien (Arbeitgeber und Betriebsrat) sowohl ausgehandelt als auch kontrolliert.[786]

519 Gleichzeitig dient die Kodifizierung innerbetrieblicher Kontrollmechanismen, etwa in § 80 Abs. 1 Nr. 1 BetrVG oder § 102 BetrVG, die rechtmäßige Durchführung der individuellen Arbeitsverhältnisse abzusichern. Anders als in Hongkong besteht in Deutschland *qua legem* ein echter betriebsinterner Akteur, der den Zugang zum Recht herbeiführen kann. Dies unterscheidet den Betriebsrat von den weitgehend bedeutungslosen *joint consultative committees*

---

784 Vgl. *Chung*, APLR 2017, 29 (34 ff.); *Zou/Leung*, HKLJ 2019, 1 (2).

785 Geregelt ist lediglich die Arbeitszeit von unter 18-Jährigen (Employment of Children Regulations, Cap. 57B und Employment of Young Persons (Industry) Regulations, Cap. 57C). Vgl. *Frank-Fahle/Leber/Schmierer*, Die Investment Hubs Dubai, Hongkong und Singapur, S. 233; *Zou/Leung*, HKLJ 2019, 1 (2).

786 Vgl. *Risak*, juridikum 2014, 98 (99 f.).

(vgl. Rn. 445). Der Betriebsrat ist nicht nur eine Vereinigung von Bittstellern, sondern hat durch das Betriebsverfassungsrecht die aktive Möglichkeit, seine daraus resultierenden Rechte notfalls auch zwangsweise im Beschlussverfahren durchzusetzen.[787]

In Hongkong wird ein ähnlicher Ansatz spätestens seit der Aufhebung der ERRCCBO (Rn. 443 f.) nicht mehr verfolgt. Stattdessen steht die individuelle Arbeitsbeziehung und Rechtsdurchsetzung im Vordergrund. Eine Entwicklung, die aufgrund des Bedeutungsverlusts von Gewerkschaften und Betriebsräten (Rn. 470) in Deutschland jedoch *de facto* auch immer stärker nachvollzogen wird.[788] 520

787 Zu den Grundlagen der Betriebsverfassung: *Sinzheimer*, Grundzüge des Arbeitsrechts, S. 207 ff. Vgl. *Junker*, GK Arbeitsrecht, § 10 Rn. 642.

788 Vgl. *Risak*, juridikum 2014, 98 (101).

§ 6 Zentrale Gemeinsamkeiten

Obschon signifikante Unterschiede die konkrete individuelle Rechtsdurchsetzung in beiden Rechtsordnungen unterschiedlich prägen, zeigen sich einige grundsätzliche Ähnlichkeiten, die im Folgenden erläutert werden sollen. 521

A. Individualisierung und Verrechtlichung der Arbeitsbeziehung

In beiden Rechtsordnungen zeigt sich eine kontinuierlich zunehmende gesetzliche Regulierung,[789] das heißt eine fortschreitende Verrechtlichung der Arbeitsbeziehung bei gleichzeitigem Bedeutungsverlust der kollektiven Rechtsdurchsetzung. 522

Es soll nicht bestritten werden, dass das Arbeitsrecht in Hongkong weiterhin von der traditionellen *laissez-faire*-Wirtschaftspolitik geprägt ist, folglich die Regulierung ein weit geringeres Maß beträgt und nach wie vor praktisch nur bedingt durchsetzbar ist. Trotzdem ist die generelle Entwicklung hin zu einer stärkeren Verrechtlichung der Arbeitsbeziehungen nicht zu negieren. Dies zeigen etwa die 1997 in Kraft getretenen Vorschriften zum Kündigungsschutz, der 2014 eingeführte Vaterschaftsurlaub *(paternity leave)*, das zwischen 1996 und 2008 in Kraft getretenen Antidiskriminierungsrecht oder der 2011 eingeführte Mindestlohn. 523

In Deutschland führt eine Mischung aus neuen gesetzlichen Regularien (bspw. AGG, MiLoG, EntGTranspG) und richterlicher Rechtsfortbildung (bspw. EuGH Rechtssache CSSO oder Max-Planck-Gesellschaft) zur weiteren Verrechtlichung. Die Gründe für diese Entwicklung sind divers,[790] ihre Tatsache hat jedoch erhebliche Auswirkungen auf den Zugang zum Recht. 524

Das Arbeitsrecht in England und Hongkong war in der Vergangenheit kaum gesetzlich kodifiziert und basierte im Wesentlichen auf individuellen Vertragsverhandlungen oder gewerkschaftlichen Aktionen. 525

Hierbei nahm Hongkong zunächst eine Sonderrolle ein, da die Gewerkschaftsbewegung nie besonders durchsetzungsstark war und daher kaum Einfluss auf die Arbeitsbeziehungen nehmen konnte *(individual laissez-faire)*.[791] 526

---

789 Zu diesem Phänomen allgemein: *Baccaro/Howell*, MPIfG Discussion Paper, 17/19, S. 1 ff.

790 Vgl. *Howell*, IRL Review 2021, 739 (748 ff.).

791 *Ng*, HKJPA 1982, 31 (35).

Demgegenüber bestand vor allem in England *(collective laissez-faire*[792]*)* und (in gewissem Maße) auch in Deutschland[793] aufgrund der Stärke der Gewerkschaften eine Einheit zwischen Rechtssetzung und Rechtsdurchsetzung.[794]

527 Mit dem Bedeutungsverlust von Betriebsräten und Gewerkschaften (Rn. 470) in Deutschland nähert sich die Situation der in Hongkong an. Sowohl in Hongkong als auch in Deutschland erfolgt die Rechtssetzung nunmehr verstärkt durch den Gesetzgeber, der dieses Recht allerdings nur eingeschränkt selbst durchsetzt. In Ermangelung einer Arbeitnehmervertretung bzw. einer (aktiven) Gewerkschaft führt dies zu einer Individualisierung der Rechtsdurchsetzung.[795] Arbeitnehmer können sich zwar auf (neue) gesetzliche Ansprüche berufen, müssen diese aber selbst durchsetzen.[796]

528 Hierbei zeigt sich ein Verrechtlichungsparadoxon: Während die Zahl der Regelungen, die auf das Arbeitsverhältnis einwirken, konstant zunimmt, ändert dies die faktische Rechtsbeziehung nur in begrenztem Maße. Aufgrund der geschilderten Hindernisse bei der individuellen Rechtsdurchsetzung[797] hängt die Einhaltung der Vorschriften immer stärker vom Willen der Arbeitgeber ab, was zu einem weiteren Ungleichgewicht der Beziehung führt.[798] Dieses Paradoxon manifestiert sich unter anderem in den rückläufigen (Deutschland)[799] oder

---

792 *Ng*, HKJPA 1982, 31 (32).

793 Zum Umfang der Gewerkschaftszugehörigkeit und Tarifbindung Anfang der 1990er: *Lercher/Naumann*, in: Die Gewerkschaften in den 12 EG-Ländern, S. 15 (24 ff.). Vgl. auch: *Däubler*, Gesellschaftliche Interessen und Arbeitsrecht, S. 49 ff.

794 Vgl. *Howell*, IRL Review 2021, 739 (754).

795 *Risak*, juridikum 2014, 98 (101). Daneben weist *Colling* zutreffend darauf hin, dass Gewerkschaften aufgrund ihres Bedeutungsverlusts zunehmend einzelne Arbeitnehmer beraten bzw. vertreten. Dies wiederum hat offensichtlich einen weniger breiten Anwendungsbereich, primär wird hiervon nur der einzelne Arbeitnehmer, nicht aber das Kollektiv begünstigt, *Colling*, Making Employment Rights Effective, 2012, S. 183 (198 ff.).

796 Vgl. *Howell*, IRL Review 2021, 739 (758 f.); *Kirk*, IJCLLIR 2022, 157 (169).

797 Vgl. auch: *McCormack/Remani*, in: Middle Income Access to Justice, S. 450 (468).

798 Vgl. *Kirk*, IJCLLIR 2022, 157 (169). *Howell* knüpft hieran an und versucht den Wandel der Arbeitsbeziehungen am Maßstab der Entscheidungsfreiheit *(discretion)* des Arbeitgebers zu bestimmen; vgl. *Howell*, JoIR 2019, 457 (461 ff.). Zur Interessenlage des Arbeitgebers: *Greiner*, AuR 2016, 92 (92).

799 Von 630.666 eingereichten Klagen im Jahr 2003 zu 454.533 im Jahr 2007 zu 502.272 im Jahr 2014 zu 426.108 im Jahr 2019 zu 238.313 im Jahr 2020, Angaben gem. der jeweiligen Ergebnisse der Statistik der Arbeitsgerichtsbarkeit des Statistischen Bundesamts, abrufbar: https://t1p.de/97pz1 (zuletzt abgerufen: 30.05.2023); vgl. auch: *Rottleuthner*, in: Nichts zu klagen?, S. 100 (115 f.).

stagnierenden (Hongkong)[800] Eingangszahlen der Arbeitsgerichtsbarkeit. Auch wenn diese Rückgänge keineswegs monokausal zu erklären sind,[801] so zeigen sie dennoch die tatsächlichen und langanhaltenden Hindernisse der gerichtlichen Rechtsdurchsetzung, die wohl stärker auf die Arbeitsbeziehungen einwirken, als die zunehmende Anzahl von Arbeitsgesetzen.

B. Behörden als Rechtsdurchsetzer

Beide Rechtsordnungen sehen *de jure* eine aktive Rolle des Staates bei der (kol- 529
lektiven) Rechtsdurchsetzung vor. Offensichtlich wird die Auffassung geteilt, dass weder die Privatautonomie allein die Wahrung gewisser Mindeststandards gewährleistet, noch dass die Kontrolle der Arbeitsgesetze allein den Vertragsparteien auferlegt werden kann.

Gleichzeitig ist die praktische Relevanz der behördlichen Rechtsdurchset- 530
zung in beiden Rechtsgebieten (aus unterschiedlichen Gründen) beschränkt.

C. Fachgerichtsbarkeit

Trotz grundsätzlicher Unterschiede im arbeitsgerichtlichen Verfahrensrecht 531
ähneln sich beide Rechtssysteme darin, dass im Arbeitsrecht eine spezielle Institution (Deutschland: Arbeitsgericht; Hongkong: *Labour Tribunal* bzw. MECAB) in erster Instanz ausschließlich zuständig ist.

Die Spezialisierung führt zwingend zu einer gesteigerten Effizienz, da sie 532
mit einer höheren Erfahrungsdichte insbesondere der beteiligten Vorsitzenden Richter / *Presiding Officers* einhergeht.[802] Gleichzeitig ermöglicht die Fokussierung, besondere Erfahrung anzusammeln, die (im Idealfall) zu einer ruhigen und umsichtigen Prozessleitung ermächtigt.[803]

---

800 *Judiciary*, Annual Report 2021, Caseload and Case Disposal of the Labour Tribunal, abrufbar: https://t1p.de/84l1b (zuletzt abgerufen: 30.05.2023); im Vergleich in Deutschland betrug die Zahl der erledigten Klagen im Jahr 2020 332.957 (*Statistisches Bundesamt*, vorangegangene Fn.), umgerechnet auf die Einwohnerzahl Hongkongs entspräche dies 29.680 erledigten Klagen (Anzahl der erledigten Klagen in Deutschland, 2020 / Einwohnerzahl Deutschland, 2020 x Einwohneranzahl Hongkong, 2021).

801 *Rottleuthner*, in: Nichts zu klagen?, S. 100 (116); *Ippoliti/Sanders*, IRoAE 2022, 67 (81).

802 Vgl. *Chan*, in: Civil Case Management in the Twenty-First Century, S. 13 (14 f.).

803 Vgl. *Natter*, in: Nichts zu klagen?, S. 43 (57).

533 Anders als in Deutschland und England wird die fachliche Expertise des *Labour Tribunal* indes nicht durch die Beziehung von ehrenamtlichen Richtern gestärkt.[804] Die Gemeinsamkeit bezieht sich des Weiteren ausschließlich auf die erste Instanz; in den Rechtsbehelfsinstanzen existiert in Hongkong keine vergleichbare Fokussierung.[805]

804 Zur Bedeutung ehrenamtlicher Richter in England: *Hepple*, ILJ 2013, 203 (212).

805 Einen besonderen Unterschied dürfte die Hinzuziehung von ehrenamtlichen Richtern in den Rechtsbehelfsgerichten darstellen, die in Hongkong ebenfalls nicht vollzogen wird. Welchen Einfluss ehrenamtliche Richter auf die Entscheidungsfindung nehmen, ist nicht geklärt. Indes wird durch §§ 37, 43 ArbGG zumindest die Möglichkeit geschaffen, dass die praktischen Belange im Betrieb bei der Entscheidungsfindung berücksichtigt werden, was einerseits eine praktische Durchführbarkeit der Entscheidung stärken kann, andererseits die Akzeptanz der Entscheidungen auf beiden Seiten fördert. Vgl. *Burgess/Corby/Latreille*, Comp. Lab. L. & Pol'y J. 2014, 191 ff.

§ 7 Rechtspolitische Überlegungen

Nach der Analyse der Gemeinsamkeiten und Unterschiede der Rechtsordnungen soll im Folgenden untersucht werden, mit welchen Mitteln der Zugang zum Recht effektiver gestaltet werden könnte. Der Autor konzentriert sich dabei auf das deutsche Recht. 534

A. Bedeutung der empirischen Forschung

Bevor auf einzelne Reformideen eingegangen wird, ist grundlegend hervorzuheben, dass in der Rechtswissenschaft ein eklatanter Mangel an Informationen darüber vorherrscht, wie Arbeitnehmer ihre Rechte wahrnehmen.[806] Selbst zentrale Aspekte, wie der Anteil der gekündigten Arbeitnehmer, die eine Kündigungsschutzklage erheben (Rn. 547) oder die Anzahl von Klagen aufgrund des AGG[807] sind unklar, da hierüber keine empirischen Daten erhoben werden. Im Gegensatz als die sinkenden Eingangszahlen der (ordentlichen) Zivilgerichtsbarkeit[808] sind die ebenfalls rückläufigen Eingangszahlen der Arbeitsgerichtsbarkeit aktuell kein Gegenstand einer großen wissenschaftlichen Untersuchung. Eine akribische empirische Forschung könnte die Analyse des Arbeitsrechts und seiner Praxis entscheidend prägen.[809] 535

806 *Junker* nennt die empirischen Befunde in der arbeitsrechtsvergleichenden Wissenschaft ein *„Desiderat“* und ihren Beitrag zur Erforschung *„eine einzige große Enttäuschung“*; *Junker*, in: FS Canaris, Bd. 2, S. 705 (812).

807 Dies ergab sich aus insgesamt vier Informationsfreiheitsanfragen, die der Autor an das BMAS (24.02.2023, abrufbar: https://t1p.de/av6rz) und die Arbeitsgerichte München (13.04.2023, abrufbar: https://t1p.de/oqhwv), Berlin (13.04.2023, abrufbar: https://t1p.de/vwni9) und Hamburg (13.04.2023, abrufbar: https://t1p.de/k0y4t) versendete (alle Webseiten zuletzt abgerufen: 01.06.2023).

808 Kürzlich wurde eine solche im Auftrag des BMJ erstellte Studie veröffentlicht: *Eckert* et al., Erforschung der Ursachen des Rückgangs der Eingangszahlen bei den Zivilgerichten.

809 So in Bezug auf die Wirklichkeit des Kündigungsschutzprozesses: *Junker*, Gutachten B für den 65. Deutschen Juristentag 2004, B53.

B. Individuelle Rechtsdurchsetzung

I. Schwierigkeiten der Kenntniserlangung

536 Es mangelt in Deutschland an einem nachhaltigen System, das sicherstellen kann, dass eine breite Menge von Arbeitnehmern Kenntnis von ihren Rechten erhält. Während sich der Gesetzgeber darauf fokussiert, die Arbeitsbeziehung stärker zu verrechtlichen, unternahm bislang weder Exekutive noch Legislative – mit Ausnahme der umstrittenen[810] Reform des Nachweisgesetzes – erkennbare Anstrengungen, die vorhandenen Ansätze der Kenntnisvermittlung auszubauen.

537 Neue gesetzliche Regelungen dürften wenig effektiv sein. Entscheidend sind wohl eher digitale Informationsmöglichkeiten. Wie eine verlässliche und umfassende Informationsquelle im Internet gestaltet werden könnte, demonstrieren die Projekte CLIC und PAT in Hongkong, aber auch die Website gesund.bund.de des BMG.[811] Vor dem Hintergrund der aktuellen Informationspolitik des BMAS erscheinen solche Vorschläge jedoch nahezu illusorisch. Symptomatisch dafür sind die arbeitsrechtlichen Aushangpflichten.[812] In einer Arbeitswelt, in der die breite Masse der Bevölkerung im Alltag elektronische Kommunikationsmittel benutzt,[813] ist davon auszugehen, dass Arbeitnehmer auf der Suche nach Rechtsinformationen im Internet recherchieren, statt im Betrieb nach Gesetzesaushängen Ausschau zu halten.[814]

538 Daneben bleibt abzuwarten, ob das europäische Vorhaben[815] zur Stärkung der Arbeitnehmer- und Arbeitgebervereinigungen einen spürbaren Effekt haben wird, bzw. inwieweit dies die Kenntnisvermittlungen effektiver machen kann.

---

810 Zweifel am praktischen Nutzen des Gesetzes hegen u.a. *Preis/Schulze*, NJW 2022, 2297 (2301).

811 *BMG*, Über uns, https://t1p.de/2z4si (zuletzt abgerufen: 07.06.2023).

812 Auszugsweise Aufzählung der auszuhängenden Gesetzestexte der *Industrie- und Handelskammer Hamburg*, abrufbar: https://t1p.de/9kkip (zuletzt abgerufen: 30.05.2023).

813 Der Anteil der Nutzer eines Smartphones betrug im Jahr 2021 88,8 %, *Statista*. Anteil der Smartphone-Nutzer in Deutschland in den Jahren 2012 bis 2021, 2021, abrufbar: https://t1p.de/bwp9r (zuletzt abgerufen: 30.05.2023).

814 Zur Bedeutung der Internetrecherche bei der initialen Rechtsfindung: *Eckert* et al., Erforschung der Ursachen des Rückgangs der Eingangszahlen bei den Zivilgerichten, S. 102.

815 *Europäisches Parlament*, Provisional Agreement Resulting From Interinstitutional Negotiations – Proposal for a directive of the European Parliament and the Council (COM(2020)0682 – C9-0337/2020 – (2020)0310(COD)).

Diskutabel erscheint die Schaffung behördlicher Beratungsangebote, vergleichbar mit den Angeboten der *Labour Relations Division* sowie der EOC in Hongkong.[816] Ein solches Angebot steht nicht zwingend in einer Konkurrenzsituation mit einer anwaltlichen Beratung. Vielmehr besteht ein originärer Bedarf an einer koordinierenden Auskunftsstelle, die dem Ratsuchenden bei der groben Einordnung seines (potentiellen) Anspruchs helfen kann, also einer Art *„first point of call"*.[817] Dies wäre vor allem dort sinnvoll, wo die Auseinandersetzung an sich keine formell juristische Fragestellung beinhaltet (bspw. Berechnung von Überstundenzuschlägen)[818] oder aber die juristische Beurteilung der Fragestellung offensichtlich ist. Gleichzeitig könnten außergerichtliche Beratungsstellen auch dabei helfen, zum Kern des Konflikts zwischen den Arbeitsvertragsparteien vorzudringen, während sich dies im Rahmen einer gerichtlichen Behandlung kaum darstellen lässt.[819] Es erscheint allerdings eher zweifelhaft, ob diese Angebote (in der näheren Zukunft) einen nennenswerten Anteil an der Kenntnisvermittlung einnehmen könnten. Dazu fehlt ihnen nicht nur die historische Verwurzelung, auch die Frage der Qualität einer derartigen Beratung muss aufgeworfen werden. Wesentlich bedeutender ist die betriebliche Arbeitnehmervertretung. 539

II. Ökonomische Hindernisse

Will man den Zugang zum Recht substantiell effektiver gestalten, muss anerkannt werden, dass Arbeitnehmer während des laufenden Arbeitsverhältnisses nur in seltenen Fällen ein Interesse an einer konfrontativen Auseinandersetzung mit ihrem Arbeitgeber haben dürften. Neue Rechtsansprüche dürften daher in vielen Fällen „verpuffen", weil sie von den Arbeitnehmern nicht in größerem Umfang geltend gemacht werden. 540

Effektiver erscheint die Fokussierung auf kollektive Wege der Rechtsdurchsetzung, insbesondere in Konstellationen, in denen Rechtssetzung und Rechtsdurchsetzung parallel wahrgenommen werden, etwa bei Betriebsvereinbarungen. 541

Trotz dessen ist die Notwendigkeit einer effektiven individuellen Rechtsdurchsetzung unbestreitbar. Die deutschen Arbeitsgerichte scheinen dieser Aufgabe – vor allem im Vergleich zum *Labour Tribunal* – recht erfolgreich nachzukommen. 542

---

816 Vgl. *Natter*, in: Nichts zu klagen?, S. 43 (61).

817 *Kilian*, AnwBl 2008, 236 (239).

818 Vgl. *Heussen*, AnwBl 2005, 771 (771).

819 Vgl. *Eagly*, Clinical L. Rev. 1998, 433 (444).

543 Vergleicht man die beiden Rechtsordnungen, fällt allerdings auch auf, dass das deutsche Arbeitsrecht – anders als das Verbraucherrecht – kaum Raum für die individuelle außergerichtliche Rechtsdurchsetzung lässt. Dies erscheint kontraintuitiv, da sich die Hindernisse der Rechtswahrnehmung gleichen[820] und ebenfalls ein strukturelles Ungleichgewicht zwischen beiden Vertragsparteien besteht.[821] Auch im Arbeitsrecht besteht ein Mangel an Information und Handlungsmöglichkeiten, was wegen der Langfristigkeit der Sozialbeziehung häufig mit einer Scheu vor der gerichtlichen Auseinandersetzung einhergeht.[822]

544 Gleichwohl darf die außergerichtliche Streitbeilegung im Arbeitsrecht nicht überschätzt, bzw. als kostengünstigerer Ersatz der Arbeitsgerichtsbarkeit angesehen werden.[823] Das Beispiel der außergerichtlichen Streitbeilegung in Hongkong zeigt, dass drei wesentliche Hindernisse für den Zugang zum Recht existieren:

1. Das strukturelle Machtungleichgewicht der Parteien setzt sich in der außergerichtlichen Streitbeilegung fort, wodurch eine Übervorteilung des Arbeitnehmers droht (vgl. Rn. 264);[824]
2. die Parteien sind rechtskundig, ihre Verhandlungen stecken aber fest, in diesem Fall hält sie ein Zwang zur außergerichtlichen Streitbeilegung von der zügigen gerichtlichen Klärung ab, die die Parteien sowieso anstreben werden, oder
3. die außergerichtliche Einigung wird von einer der Parteien zur Verschleppung missbraucht, ohne dass die andere Partei die Möglichkeit hat, das Verfahren zügig in das gerichtliche Verfahren zu überführen.[825]

545 Sofern es einer außergerichtlichen Streitbeilegungsstelle gelingt, diese drei Gefahren zu vermeiden, kann sie einen wertvollen Beitrag zur Steigerung der Effektivität des Zugangs zum Recht leisten. Allerdings muss auch eingeräumt werden, dass

---

820 Vgl. *Pfarr/Kocher*, Kollektivverfahren im Arbeitsrecht, 1998, S. 21.

821 BVerfG, Bschl. v. 23.11.2006 – 1 BvR 1909/06, NZA 2007, 85 (87 – *strukturelle Unterlegenheit des Arbeitnehmers*); *Court of Appeal*, Ong Man Sum v Wonderland Sea Food Restaurant O/b Long Yield Co. Ltd, 18.10.2006, CACV 241/2005, Rn. 5; *Gamillscheg*, AcP 1976, 197 (205 f.); *Mańko* bezeichnet die Vertragsfreiheit im Arbeitsrecht gar als *fundamental fantasy* (*Mańko*, Wroclaw Rev. 2016, 24 [44]).

822 Vgl. *Pfarr/Kocher*, Kollektivverfahren im Arbeitsrecht, 1998, S. 21.

823 Vgl. hierzu die Kritik von *Dickens* an der Debatte zu ADR in England: *Dickens*, in: Making Employment Rights Effective, S. 29 (32). Eingehend: *Lindblom*, ERPL 2008, 63 (64 f.).

824 Vgl. *Risak*, juridikum 2014, 98 (108); *Lindblom*, ERPL 2008, 63 (75).

825 *Lindblom*, ERPL 2008, 63 (76).

eine solche Stelle nicht in der Lage sein wird, die systematische Lücke zu schließen, die durch den Rückgang von Betriebsräten entsteht. Auch eine außergerichtliche Streitschlichtungsmöglichkeit geht mit einer erheblichen Eskalation der Konfliktsituation einher und dürfte daher von vielen Arbeitnehmern nicht ernsthaft in Betracht gezogen werden. Möglichkeiten zur außergerichtlichen Rechtsdurchsetzung zu schaffen kann daher nur eines unter mehreren rechtspolitischen Werkzeugen sein, ansonsten würden sie – wie *Lindblom* es provokant ausdrückt – zum „*Opium des Rechtssystems*" werden.[826]

III. Faires Verfahren

Von zentraler Bedeutung ist die konkrete Ausgestaltung des materiellen Rechts. 546
Zwar ist das deutsche Arbeitsrecht insgesamt berechenbarer als etwa die Regelungen der EO, gleichwohl führt die zunehmende Verrechtlichung der Arbeitsverhältnisse zu Unklarheiten. Neue Rechtsansprüche erfordern zumeist, individuelle Belange des Arbeitsverhältnisses miteinander abzuwägen, ohne dass hierfür eine hinreichend klare Rechtsprechung vorhanden ist (bspw. §§ 8 Abs. 4; 9; 10, 19 TzBfG, § 2a Abs. 2 FPlZG, § 15 Abs. 4 BEEG, § 26 Abs. 4 ProstSchG).

In diesem Zusammenhang muss auch der derzeitige rechtspolitische Ansatz 547
des deutschen Kündigungsschutzes kritisch betrachtet werden. Dieser sieht nur dann einen Schutz vor, wenn der betroffene Arbeitnehmer umgehend gerichtlich auf das Fortbestehen des Arbeitsverhältnisses drängt. Gleichwohl werden wohl nur etwa 15 % der arbeitgeberseitigen Kündigungen gerichtlich angegriffen[827] (eine amtliche empirische Auswertung existiert überraschenderweise bis heute nicht[828]). Es muss folglich diskutiert werden, ob ein Verfahren, das zwar formal auf die Fortführung des Arbeitsverhältnisses abzielt, *de facto* aber in der ganz überwiegenden Anzahl der Fälle auf die Zahlung einer Abfindung für den

---

826 *Lindblom*, ERPL 2008, 63.

827 So eine Auswertung aus dem Jahr 2007: *Höland/Kahl/Zeibig*, Kündigungspraxis und Kündigungsschutz im Arbeitsverhältnis, S. 28; S. 75. *Pfarr* et al. kommen in der REGAM-Studie im Jahr 2003 auf eine ähnliche Einschätzung: *Pfarr* et al., Der Kündigungsschutz zwischen Wahrnehmung und Wirklichkeit, S. 58 ff.; kritisch hierzu aber: *Junker*, Gutachten B für den 65. Deutschen Juristentag 2004, B53 f. Eine Klagehäufigkeit von 15 % wurde im Jahr 2019 auch von *Karsten Jessolat* (Leiter des Gewerkschaftlichen Centrum für Revision und Europäisches Recht, DGB Rechtsschutz GmbH) angenommen: *Wieg*, RdA 2019, 109 (109).

828 Dies ergibt sich aus einer Informationsfreiheitsanfrage des Autors an das BMAS vom 04.04.2023, abrufbar: https://t1p.de/p3vmo (zuletzt abgerufen: 07.06.2023).

Verlust des Arbeitsplatzes gerichtet ist,[829] den Zugang der Arbeitnehmer zum Recht effektiv gestaltet.

548 Würde ein Arbeitnehmer, der auf die Erhebung einer Kündigungsschutzklage verzichtet, bei jeder Kündigung automatisch einen Anspruch nach § 1a KSchG erhalten, könnte damit eine überschaubare und leicht durchsetzbare Rechtsposition geschaffen werden.[830] Gleichzeitig bestünde in diesem Fall keine Interessenlage, die eine Frist i.S.d. §§ 4, 7 KSchG rechtfertigen würde.

549 Während sich das derzeitige deutsche Recht primär auf den Bestandsschutz fokussiert und Arbeitnehmer in Kleinbetrieben bzw. befristet Beschäftigte nur bedingt schützt, könnte ein Abfindungsrecht eine umfassendere Lösung darstellen. Dies zeigt das Abfindungsrecht in Hongkong, wo Arbeitnehmer nicht nur nach einer Kündigung, sondern auch nach dem Auslaufen des befristeten Vertrages Anspruch auf eine *long service payment* haben (s. 31T para. 1 lit. b EO). In Deutschland hätte ein befristet beschäftigter Arbeitnehmer in dieser Situation keinen vergleichbaren Anspruch. Er könnte allenfalls „auf gut Glück" eine Klage nach § 17 TzBfG anstreben, um dann möglicherweise im Rahmen eines Vergleichs eine Abfindung zu erhalten.

550 Ein Hindernis des deutschen Rechts sind zudem die tendenziell kurzen Fristen. Zwar sind diese in vielen Fällen geboten, um eine wirksame und zeitnahe (gerichtliche) Klärung herbeizuführen, dennoch existieren Anwendungsbereiche, in denen eine ausgewogene Balance dieser Interessen nicht vorgenommen wurde. Besonders stechen hier die Fristen zur Geltendmachung diskriminierungsrechtlicher Schadensersatzansprüche (§ 15 Abs. 4 S. 1 AGG i.V.m. § 61b ArbGG) hervor.

551 Im Vergleich zur entsprechenden Rechtslage in Hongkong zeigt sich ein starkes Ungleichgewicht zulasten von Arbeitnehmern in Deutschland. Die Notwendigkeit derart kurzer Fristen ist nicht offensichtlich;[831] der Verweis auf die Rechtslage in Hongkong indiziert vielmehr, dass auch mit deutlich längeren Fristen keine spürbaren Nachteile der Rechtssicherheit einhergehen müssen. Es

---

829 Vgl. *Blankenburg/Schönholz*, Zur Soziologie des Arbeitsgerichtsverfahrens, S. 104.

830 Ähnlich *Rehwald*, Sonderbeilage NZA Heft 21/2003, S. 46. Vgl. auch: *Hromadka*, ZFA 2002, 383 (392 f.); *Jahn*, ZfAF 2005, 284 (301). Zur berechtigten Kritik an diesem Vorschlag: *Preis*, Prinzipien des Kündigungsrechts bei Arbeitsverhältnissen, S. 847; *Junker*, Gutachten B für den 65. Deutschen Juristentag 2004, B81 f.

831 Das im Rahmen des Gesetzgebungsverfahrens vorgebrachte Argument, Arbeitgebern wäre das Kopieren und Aufbewahren von Dokumenten über einen Zeitraum von 6 Monaten nicht zuzumuten, hat erkennbar an Relevanz eingebüßt; so noch: *Bundesverband der deutschen Arbeitgeberverbände*, Stellungnahme zum

sollte daher erwogen werden, die entsprechenden Fristenregelungen zu reformieren.[832]

Insgesamt zeigt sich, dass es weniger auf den Umfang der gewährten Rechte ankommt, als vielmehr auf deren qualitative Umsetzung. Gesetzliche Regelungen können die Rechtspraxis nur dann beeinflussen, wenn sie den Rechtssubjekten bekannt sind und ihre Durchsetzung realistisch erscheint.[833] Dies wird leider oftmals nicht beachtet. So stellt sich die Frage, welcher Arbeitnehmer Klage erhebt, um die zeitlich begrenzte Verringerung seiner Arbeitszeit zu erstreiten (§ 9a TzBfG).[834] Derartige Regelungen ignorieren nicht nur die soziologischen Hintergründe des Arbeitsverhältnisses, sondern auch den Umstand, dass mehr als 16 Millionen Menschen in Deutschland nur über eine geringe Literalität verfügen.[835] Solche Regelungen dürften in der Praxis also selten zu spürbaren Errungenschaften führen. In den meisten Fällen dürften die Arbeitsverhältnisse also weiterhin von (informellen) Vereinbarungen bzw. *Compliance-* und *Corporate Social Responsibility* Regelungen geprägt sein. 552

Statt also auf Regelungen zu setzen, die versuchen, das einzelne Arbeitsverhältnis zugunsten einzelner Arbeitnehmer umzugestalten, und hierbei implizit die wenig wahrscheinliche individuelle Rechtsdurchsetzung voraussetzen, sollte eher auf kollektive Regelungen und externe Prüfmechanismen zurückgegriffen werden. Ein Beispiel hierfür ist die Ausgleichsabgabe nach § 160 SGB IX. Statt – wie das Antidiskriminierungsrecht – dem schwerbehinderten Beschäftigten einen faktisch kaum durchsetzbaren Anspruch für den Fall einer Diskriminierung zu vermitteln, schafft diese Norm einen unmittelbaren finanziellen Vorteil für den Arbeitgeber, der präventiv eine Gleichbehandlung sicherstellen kann.[836] Ähnliches gilt auch für die zwingende Beteiligung eines Dritten, etwa nach §§ 158 ff. SGB IX oder § 17 Abs. 2 MuSchG; statt auf eine individuelle, 553

Entwurf eines Gesetzes zur Umsetzung europäischer Antidiskriminierungsrichtlinien, 2005, S. 21, abrufbar: https://t1p.de/mtrzr (zuletzt abgerufen: 01.06.2023).

832 So auch: *Berghahn* et al., Evaluation des Allgemeinen Gleichbehandlungsgesetzes, S. 145 ff. unter zutreffendem Verweis auf die wesentlich längere Verjährungsdauer von vergleichbaren deliktsrechtlichen Schadensersatzansprüchen.

833 *Marshall/Barclay*, Law & Soc. Inquiry 2003, 617 (622).

834 Auf der Plattform *juris* sind im Juni 2023 insgesamt acht Entscheidungen aller drei arbeitsgerichtlicher Instanzen aufgeführt, die § 9a TzBfG zitieren.

835 *Grotlüschen* et al., LEO-Studie, S. 4 f.

836 Vgl. *Jabben*, in: BeckOK SozR, § 160 SGB IX Rn. 2. Diese Art der Regelung wird üblicherweise als *nudging* bezeichnet; umfassend: *Latzel*, Verhaltenssteuerung, Recht und Privatautonomie, S. 80 ff.

repressive Rechtsdurchsetzung setzt das Gesetz dort auf eine präventive Hinzuziehung öffentlicher Stellen.

554 Die individuelle Rechtsdurchsetzung ist von erheblichen Hindernissen beeinträchtigt. Ein umfassender Abbau derselbigen dürfte nicht möglich sein. Besonders in Hinblick auf die mittelbaren ökonomischen Risiken erscheint eine praktisch handhabbare Regulierung aussichtslos. Stattdessen sollte ein Fokus auf die Bewahrung der kollektiven Rechtsdurchsetzungsmöglichkeiten gelegt werden; insbesondere der Betriebsrat ist hierbei ein entscheidendes, gleichwohl derzeit an Bedeutung verlierendes Mittel.[837]

C. Kollektive Rechtsdurchsetzung

I. Behördliche Kontrolle

555 Vor dem Hintergrund der bislang recht geringen Anzahl von Betriebsprüfungen erscheint es naheliegend, vornehmlich eine Erhöhung der intendierten Kontrolldichte zu diskutieren. Ob dieser Ansatz einen durchschlagenden Erfolg mit sich bringen wird, ist indes zweifelhaft. Die deutsche Trennung zwischen öffentlichem und privatem Arbeitsrecht bedingt, dass Arbeitnehmer oftmals keinen unmittelbaren monetären Vorteil aus der Einhaltung des Arbeitsschutzrechts ziehen. Anders als in Hongkong sanktioniert das deutsche Recht nicht die Nichterfüllung vertraglicher oder gesetzlicher Zahlungsansprüche, sondern primär allgemeine Schutzvorschriften. Damit sinkt das Interesse der Belegschaft, bei diesen Kontrollen zulasten ihres Arbeitnehmers zu kooperieren, insbesondere dann, wenn sie selbst der arbeitsrechtlichen Regelung skeptisch gegenüberstehen.

556 Gleichzeitig indiziert die derzeitige Anzahl der Kontrollen sowie die verhältnismäßig geringe zukünftige Zielvorgabe (Rn. 514) ein strukturelles Defizit der zuständigen Behörden. Vor diesem Hintergrund erscheint es wenig überzeugend, die behördliche Kontrolle nicht nur in der Praxis zu intensivieren, sondern ihre Aufgaben – wie es *Greiner* erwägt[838] – sogar noch auszuweiten.

557 Sinnvoller könnte die Schaffung einer gesetzlichen Prozessstandschaft für staatliche Akteure sein. Ein solches Instrument existiert bislang nur im Anwendungsbereich des HAG (§ 25 HAG), ist aber praktisch

837 Hinsichtlich möglicher Maßnahmen gegen den Schwund von Betriebsräten: *Däubler/Kittner*, Geschichte und Zukunft der Betriebsverfassung, S. 563 ff.

838 *Greiner*, AuR 2016, 92 (95). Ähnlich für das englische Arbeitsrecht: *Shackleton*, Employment Tribunals, S. 104 f.

irrelevant.[839] Unabhängig von der grds. Haltung, die man zu diesem Thema einnehmen möchte, dürften die vorgenannten Bedenken aber auch hier durchgreifen; es erscheint wenig realistisch, dass die Arbeitsbehörden in absehbarer Zukunft einzelne Ansprüche durchsetzen könnten. Unter Praktikabilitätserwägungen käme wohl allenfalls die Schaffung einer Prozessstandschaft für Fälle von besonderem öffentlichen Interesse in Betracht, so wie es die *Discrimination (Proceedings by EOC) Regulations* in Hongkong vorsehen (Rn. 449). Nachdem diese aber in Hongkong in den letzten 20 Jahren praktisch bedeutungslos waren, bleibt zunächst zu untersuchen, ob ein vergleichbares Institut in Deutschland überhaupt einen relevanten Anwendungsbereich haben könnte.[840]

II. Verbandsklage

Mit großer Beständigkeit wird die Einführung einer Art Verbandsklage im Arbeitsrecht diskutiert.[841] Das Begriffsverständnis ist dabei nicht immer deckungsgleich. Im Folgenden wird der Begriff weit verstanden und umfasst alle Konstellationen, in denen eine Stelle, die nicht selbst Partei des Arbeitsverhältnisses ist, mit der gerichtlichen Geltendmachung von Rechten einzelner Arbeitnehmer, bzw. einer Gruppe von Arbeitnehmern betraut ist. 558

Die bislang existierenden Regelungen wie § 23 Abs. 3 BetrVG oder § 17 Abs. 2 AGG sind in ihrem Anwendungsbereich begrenzt. § 9 TVG ermöglicht zwar eine rechtsverbindliche Entscheidung über Tarifnormen, führt aber nicht direkt zur Verurteilung einer Leistung an einzelne Arbeitnehmer.[842] Die praktische Relevanz dieser Regelungen gilt daher als äußerst gering.[843] 559

---

839 Im gesamten Bundesgebiet wurden im Jahr 2020 gerade einmal zwölf solcher Klagen erhoben; *Statistisches Bundesamt*, Arbeitsgerichte – Fachserie 10 Reihe 2.8, 2021, S. 130 Lfd. Nr. 123, abrufbar: https://t1p.de/rccfk (zuletzt abgerufen: 06.06.2023).

840 Vgl. *Pfarr/Kocher*, Kollektivverfahren im Arbeitsrecht, S. 167 ff.

841 U.a. *Pfarr/Kocher*, Kollektivverfahren im Arbeitsrecht; *Greiner*, AuR 2016, 92 (97); *Rieble*, Arbeitsmarkt und Wettbewerb, S. 351 ff.; *Däubler*, AuR 1995, 305 ff.

842 *BAG*, Urt. v. 13.10.2021 – 4 AZR 403/20, NZA 2022, 416 (421 Rn. 46). Daneben ist die Wirkung insoweit beschränkt, als die Wirkung der Entscheidung im Verhältnis zu Bezugnahmeklauseln ungeklärt ist; hierzu: *Löwisch/Rieble*, in: LR TVG, § 9 TVG Rn. 114 ff.

843 Hinsichtlich § 17 Abs. 2 AGG: *Berghahn* et al., Evaluation des Allgemeinen Gleichbehandlungsgesetzes, S. 142 f.; Hinsichtlich § 9 TVG: Auswertung des Autors aller auf der Plattform *Juris* verfügbaren Entscheidungen der Arbeitsgerichte, Landesarbeitsgerichte und des Bundesarbeitsgerichts im Zeitraum 2020–2023.

560 Daneben sieht das UWG seit 2021 einen Beseitigungs- bzw. Unterlassungsanspruch für Gewerkschaften vor, dieser bezieht sich aber nur auf die Erfüllung von Aufgaben bei der Vertretung selbstständiger beruflicher Interessen (§ 8 Abs. 3 Nr. 4 UWG), umfasst also nicht die Interessen von Arbeitnehmern.[844] Eine umfassende Verbandsklage ermöglicht das deutsche Arbeitsrecht also bislang nicht.

561 Zur Abhilfe existieren unterschiedliche Vorschläge.[845] Ohne auf diese alle abschließend eingehen zu können, will diese Monographie die Frage des praktischen Nutzens derartiger Konzepte aufwerfen.

562 Das Kündigungsrecht ist stark einzelfallabhängig und Zahlungsansprüche mit erheblichen Darlegungs- und Beweislasten verbunden.[846] In beiden Fällen dürfte es dem Dritten schwerfallen, eine für den einzelnen Arbeitnehmer spürbaren Vorteil zu erkämpfen; vielmehr dürfte sich das Ergebnis eines solchen Verfahrens zumeist auf allgemeine Feststellungen beschränken.[847] Dementsprechend müssten die Arbeitnehmer ihre konkreten Ansprüche weiterhin selbst durchsetzen. Nach Ansicht des Autors kann der Erfolg der Verbandsklage im Verbraucherrecht aus den genannten Gründen nicht ohne Weiteres auf das Arbeitsrecht übertragen werden. Es fehlt zwar nicht an einer Vergleichbarkeit der Interessenlage, wohl aber an einer Vergleichbarkeit der Rechtsfolge.

563 Dennoch ist ein potentieller Anwendungsbereich denkbar, nämlich dort, wo ausnahmsweise eine Vergleichbarkeit gegeben ist, d.h. die Besonderheiten des Einzelfalls eine untergeordnete Rolle spielen.

564 Ein solcher Anwendungsbereich kann das Betriebsrentenrecht darstellen. Hier spielen die Besonderheiten des Einzelfalls eine weniger große Rolle, vielmehr ist primär die Auslegung der für eine Mehrzahl von Arbeitnehmern geltenden Vereinbarungen in Rede.[848] Durch eine Verbandsklage könnte in solchen

---

In 10 Entscheidungen wurde auf § 9 TVG Bezug genommen, allerdings lag nur einer dieser Entscheidungen eine solche Klage zugrunde (*LAG Köln*, Urt. v. 15.11.2022 – 4 Sa 71/22, juris). Vgl. auch: *Pfarr/Kocher*, Kollektivverfahren im Arbeitsrecht, S. 45.

844 *Ebert-Weidenfeller*, in: MAH GewRSch, § 12 Rn. 172.

845 Etwa: *Pfarr/Kocher*, Kollektivverfahren im Arbeitsrecht, S. 225 ff.; *Rieble*, Arbeitsmarkt und Wettbewerb, S. 353; *Däubler*, AuR 1995, 305 (312).

846 Vgl. nur: *BAG*, Urt. v. 04.05.2022 – 5 AZR 359/21, NZA 2022, 1267.

847 Dies gilt auch in Hinblick auf den von *Greiner* erwogenen Anwendungsbereich der Verbandsklage im Bereich des öffentlichen Arbeitsrechts, bspw. zur Durchsetzung des MiLoG; vgl. *Greiner*, AuR 2016, 92 (98).

848 Ähnlich: *Reinecke*, jurisPR-ArbR 49/2021 Anm.1.

Fällen eine rasche und endgültige Klärung ermöglicht werden, die verhindert, dass bei jeder einzelnen Klage die Rechtslage neu geklärt werden muss.[849] Derartige Individualklagen führen nicht nur zu einer erheblichen Belastung der Arbeitsgerichte, sondern auch zu einer faktischen Beschneidung der Rechte, insbesondere von schutzbedürftigen Gruppen, die aus unterschiedlichen Gründen häufig von einer individuellen Rechtsdurchsetzung absehen.[850]

Ein weiterer Anwendungsbereich könnte in Fällen bestehen, in denen ent- 565
weder kein individueller Geschädigter ausgemacht werden kann, oder der Schaden so gering ist, dass Arbeitnehmer eine Klage kaum in Betracht ziehen würden. In derartigen Fällen könnte eine gesetzliche Prozessstandschaft einer Gewerkschaft die Möglichkeit schaffen, Leitentscheidungen zu begründen und damit Einfluss auf die Rechtsanwendung zu nehmen. Es ist jedoch fraglich, ob solche Entscheidungen eine große Wirkung entfalten würden bzw. sich von der bereits bestehenden Praxis der strategischen Prozessführung durch Gewerkschaften[851] unterscheiden würde.

Allgemein zeigt sich, dass die Verbandsklage mit Sicherheit nicht in der 566
Lage ist, die Hindernisse des Zugangs zum Recht abschließend zu beseitigen. Vielmehr dürfte sich auch hier eine Variante des Verrechtlichungsparadoxons zeigen, denn solange die finale Rechtsdurchsetzung dem einzelnen Arbeitnehmer überlassen bleibt, ändert sich wenig an der initialen Interessenlage, die den Zugang zum Recht bereits jetzt behindert. Überbrücken lassen sich diese Probleme wohl am effektivsten, wo nicht nur Klagemöglichkeiten eines Verbands bestehen, sondern wo eine Arbeitnehmervereinigung bereits bei der Rechtssetzung beteiligt ist.

---

849 Vorwürfe des intendierten Aussitzens von Ansprüchen begegnete bspw. die *Generali*-Versicherung nachdem sie eine vertraglich vorgesehene Anpassung der Betriebsrenten auch nach ersten Entscheidungen des BAG nicht auszahlte, sodass alle Betriebsrentner eigenständig Klage erheben mussten; vgl. *Pfeiffer*, in: taz v. 11.12.2019; *Zülich*, in: anwalt.de v. 09.04.2021.

850 Vgl. *Pfarr/Kocher*, Kollektivverfahren im Arbeitsrecht, 1998, S. 15 f., unter Bezug auf Betriebsrentenansprüche von Teilzeitbeschäftigten der *Deutsche Post* AG sowie einer diesbezüglichen höchstrichterlichen Entscheidung (*BAG*, Urt. v. 07.03.1995 – 3 AZR 282/94, NZA 1996, 48).

851 *Brackelmann*, in: 10 Jahre Gewerkschaftliches Centrum, S. 40 f.

§ 8 Zusammenfassung der Ergebnisse in Thesen

1. Der *Zugang zum Recht* ist kein einheitlich definierter Begriff. Die existierenden Definitionen ähneln sich aber darin, dass der Begriff die Schwierigkeiten bei der Transformation eines gesetzeswidrigen in einen gesetzesmäßigen Zustand beschreibt. 567
2. Dieser Monographie liegt ein eigenes Verständnis des *Zugangs zum Recht* zugrunde. Danach setzt sich der Zugang zum Recht aus der individuellen und der kollektiven Rechtsdurchsetzung zusammen. Die individuelle Rechtsdurchsetzung wird ferner aufgeteilt in die Erlangung der Kenntnis des subjektiven Rechts und die Rechtsdurchsetzung im engeren Sinne. 568
3. Um Zugang zum Recht zu erlangen, müssen Arbeitnehmer zunächst erkennen, dass der derzeitige Zustand rechtswidrig ist *(naming)* und sich sodann eine konkrete Vorstellung von ihrem Rechtsanspruch bilden *(blaiming).* Diese zwei Schritte fasst die Monographie unter dem Begriff *Erlangung der Kenntnis des subjektiven Rechts* zusammen. Sie wird generell durch den Umstand behindert, dass das Arbeitsverhältnis ein komplexes soziales Verhältnis ist, das in der Rechtspraxis weniger auf gesetzlichen oder vertraglichen Regelungen als auf den Gewohnheiten und Wertvorstellungen der Parteien beruht. 569
4. Die Entscheidung eines Arbeitnehmers, ob bzw. wie er einen Anspruch durchsetzt *(claiming)*, wird durch unterschiedliche und einzelfallabhängige Umstände beeinflusst. Diese lassen sich rechtssoziologisch, ökonomisch und rechtlich erklären. 570
5. Arbeitnehmer wägen Kosten und Nutzen der Durchsetzung ab. Diese Abwägung unterscheidet sich stark von der Abwägung bei der Durchsetzung anderer Rechte, denn das Arbeitsverhältnis ist eine komplexe und lang anhaltende Sozialbeziehung, mit der besondere (monetäre) Interessen einhergehen. Dies erklärt, warum Arbeitnehmer i.d.R. eine Eskalation des Konflikts vermeiden und ihre Ansprüche allenfalls informell geltend machen. Eine Rechtsordnung beeinflusst die Entscheidung der Arbeitnehmer insbesondere dadurch, welche Möglichkeiten der Konfliktlösung sie bietet und wie berechenbar der Ausgang des Verfahrens ist. 571

572 6. In Hongkong wird die Erlangung der Kenntnis des subjektiven Rechts vor allem durch die Komplexität der gesetzlichen Regelungen sowie den Mangel an finanzierbarer qualifizierter Rechtsberatung behindert. Förderlich sind demgegenüber die behördlichen Rechtsinformationsstellen (*Labour Relations Division* und EOC) sowie digitale Informationsmöglichkeiten (CLIC und PAT).

573 7. Die Rechtsdurchsetzung im engeren Sinne in Hongkong setzt sich im Wesentlichen aus der außergerichtlichen Streitbeilegung *(conciliation)* und einem gerichtlichen Verfahren vor dem *Labour Tribunal* zusammen. Daneben ist die ordentliche Gerichtsbarkeit für bestimmte Ansprüche aus dem Arbeitsverhältnis zuständig.

574 8. Ökonomische Aspekte, die Arbeitnehmer von der Rechtsdurchsetzung im engeren Sinne abhalten, sind die Regelungen zur gerichtlichen Kostenentscheidung *(cost order),* die nicht erstattungsfähigen Anwaltskosten sowie das Fehlen eines umfassenden Maßregelungsverbots.

575 9. Prozessrechtliche Hindernisse, sind vor allem der Ausschluss von Prozessvertretern sowie der vor dem *Labour Tribunal* geltenden Inquisitionsgrundsatz.

576 10. Das materielle Recht hindert Arbeitnehmer mitunter daran, ihre Rechte effektiv durchzusetzen, da es in zentralen Bereichen wenig bestimmt ist, keinen kohärenten Schutz bietet, einfach zu umgehen ist oder der Arbeitnehmer das Risiko eines *non liquet* trägt. Diese materiellen Hindernisse betreffen vor allem das Kündigungsschutz- und Abfindungsrecht.

577 11. Gefördert wird die individuelle Rechtsdurchsetzung im engeren Sinne durch die niedrigen Gebühren der Klageerhebung vor dem *Labour Tribunal,* die Möglichkeit der außergerichtlichen Streitbeilegung *(conciliation)* und die Bestimmtheit gewisser Bereiche des materiellen Rechts.

578 12. Die kollektive Rechtsdurchsetzung in Hongkong zeichnet sich durch eine verhältnismäßig aktive Kontrolle des *Labour Department* aus. Diese wird jedoch durch die geringe Regelungsdichte eingeschränkt. Die Bedeutung der Gewerkschaften in der kollektiven Rechtsdurchsetzung ist aufgrund ihrer rechtlichen Stellung und aktueller politischer Entwicklung erheblich eingeschränkt.

579 13. Die zentralen Unterschiede zwischen dem Zugang zum Recht in Deutschland und Hongkong lassen sich in drei wesentlichen Bereichen zusammenfassen. Zum einen ist die Möglichkeit, Kenntnis vom eigenen Recht zu erlangen, in Hongkong tendenziell niedrigschwelliger, gleichzeitig besteht aber keine vergleichbare Möglichkeit der individuellen qualifizierten Rechtsberatung. Auch die Rechtsdurchsetzung ist in Hongkong durch

das Angebot der außergerichtlichen *conciliation* niedrigschwelliger, gleichzeitig ist aber das gerichtliche Verfahren komplex, langwierig und weniger effizient. Gewerkschaften bzw. andere Arbeitnehmervertretungen haben in Hongkong allenfalls eine untergeordnete Bedeutung für den Zugang zum Recht, während sie in Deutschland (noch) eine wesentlich bedeutendere Stellung einnehmen.

14. Die zentralen Gemeinsamkeiten bestehen vor allem in der zunehmenden 580
Verrechtlichung der Arbeitsbeziehung bei gleichzeitigem Bedeutungsverlust der kollektiven Arbeitnehmervertretung. Dies führt in beiden Rechtsordnungen zu einem Verrechtlichungsparadoxon bei dem zwar die Anzahl der gesetzlichen Ansprüche der Arbeitnehmer zunimmt, diesen aber wegen der Hindernisse der individuellen Rechtsdurchsetzung und dem Mangel der kollektiven Rechtsdurchsetzung nur eine eingeschränkte Bedeutung für die tatsächlichen Verhältnisse des Arbeitsverhältnisses zukommt. Daneben bestehen Ähnlichkeiten in der Bedeutung der behördlichen Rechtsdurchsetzung und ihrer begrenzten Effektivität sowie der Gestaltung einer speziellen Arbeitsgerichtsbarkeit.
15. Aus rechtspolitischer Sicht ist zunächst auf den Mangel an empirischer 581
Forschung im Bereich des Zugangs von Arbeitnehmern zum Recht hinzuweisen. Daneben beziehen sich die diskutierten Konzepte vor allem auf die Vereinfachung und Aktualisierung der Möglichkeiten der Arbeitnehmer, Kenntnis von ihren Rechten nehmen zu können sowie auf die Hervorhebung der außergerichtlichen Streitbeilegung und der Stärkung der kollektiven Rechtsdurchsetzung.

Abbildungsverzeichnis

Literaturverzeichnis

Abate, Duncan / Tran, Hong, Employment, in: *Gilchrist, Brian (Ed.)*, Chitty on Contract: Hong Kong Specific Contracts, 7. Auflage, Hongkong 2022, S. 923–1011, ISBN 9789888590032 [zitiert als: *Abate/Tran*, in: Chitty on Contract].

Agentur der Europäischen Union für Grundrechte, Handbuch zu den europarechtlichen Grundlagen des Zugangs zur Justiz, Luxemburg 2016, ISBN 9789287198907.

Albiston, Catherine R. / Sandefur, Rebecca L., Expanding the Empirical Study of Access to Justice, WLR 2013, 101–120.

Albiston, Catherine, The Rule of Law and the Litigation Process: The Paradox of Losing by Winning, L&Soc'yRev 1999, 869–910.

Arrington, Celeste L., Hiding in Plain Sight: Pseudonymity and Participation in Legal Mobilization, CPS 2019, 310–341.

Ayass, Wolfgang / Rudloff, Wilfried / Tennstedt, Florian, Sozialstaat im Werden, Bd. 1: Gründungsprozesse und Weichenstellungen im Deutschen Kaiserreich, Stuttgart 2021, ISBN 9783515130066 [zitiert als: *Ayaß/Rudloff/Tennstedt*, Sozialstaat im Werden].

Baccaro, Lucio / Howell, Chris, Unhinged: Industrial Relations Liberalization and Capitalist Instability, in: Max-Planck-Institut für Gesellschaftsforschung – Discussion Paper, 2017, Nr. 17/19, abrufbar: https://t1p.de/6zkfd (zuletzt abgerufen: 12.06.2023) [zitiert als: *Baccaro/Howell*, MPIfG Discussion Paper 17/19].

Baer, Susanne, Rechtssoziologie – Eine Einführung in die interdisziplinäre Rechtsforschung, 4. Auflage, Baden-Baden 2021, ISBN 9783748903079 [zitiert als: *Baer*, Rechtssoziologie].

Baker McKenzie (Ed.), The Global Employer: Focus on Termination, Employment Discrimination, and Workplace Harassment Laws, 2012, abrufbar: https://t1p.de/nc5ff (zuletzt abgerufen: 12.06.2023) [zitiert als: Baker McKenzie, The Global Employer].

Balfour, Stephen Francis, Hong Kong before the British: Being a local history of the region of Hong Kong and the New Territories before the British occupation, J. R. Asiat. 1970, 134–179.

Barrow, Amy, Hong Kong's Sex Discrimination Ordinance at Twenty-Five: Achievements, Legislative Change and Continuing Challenges, IntJDiscr&Law 2022, 107–124.

Beck’scher Online Großkommentar (Zivilrecht), *Gsell, Beate / Krüger, Wolfgang / Lorenz, Stephan / Reymann, Christoph* (Hrsg.), Stand 01.03.2023 [zitiert als: Bearbeiter, in: BeckOGK]

Beck’scher Online-Kommentar Arbeitsrecht, *Rolfs, Christian / Giesen, Richard / Meßling, Miriam / Udsching, Peter* (Hrsg.), 67. Edition, Stand: 01.03.2023 [zitiert als: Bearbeiter, in: BeckOK ArbR].

Beck’scher Online-Kommentar Sozialrecht, *Rolfs, Christian / Giesen, Richard / Meßling, Miriam / Udsching, Peter* (Hrsg.), 68. Edition, Stand 01.03.2023 [zitiert als: Bearbeiter, in: BeckOK SozR]

Berghahn, Sabine / Egenberger, Vera / Klapp, Micha / Klose, Alexander / Liebscher, Doris / Supik, Linda / Tischbirek, Alexander, Evaluation des Allgemeinen Gleichbehandlungsgesetzes – Erstellt im Auftrag der Antidiskriminierungsstelle des Bundes vom Büro für Recht und Wissenschaft GbR mit wissenschaftlicher Begleitung von Prof. Dr. Christiane Brors, Baden-Baden 2016, ISBN 9783848735617 [zitiert als: *Berghahn* et al., Evaluation des Allgemeinen Gleichbehandlungsgesetzes].

Bernhardt, Gabriele, Verbraucherberatung und Verbraucherrechtsdurchsetzung, in: *Brönneke, Tobias / Willburger, Andreas / Bietz, Sabine* (Hrsg.), Verbraucherrechtsvollzug – Zugang der Verbraucher zum Recht, Baden-Baden 2020, S. 57–60, ISBN 9783748907138 [zitiert als: *Bernhardt*, in: Verbraucherrechtsvollzug].

Blakemore, Erin, How Hong Kong’s complex history explains its current crisis with China, in: National Geographic v. 07.08.2019, abrufbar: https://t1p.de/wvnqf (zuletzt abgerufen: 12.06.2023) [zitiert als: Blakemore, in: National Geographic v. 07.08.2019].

Blankenburg, Erhard / Rogowski, Ralf, German Labour Courts and the British Industrial Tribunal System. A Socio-Legal Comparison of Degrees of Judicialisation, J.Law & Soc 1986, 67–92.

Blankenburg, Erhard / Schönholz, Siegfried, Zur Soziologie des Arbeitsgerichtsverfahrens – Die Verrechtlichung von Arbeitskonflikten, Darmstadt 1979, ISBN 9783472080176 [zitiert als: *Blankenburg/Schönholz*, Zur Soziologie des Arbeitsgerichtsverfahrens].

Blankenburg, Erhard, Mobilisierung des Rechts – Eine Einführung in die Rechtssoziologie, Berlin/Heidelberg 1995, ISBN 9783540557319 [zitiert als: *Blankenburg*, Mobilisierung des Rechts].

Blankenburg, Erhard, Mobilisierung von Recht – Über die Wahrscheinlichkeit des Gangs zum Gericht, die Chance des Erfolgs und die daraus folgenden Funktionen der Justiz, ZfRSoz 1980, 33–64.

Blankenburg, Erhard, Rechtsberatung als Hilfe und als Barriere auf dem Weg zum Recht, ZRP 1976, 93–96.

Blasi, Gary, Framing Access to Justice: Beyond Perceived Justice for Individuals, Loy. L.A.L. Rev. 2009, 913–948.

Brackelmann, Bastian, Strategische Prozessführung im Gewerkschaftlichen Centrum, in: Völker, hört die Centrale für Revision und Europäisches Recht – 10 Jahre Gewerkschaftliches Centrum für Revision und Europäisches Recht, abrufbar: https://t1p.de/9nlp7 [zitiert als: Brackelmann, in: 10 Jahre Gewerkschaftliches Centrum].

Brooks, Ann, Gendered Work in Asian Cities – The New Economy and Changing Labour Markets, London 2016, ISBN 9781138262485 [zitiert als: *Brooks,* Gendered Work in Asian Cities].

Brown, William / Deakin, Simon / Nash, David / Oxenbridge, Sarah, The Employment Contract: From Collective Procedures to Individual Rights, BJIR 2000, 611–629.

Burges, Pee / Corby, Susan / Latreille, Paul L., Lay Judges and Labor Courts: A Question of Legitimacy, Comp. Lab. L. & Pol'y J. 2014, 191–216.

Butterworths Hong Kong Discrimination Law Handbook, *Tan, Audrey / Ho, Ming Tek Robin* (Ed.), 3. Auflage, Hongkong 2019, ISBN 9789888601295 [zitiert als *Bearbeiter,* in: HKDiscrLHdB]

Butterworths Hong Kong Employment Law Handbook, *Lo, Cissy / Krishnan, Saraswathy* (Ed.), 7. Auflage, Hongkong 2022, ISBN 9789888799718 [zitiert als *Bearbeiter,* in: HKEmplLHdB, 7. Auflage]

Butterworths Hong Kong Employment Law Handbook, *Lo, Cissy / Krishnan, Saraswathy* (Ed.), 4. Auflage, Hongkong 2013, ISBN 9789888231348 [zitiert als *Bearbeiter,* in: HKEmplLHdB, 4. Aufl.]

Carpenter, Anna E., Active Judging and Access to Justice, Notre Dame L. Rev. 2017, 647–708

Chan, Andy W. / Snape, Ed, Joint consultation in Hong Kong – Employee participation or trade union exclusion?, in: *Chan, Andy W. / Chow, Wilson W. S. / Fosh, Patricia / Snape, Ed / Westwood, Robert* (Ed.), Hong Kong Management and Labour – Change and Continuity, Oxfordshire 1999, S. 271–286, ISBN 9780415222693 [zitiert als: *Chan/Snape,* in: Hong Kong Management and Labour].

Chan, Jenny, State and Labor in China, 1978–2018, LANDS 2019, 461–475.

Chan, Johannes, The status of the Bill of Rights in the Hong Kong Special Administrative Region, HKLJ 1998, 152–155.

Chan, King-Chi Chris / Hui, Sio-Ieng Elaine, The Development of Collective Bargaining in China: From "Collective Bargaining by Riot" to "Party State-led Wage Bargaining", CQ 2014, 221–242.

Chan, Peter C. H. / Chan, David, Civil Justice with Multiple Objectives in: *Uzelac, Alan* (Ed.), Goals of Civil Justice and Civil Procedure in Contemporary Judicial Systems, Basel 2014, S. 143–165, ISBN 9783319034430 [zitiert als: *Chan/Chan*, in: Civil Justice and Civil Procedure in Contemporary Judicial Systems]

Chan, Peter C. H., Comparing the Civil Court Structures of Mainland China, Taiwan, Hong Kong and Macau from a Case management Perspective, in: *Chan, Peter C.H. / van Rhee, Remco* (Ed.), Civil Case Management in the Twenty-First Century, Singapur 2021, S. 13–34, ISBN 9789813345119 [zitiert als: *Chan*, in: Civil Case Management in the Twenty-First Century].

Chan, Tara, Forced Labour Laws in Hong Kong: A Comparative Analysis, JLawTechPubPol 2014, 87–114.

Chau, Lee Wai James, Revisiting "Continuous Employment" and "Umbrella Contracts": Plugging the Gap in the Employment Ordinance, HKJLS 2020, 53–80.

Chiu, Catherine C.H., Labour Relations and Regulation in Hong Kong: Theory and Practice, in: Working Paper Series No. 37-2002, abrufbar: https://t1p.de/q2equ (zuletzt abgerufen: 12.06.2023) [zitiert als: *Chiu*, in: Working Paper Series No. 37]

Chiu, Stephen W. K. / So, Alvin Y. / Tam, May Yeuk-mui, Flexible Employment in Hong Kong: Trends and Patterns in Comparative Perspective, AS 2008, 673–702.

Chung, Gordon, Can employers lawfully "opt out" of their statutory obligations? A call for reform of fixed-term employment in Hong Kong, APLR 2017, 29–47.

Clayton, David, Conflict and Conciliation: Industrial Relations in an Industrialising Hong Kong, ca. 1946–1960, LH 2021, 470–488.

Colling, Trevor, Trade Union Roles in Making Employment Rights Effective, in: *Dickens, Laura* (Ed.), Making Employment Rights Effective-Issues of Enforcement and Compliance, Oxford 2012, S. 183–204, ISBN 9781782250081 [zitiert als: *Colling*, in: Making Employment Rights Effective].

Commission of the European Communities, Green Paper-Access of Consumers to Justice and the Settlement of Consumer Disputes in the Single Market-KOM(93) 576, Brüssel 1993 [zitiert als: Commission of the European Communities, Green Paper KOM(93) 576].

Connolly, Michael, Discriminatory Motive and the But for Test: The Proper Approach to Direct Discrimination in Britain and the United States, IntJDiscr&Law 2009, 37–56.

Cox, Wendell, Demographia International Housing Affordability presented by the Urban Reform Institute and the Frontier Centre for Public Policy, Texas 2023, abrufbar: https://t1p.de/aaqpx (zuletzt aufgerufen: 31.05.2023) [zitiert als: Cox, Demographia International Housing Affordability].

Curran, Liz / Noone, Mary Anne, The Challenge of Defining Unmet Legal Need, in: JoLaSP 2007, 63–60.

Da Roza, Antonio / Aslam, Farzana / Loper, Kelly, Submission for Public Consultation on the Discrimination Law Review, Hongkong 2014, abrufbar: https://t1p.de/tt3l5 (zuletzt abgerufen: 12.06.2023).

Däubler, Wolfgang / Kittner, Michael, Geschichte und Zukunft der Betriebsverfassung, 2. Auflage, Frankfurt am Main 2022, ISBN 9783766372734.

Däubler, Wolfgang, Arbeitsschutz schafft neues Arbeitsrecht!?, NZA 2021, 86–91.

Däubler, Wolfgang, Gesellschaftliche Interessen und Arbeitsrecht, Köln 1974, ISBN 3760901824.

Däubler, Wolfgang, Kollektive Durchsetzung individueller Rechte?, AuR 1995, 305–312.

Daum, Jan Alexander, Arbeitsbedingungen-Richtlinie und das Gebot effektiver Rechtsdurchsetzung, in: NZA 2021, 920–927.

Daum, Jan Alexander, La Sonnambula: Die Anwendbarkeit der Verzugspauschale nach § 288 V BGB im Arbeitsrecht, in: *Buhl, Samir / Frieling, Tino / Krois, Christopher / Malorny, Friederike / Münder, Matthias / Richter, Barbara / Schmidt, Laura* (Hrsg.), Der erwachte Gesetzgeber – Regulierung und Deregulierung im Arbeitsrecht – Dokumentation der 7. Assistentinnen- und Assistententagung im Arbeitsrecht vom 27.–29.07.2017, S. 23–40, ISBN 9783848744411 [zitiert als: Daum, in: Der erwachte Gesetzgeber].

Demeyere, Luc, An essay on differing approaches to procedures under common law and civil law, in: SchiedsVZ 2008, 279–284.

Department of Justice, Consultancy Study on the Demand for and Supply of Legal and Related Services, Hongkong 2008, abrufbar: https://t1p.de/x1ouj (zuletzt abgerufen: 12.06.2023).

Dickens, Laura, Employment Tribunals and Alternative Dispute Resolution, in: Dickens, Laura (Ed.), Making Employment Rights Effective-Issues of Enforcement and Compliance, Oxford 2012, S. 29–48, ISBN 9781782250081 [zitiert als: *Dickens*, in: Making Employment Rights Effective].

Dickens, Laura, Introduction, in: *Dickens, Laura* (Ed.), Making Employment Rights Effective-Issues of Enforcement and Compliance, Oxford 2012, S. 1–6, ISBN 9781782250081 [zitiert als: *Dickens*, in: Making Employment Rights Effective].

Dürschmied, Laura, Ehrenamt und Arbeitnehmerbegriff, Baden-Baden 2021, ISBN 9783848786404.

Dyck, Laura / Ittner, Thomas, Das Sachvortragsverwertungsverbot – Einordnung und Abgrenzung im zivil- und arbeitsgerichtlichen Verfahren, NJW 2021, 1633–1637.

Eagly, Ingrid V., Community Education: Creating a New Vision of Legal Services, Clinical L. Rev. 1998, 433–484.

Ekert, Stefan / Meller-Hannich, Caroline / Nöhre, Monika / Höland, Armin / Gelbrich, Katharina / Poel, Lisa / Hundertmark, Lukas / Moser, Adrian, Abschlussbericht zum Forschungsvorhaben „Erforschung der Ursachen des Rückgangs der Eingangszahlen bei den Zivilgerichten", Berlin 2023, abrufbar: https://t1p.de/e75m4 (zuletzt abgerufen: 12.06.2023) [zitiert als: *Eckert* et al., Erforschung der Ursachen des Rückgangs der Eingangszahlen bei den Zivilgerichten].

Emir, Astra, Selwyn's Law of Employment, 20. Auflage, Oxford 2020, ISBN 9780192858795.

Endemann, Aleksandra / Schramm, Florian, Macht und Kündigungsschutz: eine empirische Analyse der Arbeitgeber-Arbeitnehmer-Beziehung, ZfRSoz 2013, 107–130.

Equal Opportunities Commission, The Discrimination Law Review – Submissions to the Government, Hongkong 2022, abrufbar: https://t1p.de/fvghh (zuletzt abgerufen: 12.06.2023) [zitiert als: EOC, The Discrimination Law Review 2016].

Erfurter Kommentar zum Arbeitsrecht, Müller Glöge, Rudi / Preis, Ulrich / Schmidt, Ingrid *(Hrsg.)*, 23. Auflage, München 2023, 978-3-406-78838-3 [zitiert als: Bearbeiter, in: ErfK].

European Agency for Fundamental Rights, Handbook on European law relating to access to justice, Luxemburg 2016, ISBN 9789287198600.

Eyer, Katie, The But-for Theory of Anti-discrimination Law, Va. L. Rev. 2021, 1621–1710.

Farbenblum, Bassina / Berg, Laurie, Migrant Workers' Access to Justice for Wage Theft, in: Social Science Research Network v. 20.01.2022, abrufbar: https://t1p.de/81yhs (zuletzt abgerufen: 12.06.2023) [zitiert als: *Farbenblum/Berg*, SSRN 2022].

Farrow, Trevor C. W., What is Access to Justice?, OHLJ 2014, 957–987.

Feldmann, Malte, Twenty Years "One Country, Two Systems" in Hong Kong: A Reason to Celebrate? In: Verfassungsblog v. 30.06.2017, abrufbar: https://t1p.de/hghid (zuletzt abgerufen: 12.06.2023) [zitiert als: Feldmann, in: Verfassungsblog v. 30.06.2017].

Felstiner, William L. F., Influences of Social Organization on Dispute Processing, L&Soc'yRev 1974, 63–95.

Felstiner, William L.F. / Abel, Richard L. / Sarat, Austin, The Emergence and Transformation of Disputes: Naming, Blaming, Claiming, L&Soc'yRev 1980, 631–654.

Fischels, André, Der Arbeitnehmerbegriff – Typologik, Dogmatik und Systematisierung, Baden-Baden 2019, ISBN 9783848755813 [zitiert als: *Fischels*, Der Arbeitnehmerbegriff].

Fisher, Michael / Greenwood, Desmond G., Contract Law in Hong Kong, Hongkong 2007, ISBN 9789622098657.

Florian, Julia, Zugang zum Recht – Beobachtungen zur Kostendimension, Juridica Int. 2021, 111–122.

Flößer, Monika, Laienbeteiligung an den englischen Employment Tribunals, EuZA 2021, 443–448.

Flynn, Matt / Schröder, Heike, Age, work and pensions in the United Kingdom and Hong Kong: An institutional perspective, EaID 2021, 248–268.

Fosh, Patricia / Carver, Anne / Chow, Wilson W. / Ng, Sek Hong / Harriet, Samuels, Trade Unions and their Relationship to Power in Hong Kong, JIR 2000, 417–444.

Frection, Reginald Vincent, Does the current process to address labour rights violations of Migrant Domestic Workers in Hong Kong Provide an Effective Remedy?, York 2017, abrufbar: https://t1p.de/6gtr3 (zuletzt abgerufen: 12.06.2023).

Fries, Martin, Verbraucherrechtsdurchsetzung, Tübingen 2016, ISBN 9783161545870.

Fritz-Mauer, Matthew, Naming, Blaming, and Just Plain Giving Up, in: Social Science Research Network v. 03.05.2022, abrufbar: https://t1p.de/x5eey (zuletzt abgerufen: 12.06.2023) [zitiert als: *Fritz-Mauer*, SSRN 2022].

Fuchs, Gesine, Rechtsmobilisierung – Rechte kennen, Rechte nutzen und Recht bekommen, in: *Boulanger, Christian / Rosenstock, Julika / Singelnstein, Tobias* (Hrsg.), Interdisziplinäre Rechtsforschung – Eine Einführung in die geistes- und sozialwissenschaftliche Befassung mit dem Recht und seiner Praxis, Wiesbaden 2019, S. 243–256, ISBN 9783658219901 [zitiert als: *Fuchs*, in: Interdisziplinäre Rechtsforschung].

Funder, Maria, Quo vadis Betriebsrat? Entwicklungstrends der betrieblichen Mitbestimmung, WSI-Mitteilungen 2018, 497–504.

Gaier, Reinhard / Wolf, Christian / Göcken, Stephan (Hrsg.), Anwaltliches Berufsrecht Kommentar, 3. Auflage, Köln 2020, ISBN 9783504067625 [zitiert als: *Bearbeiter*, in: GWG Anwaltliches Berufsrecht].

Galanter, Marc, Why the "Haves" Come out Ahead: Speculations on the Limits of Legal Change, L&Soc'yRev 1974, 95–160.

Gamillscheg, Franz, Zivilrechtliche Denkformen und die Entwicklung des Individualarbeitsrechts – Zum Verhältnis von Arbeitsrecht und BGB, AcP 1976, 197–220.

Garner, Bryan A. *(Ed. in Chief)*, Black's Law Dictionary, 11. Auflage, Toronto/Buffalo/London 2019, ISBN 9781539229759

Geffken, Rolf, Arbeit in China, Baden-Baden 2004, ISBN 3832906533.

Germelsmann, Claas-Hinrich / Matthes, Hans-Christoph / Prütting, Hanns *(Hrsg.)*, Arbeitsgerichtsgesetz Kommentar, 10. Auflage, München 2022, ISBN 9783406784163 [zitiert als: Bearbeiter, in: GMP].

Glofcheski, Rick / Aslam, Farzana (General Ed.), Employment Law and Practice in Hong Kong, 2. Auflage, Hongkong 2016, ISBN 9789626618158 [zitiert als: Glofcheski/Aslam, Employment Law and Practice].

Glofcheski, Rick / Leung, Ho Yan, Job Security and Entitlements within Hong Kong's Maternity Protection Legislation, IJCLLIR 2009, 327–345.

Glofcheski, Rick, Job security issues in a Laissez-faire Economy, in: *Blanpain, Roger* (Ed.), The Modernization of Labour Law and Industrial in a Relations Comparative Perspective, Alphen am Rhein 2009, S. 423–438, ISBN 9789041128652 [zitiert als: *Glofcheski*, The Modernization of Labour Law and Industrial in a Relations Comparative Perspective].

Glofcheski, Rick, The Sorry State of Hong Kong Labour Law, HKLJ 2013, 1–4.

Goodstadt, Leo F., Poverty in the Midst of Affluence – How Hong Kong Mismanaged Its Prosperity, Hongkong 2013, ISBN 9789888208210 [zitiert als: *Goodstadt*, Poverty in the Midst of Affluence].

Graser, Alexander, Zugang zum Recht: Kein Thema für die deutsche (Sozial-) Rechtswissenschaft?, ZIAS 2020, 13–30.

Greiner, Stefan, Wo kein Kläger, da kein Richter – Ansätze zur Unterbindung der Divergenz der Rechtslage und Rechtswirklichkeit im Arbeitsrecht, AuR 2016, 92–99.

Grotlüschen, Anke / Buddeberg, Klaus / Dutz, Gregor / Heilmann, Lisanne / Strammer, Christopher, Leo-Studie der Universität Hamburg – Leben mit geringer Literalität, 2019, abrufbar: https://t1p.de/cn8vt (zuletzt abgerufen: 15.06.2023) [zitiert als: *Grotlüschen* et al., LEO-Studie]

Grotmann-Höfling, Günter, Statistik über Alles? Ohne Statistik ist alles Nichts – 25 Jahre Arbeitsgerichtsbarkeit im Lichte der Statistik, AuR 2021, 159–168.

Halder, Christoph / Ittner, Thomas, Die unzutreffende Annahme einer Eilentscheidungskompetenz als Entzug des gesetzlichen Richters nach Art. 101 Abs. 1 S. 2 GG, ZJS 2018, 275–284.

Haug, Ulrich / Pfarr, Heide / Struck, Gerhard, Möglichkeiten der Beschleunigung des arbeitsgerichtlichen Verfahrens, Berlin 1985, ISBN 9783428058976.

Hepple, Bob, Back to the Future: Employment Law under the Coalition Government, ILJ 2013, 203–223.

Heussen, Benno, Zugang zum Recht – Ein internationaler Vergleich, AnwBl 2005, 771–773.

Hidding, Franziska, Zugang zum Recht für Verbraucher – Ein Vergleich der alternativen Streitbeilegung in Verbrauchersachen mit der gerichtlichen Streitbeilegung, Berlin 2019, ISBN 9783428558247 [zitiert als: *Hidding*, Zugang zum Recht für Verbraucher].

Hirsch, Günter, Außergerichtliche Streitbeilegung als niederschwelliger Weg zum Recht, in: *Brönneke, Tobias / Willburger, Andreas / Bietz, Sabine* (Hrsg.), Verbraucherrechtsvollzug – Zugang der Verbraucher zum Recht, Baden-Baden 2020, S. 207–218, ISBN 9783848766338 [zitiert als: Hirsch, in: Verbraucherrechtsvollzug]

Hirsh, C. Elizabeth, Settling for Less? Organizational Determinants of Discrimination-Charge Outcomes, L&Soc'yRev 2008, 239–274.

Hohe, Thomas, Arbeitnehmerbegriffe im Recht der Europäischen Union – Ein Plädoyer für eine funktionale Begriffsbildung, Baden-Baden 2022, ISBN 9783848775620 [zitiert als: *Hohe*, Arbeitnehmerbegriffe im Recht der Europäischen Union].

Höland, Armin / Kahl, Ute / Zeibig, Nadine, Kündigungspraxis und Kündigungsschutz im Arbeitsverhältnis – Eine empirische Praxisuntersuchung aus Sicht des arbeitsgerichtlichen Verfahrens, Baden-Baden 2007, ISBN 9783832925017.

Hong Kong Employment Ordinance: An Annotated Guide, Bd. 2, (Loseblattsammlung) Stand: 09.2021 [zitiert als: *Bearbeiter*, in: HKEO – An Annotated Guide, Bd. 2], ISBN 9789627904229.

Hou, Yuting, Means of Transformation? The Role of Enforcement Mechanisms in Providing Protection against Pregnancy Discrimination in Employment,

Oslo 2012, abrufbar: https://t1p.de/v62hg (zuletzt abgerufen: 12.06.2023) [zitiert als: *Hou,* Means of Transformation].

Howell, Chris, Neoliberalism, capitalist growth models, and the state: An agenda for industrial relations theory, JIR 2019, 457–474.

Howell, Chris, Rethinking the role of the state in employment relations for a neoliberal era, ILR Review 2021, 739–772.

Hromadka, Wolfgang, Unternehmerische Freiheit – ein Problem der betriebsbedingten Kündigung?, ZFA 2002, 383–396.

Husa, Jaakko, Evolutionstheorie und Makrorechtsvergleichung, Rechtstheorie 2016, 397–412.

Ippoliti, Roberto / Sanders, Anne, The demand for civil justice in Germany: an empirical investigation, IRoAE 2022, 67–84.

Ittner, Thomas / Bindra, Suhail, Equal Treatment at the Workplace – Comparing Anti-Discrimination Legislation in Hong Kong SAR and the European Union, EuZA 2023, im Erscheinen.

Jahn, Elke, Wie wirkt der Kündigungsschutz?, ZfAF 2005, 284–304

Jones, Ben / Prassl, Jeremias, Verpflichtende Außergerichtliche Vermittlungsverfahren im Englischen Arbeitsrecht: ein erster Erfahrungsbericht, ZKM 2016, 36–39.

Junker, Abbo, Betriebsverfassung in Klein- und Mittelbetrieben – Ein europäischer Vergleich, NZA 2002, 131–138.

Junker, Abbo, Die Beendigung eines Arbeitsverhältnisses nach dem Recht der Republik Südafrika, in: *Martinek, Michael / Rawert, Peter / Weitemeyer, Birgit* (Hrsg.), Festschrift für Dieter Reuter zum 70. Geburtstag am 16. Oktober 2010, Berlin 2010, S. 571–588, ISBN 9783899496840 [zitiert als: *Junker,* in: FS Reuter].

Junker, Abbo, Grund und Grenzen der Arbeitsrechtsvergleichung, in: *Helderlich, Andreas / Prölss, Jürgen / Koller, Ingo* (Hrsg.), Festschrift für Claus-Wilhelm Canaris zum 70. Geburtstag, Bd. 2, München 2007, S. 705–719, ISBN 9783406561702 [zitiert als: *Junker,* in: FS Canaris, Bd. 2].

Junker, Abbo, Grundkurs Arbeitsrecht, 22. Auflage, München 2023, ISBN 9783406800269 [zitiert als: *Junker,* GK Arbeitsrecht].

Kahn-Freund, Otto, On Uses and Misuses of Comparative Law, MLR 1974, 1–27.

Kahn-Freund, Otto, Trade Union, the Law and Society, MLR 1970, 241–267.

Kallos, Christian, Der gesetzliche Kündigungsschutz Englands – Insbesondere bei Redundancy, Berlin 2008, ISBN 9783832519421 [zitiert als: *Kallos,* Der gesetzliche Kündigungsschutz Englands].

Kapai, Puja, The Hong Kong Equal Opportunities Commission: Calling for a New Avatar, HKLJ 2009, 339–360.

Kho, Jacqueleen / Shaheera, Raja Nurul / Yee, Michelle (Issue Ed.), in: *Downey, Michael* (General Ed.), Hong Kong Employment Law Manual, Bd. 1, Issue 44, Stand 09.2021, ISBN 9789627904014 [zitiert als: *Kho/Shaheera/Yee*, in: HKEmpLawM, Bd. 1].

Kho, Jacqueleen / Shaheera, Raja Nurul / Yee, Michelle (Issue Ed.), in: *Downey, Michael* (General Ed.), Hong Kong Employment Law Manual, Bd. 2, Issue 44, Stand 09.2021, ISBN 9789627904014 [zitiert als: *Kho/Shaheera/Yee*, in: HKEmpLawM, Bd. 2].

Kilian, Matthias, Rückläufige Eingangszahlen in der Justiz – Erfahrungen und Einschätzungen der Anwaltschaft: Schnelle und kostengünstige Lösungen sind gefragt, AnwBl 2022, 418–419.

Kilian, Matthias, Zugang zum Recht – Beobachtungen in Zeiten von Gesetzen zur Kosteneinsparung bei der Prozesskosten- und Beratungshilfe, AnwBl 2008, 236–240.

Kirk, Eleanor, "The 'Problem' with the Employment Tribunal System: Reform, Rhetoric and Realities for the Clients of Citizens' Advice Bureaux", WES 2018, 975–991.

Kirk, Eleanor, The Worker and the Law Revisited: Conceptualizing Legal Participation, Mobilization and Consciousness at Work, IJCLLIR 2022, 157–184.

Klaming, Laura / Giesen, Ivo, Access to Justice: The Quality of the Procedure, in: TISCO Working Paper Series on Civil Law and Conflict Resolution Systems No. 002/2008, abrufbar: https://t1p.de/bjelg (zuletzt abgerufen: 12.06.2023).

Knöfel, Oliver L., Die „versicherte Tätigkeit" von Organmitgliedern bei der D&O-Versicherung, VersR 2019, 1249–1259.

Kocher, Eva, Barrieren der Mobilisierung von Arbeitsrecht – Oder: Lässt sich Fairness erzwingen?, juridikum 2012, 63–73.

Kocher, Eva, Die Rechtsdurchsetzung nach dem AGG, in: *Riesenhuber, Karl* (Hrsg.), Das Allgemeine Gleichbehandlungsgesetz – Grundsatz- und Praxisfragen, Gruyter 2007, S. 55–78, ISBN 9783899494457 [zitiert als: *Kocher*, in: Das Allgemeine Gleichbehandlungsgesetz].

Kocher, Eva, Effektive Mobilisierung von Beschäftigtenrechten, Düsseldorf 2009, ISBN 9783865931276.

Kocher, Eva, Unternehmen als Adressaten des Arbeitsrechts. Die Bedeutung externer Akteurinnen und Akteure für die effektive Rechtsdurchsetzung, in: *Alewell, Dorothea* (Hrsg.), Rechtstatsachen und Rechtswirkungen im Arbeits- und Sozialrecht, Augsburg 2013, S. 41–56, ISBN 9783866188365 [zitiert als: *Kocher* in: Rechtstatsachen und Rechtswirkungen im Arbeits- und Sozialrecht].

Kollmer, Norbert, Arbeitsschutzrecht – Eine notwendige Standortbestimmung, ARP 2020, 242–248.

Kommission der Europäischen Gemeinschaften, Grünbuch – Zugang der Verbraucher zum Recht und Beilegung von Rechtsstreitigkeiten der Verbraucher im Binnenmarkt-KOM(93) 576, Brüssel 1993, abrufbar: https://t1p.de/rst8k (zuletzt abgerufen: 12.06.2023) [zitiert als: Kommission der Europäischen Gemeinschaften, Grünbuch KOM(93) 576].

Koo, Anna K. C., Institutionalising Mediation in Hong Kong, HKLJ 2015, 769–794.

Korn, Anthony / Sethi, Mohinderpal, Employment Tribunal Remedies, 4. Auflage, Oxford 2011, ISBN 9780199586417.

Kritzer, Herbert M., Studying Disputes: Learning from the CLRP Experience, in: L&Soc'yRev 1980, 503–524.

Kuan, Hsin-chi / Lau, Siu-kai, The Partial Vision of Democracy in Hong Kong, Chin. J. 1995, 239–264.

Kunz, Karl-Ludwig, Tatbeweis jenseits eines vernünftigen Zweifels – Zur Rationalität der Beweiswürdigung bei der Tatsachenfeststellung, ZStW 2009, 572–606.

Labour Department, A Concise Guide to the Employment Ordinance, Hongkong 2021, abrufbar: https://t1p.de/bcug7 (zuletzt abgerufen: 12.06.2023),

Lam, Kitty, Research and Library Services Division Legislative Council Secretariat, The Operation of Labour Tribunals and Other Mechanisms for Resolving Labour Disputes in Hong Kong and Selected Places, Hongkong 2004, abrufbar: https://t1p.de/6zxm0 (zuletzt abgerufen: 12.06.2023) [zitiert als: *Lam*, The Operation of Labour Tribunals and Other Mechanisms for Resolving Labour Disputes].

Lam, Long W. / Xu, Angela J., Power Imbalance and Employee Silence: The Role of Abusive Leadership, Power Distance Orientation, and Perceived Organisational Politics, Appl. Psychol. 2019, 513–546.

Latreille, Paul L. / Latreille, J. A. / Knight, K. G., Making a Difference? Legal Representation in Employment Tribunal Cases: Evidence from a Survey of Representatives, ILJ 2005, 308–330.

Latzel, Clemens, Verhaltenssteuerung, Recht und Privatautonomie, Berlin/Heidelberg 2020, ISBN 9783662603154.

Lau, Chris / Lam, Jeffie / Zheng, William, Hong Kong tycoon Jimmy Lai's trial could be deferred by month or more while Beijing interprets national security law, analysts say, in: South China Morning Post v. 29.11.2022, abrufbar: https://t1p.de/suzni (zuletzt abgerufen: 12.06.2023) [zitiert als: *Lau/Lam/Zheng*, in: South China Morning Post v. 29.11.2022].

Lawton, Elen M. / Sandel, Megan, Investing In Legal Prevention: Connecting Access To Civil Justice And Healthcare Through Medical-legal Partnership, JoLM 2014, 29–40.

Lercher, Wolfgang / Naumann, Reinhard, Zur aktuellen Lage der Gewerkschaften, in: *Däubler, Wolfgang / Lercher, Wolfgang* (Hrsg.), Die Gewerkschaften in den 12 EG-Ländern – Europäische Integration und Gewerkschaftsbewegung, Frankfurt am Main 1991, S. 15–130 [zitiert als: *Lercher/Naumann*, in: Die Gewerkschaften in den 12 EG-Ländern].

Levitsky, Sandra R., "What Rights?" The Construction of Political Claims to American Health Care Entitlements, L&Soc'yRev 2008, 551–590.

Linck, Rüdiger / Preis, Ulrich / Schmidt, Ingrid (Hrsg.), Kündigungsrecht. Großkommentar zum gesamten Recht der Beendigung von Arbeitsverhältnissen, 6. Auflage, München 2021, ISBN 9783406756870 [zitiert als: *Bearbeiter*, in: APS Kündigungsrecht].

Lindblom, Per Henrik, ADR – The Opiate of the Legal System?, ERPL 2008, 63–93.

Lindemann, Cornelius, Grenzen der Arbeitszeit – Eine arbeitszeitrechtliche, vergütungsrechtliche und betriebsverfassungsrechtliche Analyse von Zeiten im Grenzbereich der Arbeitsleistung, Hamburg 2021, ISBN 9783339123602 [zitiert als: *Lindemann*, Grenzen der Arbeitszeit].

Lo, Stefan H. C. / Kwok-yin Cheng, Kevin / Chui, Wing Hong, The Hong Kong Legal System, 2. Auflage, Cambridge 2020, ISBN 9781108721820.

Lörcher, Klaus, Access to Justice, in: *Rasnaca, Zane / Koukiadaki, Aristea / Bruun, Niklas / Lörcher, Klaus* (Ed.), Effective Enforcement of EU Labour Law, Oxford 2022, S. 57–80, ISBN 9781509944415 [zitiert als: *Lörcher*, in: Effective Enforcement of EU Labour Law].

Lorenz, Michael, Investment in Hongkong – Das Steuer- und Rechtshandbuch für den Praktiker, 5. Auflage, Wiesbaden 2014, ISBN 9783658049911 [zitiert als: *Lorenz*, Investment in Hongkong].

Löwisch, Manfred / Rieble, Volker (Hrsg.), Tarifvertragsgesetz Kommentar, 4. Auflage, München 2017, ISBN 9783800664429 [zitiert als: *Bearbeiter*, in: LR TVG].

Ludyga, Hannes, Otto Kahn-Freund (1900–1979) – Ein Arbeitsrechtler in der Weimarer Zeit, Berlin 2016, ISBN 9783110494907 [zitiert als: *Ludyga*, Otto Kahn-Freund].

Lui, Ann, Equal Opportunities Commission, in: *Abate, Duncan / Tran, Hong* (Ed.), Discrimination Law & Practice in Hong Kong, Hongkong 2011, ISBN 9789626613511 [zitiert als: *Lui*, in: Discrimination Law & Practice].

Luzak, Joasia, The ADR Directive: Designed to Fail? A Hole-Ridden Stairway to Consumer Justice, ERPL 2016, 81–101.

Majid, Abdul / Gul, Reza Jashen / Ho, Sandra / Bliss, Mark A. / Sun, Sunny, The Avoidance of Statutory Benefits to Employees by Hong Kong Employers, HKLJ 2012, 865–900.

Mańko, Rafal, "Reality is for those who cannot sustain the dream": Fantasies of Selfhood in Legal Text, Wroclaw Rev. 2016, 24–47.

Marabotto Lugaro / Jorge A., Un Derecho Humano Esencial: El Acceso a la Justicia, ADCL 2003, 291–301.

Marshall, Anna-Maria / Barclay, Scott, In Their Own Words: How Ordinary People Construct the Legal World, Law & Soc. Inquiry 2003, 617–628, ISSN 1747-4469.

McArdle, Kay, Pathfinders: Supporting Pregnant Domestic Migrant Workers' Access to Justice in Hong Kong, in: *Barrow, Amy / Chia, Joy L.* (Ed.), Gender, Violence and the State in Asia Routledge, Hongkong 2016, S. 204–222, ISBN 9781138580718 [zitiert als: *McArdle*, in: Gender, Violence and the State in Asia Routledge].

McCormack, Judith / Remani, Azim, Middle Income Access to Justice: Policy Options with Respect to Employment Law, in: *Trebilcock, Michael / Duggan, Anthony / Sossin, Lorne* (Ed.), Middle Income Access to Justice, Toronto/Buffalo/London 2012, S. 450–484, ISBN 9781442612686 [zitiert als: *McCormack/Remani*, in: Middle Income to Justice].

McDonald, Hugh, Assessing Access to Justice: How Much "Legal" Do People Need and How Can We Know?, UC Irvine L. Rev 2021, 693–752.

McLaughlin, Timothy, A Newsroom at the Edge of Autocracy, in: The Atlantic v. 01.08.2020, abrufbar: https://t1p.de/hvk7v (zuletzt abgerufen: 12.06.2023) [zitiert als: *McLaughlin*, in: The Atlantic v. 01.08.2020].

Meyer, Leane, Internationale Schiedsgerichtsbarkeit in Hongkong und Deutschland – Vorbildfunktion des asiatischen Erfolgsmodells für die deutsche Reform?, Baden-Baden 2020, ISBN 9783748921783 [zitiert als: *Meyer*, Internationale Schiedsgerichtsbarkeit in Hongkong und Deutschland].

Miller, Richard E. / Sarat, Austin, Grievances, Claims, and Disputes: Assessing the Adversary Culture, L&Soc'yRev 1980, 525–566.

Morgenweck, Janina, Die Arbeitsgerichtsbarkeit in England, Frankfurt am Main 2013, ISBN 9783631627563.

Morgenweck, Janina, Die englischen Employment Tribunals – Ein Überblick, EuZA 2013, 395–404.

Morris, Gillian, The development of Statutory Employment Rights in Britain and Enforcement Mechanisms, in: *Dickens, Laura* (Ed.), Making Employment Rights Effective-Issues of Enforcement and Compliance, Oxford 2012, S. 7–28, ISBN 9781849462563 [zitiert als: *Morris,* in: Making Employment Rights Effective].

Münchener Anwaltshandbuch Arbeitsrecht, *Moll, Wilhelm* (Hrsg.), 5. Auflage, München 2021, ISBN 9783406751370 [zitiert als: *Bearbeiter,* in: MAH ArbR].

Münchener Anwaltshandbuch Gewerblicher Rechtsschutz, *Hasselblatt, Gordian N.* (Hrsg.), 6. Auflage, München 2022, ISBN 9783406776656 [zitiert als: *Bearbeiter,* in: MAH GewRSch].

Münchener Handbuch zum Arbeitsrecht, *Kiel, Heinrich / Lunk, Stefan / Oetker, Hartmut* (Hrsg.), Bd. 1, 5. Aufl. 2021, ISBN 9783406753916 [zitiert als: *Bearbeiter,* in: MüHdb ArbR, Bd. 1].

Münchener Handbuch zum Arbeitsrecht, Kiel, *Heinrich / Lunk, Stefan / Oetker, Hartmut* (Hrsg.), Bd. 4, 5. Aufl. 2022, ISBN 9783406753947 [zitiert als: *Bearbeiter,* in: MüHdb ArbR, Bd. 1].

Münchener Kommentar zum Bürgerlichen Gesetzbuch, *Säcker, Jürgen / Rixecker, Roland / Oetker, Hartmut / Limperg, Bettina* (Hrsg.), Bd. 1, 9. Auflage, München 2021, ISBN 9783406766701 [zitiert als: *Bearbeiter,* in: MüKO BGB].

Münchener Kommentar zum Versicherungsvertragsgesetz, *Langheid, Theo / Wandt, Manfred* (Hrsg.), Bd. 3, 2. Auflage, München 2017, ISBN 9783406673139 [zitiert als: *Bearbeiter,* in: MüKO VVG].

Münchener Kommentar zur Zivilprozessordnung mit Gerichtsverfassungsgesetz und Nebengesetzen, *Krüger, Wolfgang / Rauscher, Thomas* (Hrsg.), 6. Auflage, München 2020, ISBN 9783406745201 [zitiert als: *Bearbeiter,* in: MüKO ZPO].

Munkholm, Louise, Re-Inventing Labour Law Enforcement – a Socio-Legal Analysis, Oxford 2020, ISBN 9781509926374 [zitiert als: *Munkholm*, Re-Inventing Labour Law Enforcement].

Natter, Eberhard, Die Arbeitsgerichtsbarkeit Baden-Württemberg im Wechsel der Konjunkturzyklen, in: *Höland, Armin / Meller-Hannich, Caroline* (Hrsg.), Nichts zu klagen? Der Rückgang der Klageeingangszahlen in der Justiz – Mögliche Ursachen und Folgen, Baden-Baden 2016, S. 43–62, ISBN 9783848732289 [zitiert als: Natter, in: Nichts zu klagen?].

Nee, William, The crackdown on trade unions in Hong Kong: what response from responsible investors?, in: Cambridge Core blog v. 19.04.2022, abrufbar: https://t1p.de/0b0n7 (zuletzt abgerufen: 07.06.2023) [zitiert als: *Nee*, in: Cambridge Core blog v. 19.04.2022]

Ng, Sek Hong / Robert Wright, Hongkong, in: *Zanko, Michael* (Ed.), The Handbook of Human Resource Management Policies and Practices in Asia-Pacific Economies, Bd. 1, Cheltenham 2002, ISBN 9781840647501 [zitiert als: *Ng/Wright*, in: The Handbook of Human Resource Management Policies and Practices in Asia-Pacific Economies].

Ng, Sek Hong / Sit, Fung-Shuen Victor, Labour Relations and Labour Conditions in Hong Kong, London 1989, ISBN 9780333491232.

Ng, Sek Hong, From "Voluntarism" to "Intervention by Discretion": The Changing Stance of Labour Administration in Hong Kong, HKJPA 1982, 31–50.

Ng, Sek Hong, Labour Law in Hong Kong, 2. Auflage, Alphen am Rhein 2015, ISBN 9789041160119.

Olesen, Annette / Hammerslev, Ole, Naming, blaming, claiming: an interview with Bill Felstiner, Rick Abel, and Austin Sarat, J. Law & Soc 2021, 295–307.

Ostrowicz, Alexander / Künzl, Reinhard / Scholz, Christian (Hrsg.), Handbuch des arbeitsgerichtlichen Verfahrens, 6. Auflage, Berlin 2020, ISBN 9783503191444 [zitiert als: *Bearbeiter*, in: OKS Hdb ArbVerf].

Palmer, Wayne / Tan, Carol, I'm Keeping My Baby: Migrant Domestic Worker Rights at The Intersection of Labour and Immigration Laws, TRaNS 2022, 115–125.

Palmer, Wayne, International Migration and Stereotype Formation: Indonesian Migrants in Hong Kong, JoIntMigIntegr 2020, 731–744.

Peng, Chenhong / Fang, Lue / Wang, Shu-Huah Julia / Law, Yik Wa / Zhang, Yi / Yip, Paul S. F., "Determinants of Poverty and Their Variation Across the Poverty Spectrum: Evidence from Hong Kong, a High-Income Society with a High Poverty Level", Soc. Indic. Res. 2019, 219–250.

Pepper, Stephen, Access to What?, J. Inst. Stud. Leg. Eth. 1999, 269–288.

Petersen, Carole J., Investigation and Conciliation of Employment Discrimination Claims in the Context of Hong Kong, Em. Rts. & Emp. Pol'y J 2001, 627–660.

Pfarr, Heide / Kocher, Eva, Kollektivverfahren im Arbeitsrecht – Arbeitnehmerschutz und Gleichberechtigung durch Verfahren, Baden-Baden 1998, ISBN 9783789055577 [zitiert als: *Pfarr/Kocher*, Kollektivverfahren im Arbeitsrecht].

Pfarr, Heide / Ullmann, Karen / Bradtke, Marcus / Schneider, Julia / Kimmich, Martin / Bothfeld, Silke, Der Kündigungsschutz zwischen Wahrnehmung und Wirklichkeit – Betriebliche Erfahrungen mit der Beendigung von

Arbeitsverhältnissen, Augsburg 2005, ISBN 9783879889228 [zitiert als: *Pfarr* et al., Der Kündigungsschutz zwischen Wahrnehmung und Wirklichkeit].

Pfeiffer, Hermannus, Generali kürzt Betriebsrenten – Warten auf den Tod, in: taz v. 11.12.2019, abrufbar: https://t1p.de/epw6t (zuletzt abgerufen: 12.06.2023) [zitiert als: Pfeiffer, in: taz v. 11.12.2019].

Pick, Georg, Der Entwurf eines Arbeitsgerichtsgesetzes im Reichsrat, JR 1926, 235–244.

Poppe, *Emily S. Taylor*, Institutional Design for Access to Justice, UC Irvine L. Rev 2021, 781–810.

Portillo, Shannon, Social Equality and the Mobilization of the Law, Sociology Compass 2011, 949–956.

Preis, Ulrich, Prinzipien des Kündigungsrechts bei Arbeitsverhältnissen, 2. Auflage, Baden-Baden 2022, ISBN 9783748930181.

Preis, Ulrich / Schulze, Judith, Die Reform des Nachweisgesetzes, NJW 2022, 2297–2301.

Price, Rohan, The Employment Laws of Hong Kong and China, New York City 2009, ISBN 9789888016815.

Prütting, Hanns, Schlichten statt Richten?, JZ 1985, 261–271.

Pyper, Doug / McGuinness, Feargal / Brown, Jennifer, Employment tribunal fees-House of Common Briefing Paper Number 7081 v. 18.12.2017, abrufbar: https://t1p.de/hk5qd (zuletzt abgerufen: 12.06.2023).

Rabello, Alfredo Mordechai, Non Liquet: From Modern Law to Roman Law, Ann. Surv. Int'l & Comp. L. 2004, 1–26.

Rasnača, Zane, Special issue introduction: Collective redress for the enforcement of labour law, ELLJ 2021, 405–414.

Rehman, Ubaid-Ur, Civil Court Structure in Hong Kong, in: *Chan, Peter C.H. / van Rhee, Remco* (Ed.), Civil Case Management in the Twenty-First Century, Singapur 2021, S. 79–93, ISBN 9789813345126 [zitiert als: *Rehman*, in: Civil Case Management in the Twenty-First Century].

Rehwald, Rainer, Weniger Kündigungsschutz gleich mehr Beschäftigung? – Die Gewerkschaftssicht, Sonderbeilage NZA Heft 21/2003, S. 46–47.

Reinecke, Gerhard, Verbandsklage auch im Arbeitsrecht?, jurisPR-ArbR 49/2021 Anm. 1.

Reyes, Anselmo / Lui, Wilson, The Use of Conciliation and Litigation by the Hong Kong Equal Opportunities Commission (EOC), in: Reyes, Anselmo / Gu, Weixia (Ed.), Multi-Tier Approaches to the Resolution of International Disputes, Cambridge 2021, S. 232–268, ISBN 9781108854306 [zitiert als: *Reyes/Lui,* in: Multi Tier Approaches to the Resolution of International Disputes].

Rhode, Deborah L., Whatever Happened to Access to Justice, Loy. L.A.L. Rev. 2009, S. 869–911.

Ribeiro, Roberto Alexandre Vieira, The Law and Practice of the Labour Tribunal – Part I, HKLJ 1978, S. 5–42.

Ribeiro, Roberto Alexandre Vieira, The Law and Practice of the Labour Tribunal – Part II, HKLJ 1978, S. 174–204.

Ribeiro, Roberto Alexandre Vieira, The Law and Practice of the Labour Tribunal – Part III, HKLJ 1978, 308–343.

Rieble, Volker, Arbeitsmarkt und Wettbewerb, Berlin/Heidelberg/New York 1996, ISBN 9783642802539.

Riordan, Primrose / Liu, Nicolle, Hong Kong pro-Beijing legislators intervene in judicial appointment, in: Financial Times v. 23.06.2021, abrufbar: https://t1p.de/eb8kt (zuletzt abgerufen: 12.06.2023) [zitiert als: *Riordan/ Liu,* in: Financial Times v. 23.06.2021].

Risak, Martin, Mediation arbeitsrechtlicher Konflikte, pm 2013, 240–244.

Risak, Martin, Tendenzen zur Individualisierung der Rechtsdurchsetzung im Arbeitsrecht – Dargestellt am Einsatz von Mediation, juridikum 2014, 98–108.

ROLAND-Gruppe/Institut für Demoskopie Allensbach, ROLAND-Rechtsreport 2022, Köln 2022, abrufbar: https://t1p.de/q7xrg (zuletzt abgerufen: 12.06.2023).

ROLAND-Gruppe/Institut für Demoskopie Allensbach, ROLAND-Rechtsreport 2023, Köln 2023, abrufbar: https://t1p.de/rvsoq (zuletzt abgerufen: 12.06.2023).

Rosenbloom, David H. / Hui, Glenn Kwok-hung / Leung, Wing Lin, The Equal Opportunities Commission and the Courts in Hong Kong: A Partnership Model?, JoWIoChinaS 2011, Nr. 2, 22–47.

Rottleuthner, Hubert, Prozessflut und Prozessebbe – Fragen und Forschungsbedarf, in: *Höland, Armin / Meller-Hannich, Caroline* (Hrsg.), Nichts zu klagen? Der Rückgang der Klageeingangszahlen in der Justiz – Mögliche Ursachen und Folgen, Baden-Baden 2016, S. 100–122, ISBN 9783848732289 [zitiert als: *Rottleuthner,* in: Nichts zu klagen?].

Rouas, Virginie, Achieving Access to Justice in a Business and Human Rights Context – An Assessment of Litigation and Regulatory Responses in European Civil-Law Countries, London 2022, ISBN 9781911507185 [zitiert als: *Rouas*, Achieving Access to Justice in a Business and Human Rights Context].

Sandefur, Rebecca L., Access to Civil Justice and Race, Class, and Gender Inequality, ARoS 2008, 339–358.

Sandefur, Rebecca L., Access to What?, Dædalus 2019, 49–55.

Sandefur, Rebecca L., What We Know and Need to Know about the Legal Needs of the Public, S.C.L. Rev 2016, 443–459.

Schaub, Günter (Begr.), Arbeitsrechts-Handbuch, 19. Auflage, München 2021, ISBN 9783406770005 [zitiert als: *Bearbeiter*, in: Schaub-ArbRHdb].

Schillen, Philip / Apitzsch, Birgit / Rehder, Britta / Vogel, Berthold, Zivilgesellschaftliche Beratung und digitale Rechtsdienstleistungen – alte und neue Anwälte schwacher Interessen?, WSI-Mitteilungen 2022, 29–36.

Schwab, Norbert / Weth, Stephan (Hrsg.), Arbeitsgerichtsgesetz Kommentar, 6. Auflage, Köln 2022, ISBN 9783504426828 [zitiert als: *Bearbeiter*, in: Schwab/Weth ArbGG].

Schweizer, Mark, Beweiswürdigung und Beweismaß, Tübingen 2015, ISBN 9783161536427.

Schymik, Claudia, Verhandeln vor dem Arbeitsgericht – Über Verhandlungsstrategien in Kündigungsschutzverfahren am Beispiel von Abfindungsverhandlungen, in ZKM 2023, 61–63.

Shackleton, John R., Employment Tribunals – Their Growth and the Case for Radical Reform, London 2002, ISBN 9780255365154 [zitiert als: *Shackleton*, Employment Tribunals].

Sinn, Elizabeth, Kowloon Walled City: Its Origin and Early History, J. R. Asiat. 1987, 30–45.

Sinzheimer, Hugo, Grundzüge des Arbeitsrechts – Eine Einführung, 2. Auflage, Jena 1927 [zitiert als: *Sinzheimer*, Grundzüge des Arbeitsrechts].

Smith, Ian / Baker, Aaron / Warnock, Owen, Smith & Wood's Employment Law, 15. Auflage, Oxford 2021, ISBN 9780198868538.

Tai, Yiu-ting Benny, Hong Kong-Maintaining a common law legal system in a non-Western culture, in: *Black, Ann / Bell, Gary F.* (Ed.), Law and Legal Institutions of Asia-Traditions, Adaptations and Innovations, Cambridge 2011, S. 62–90, ISBN 9780511921131 [zitiert als: *Tai*, in: Law and Legal Institutions in Asia].

The Annotated Ordinances of Hong Kong – Employment Ordinance, *Downey*, *Michael J.* (Ed.), (Loseblattsammlung) Stand 03.2023, ISBN 9789628105014 [zitiert als: *Bearbeiter*, in: AO – EO]

The Annotated Ordinances of Hong Kong – Labour Tribunal Ordinance, *Lee, Connie* (Ed.), (Loseblattsammlung) Stand 03.2023, ISBN 9789628105014 [zitiert als: Bearbeiter, in: AO – LTO].

Tillmanns, Kerstin, Nachweis von Arbeitsbedingungen, in: *Schlachter, Monika / Heinig, Hans Michael* (Hrsg.), Europäisches Arbeits- und Sozialrecht, 2. Auflage, Baden-Baden 2021, S. 833–844, ISBN 9783848764716 [zitiert als: *Tillmanns*, in: Europäisches Arbeits- und Sozialrecht].

Tonner, Klaus, Vollzugsdefizite im Verbraucherrecht – Der Befund, in: *Tobias / Willburger, Andreas / Bietz, Sabine* (Hrsg.), Verbraucherrechtsvollzug – Zugang der Verbraucher zum Recht, Baden-Baden 2020, S. 17–34, ISBN 9783848766338 [zitiert als: *Tonner*, in: Verbraucherrechtsvollzug].

Tröger, Beatrix / Roß-Kirsch, Nadja, Arbeitsrecht in Großbritannien – Praxisrelevante Regelungen und Unterschiede zur deutschen Rechtslage, 2. Auflage, Wiesbaden 2016, ISBN 9783658103361 [zitiert als: *Tröger/Roß-Kirsch*, Arbeitsrecht in Großbritannien].

Trubek, David M. / Grossman, Joel B. / Felstiner, William L. F. / Kritzer, Herbert M. / Sarat, Austin, Civil Litigation Research Project: Final Report – Vol. I Studying the Civil Litigation Process: The CLRP Experience, Winsconsin 1983, abrufbar: https://t1p.de/ywd9w (zuletzt abgerufen: 12.06.2023) [zitiert als: *Trubek* et al., Civil Litigation Research Project].

Tschöpe, Ulrich (Hrsg.), Arbeitsrecht Handbuch, 12. Auflage, Köln 2021, ISBN 9783504386887 [*Bearbeiter*, in: Tschöpe ArbR Hdb].

Váradi, Ágnes, Verfahrenshilfe im Zivilprozess – Die Prozesskostenhilfe im deutsch-ungarischen Rechtsvergleich, Hamburg 2014, ISBN 9783830076988 [zitiert als: *Váradi*, Verfahrenshilfe im Zivilprozess].

Walsh, Pattie / Smith, Alison / Wong, Winnie, Survival in the Labour Tribunal, ChinaStaff 2009, Issue 3, 43–47.

Weber, Klaus (Hrsg.), Rechtswörterbuch, 30. Edition 2023, ISBN 9783406775727 [zitiert als: *Bearbeiter*, in: Rechtswörterbuch].

Weyrich, Katharina, Wird der Zugang zum Recht durch sozialrechtliche Beratung erleichtert? – Erste empirische Befunde, in: *Druschel, Julia / Goldbach, Nikolaus / Paulmann, Franziska / Vestena, Carolina* (Hrsg.), Interdisziplinäre Perspektiven auf Soziale Menschenrechte – Fachtagung des Promotionskollegs Soziale Menschenrechte am 11./12. April 2019, Baden-Baden 2020, S. 275–296 [zitiert als: *Weyrichin*, in: Interdisziplinäre Perspektiven auf Soziale Menschenrechte].

Wieg, Florian, Diskussionsbericht, Panel 1, in: RdA 2019, 109–110.

William, Laura / Vandekerckhove, Wim, Fairly and Justly? – Are Employment Tribunals able to even out Whistleblowing Power Imbalances?, JBE 2023, 365–376.

Wintour, Patrick, Hong Kong judicial independence under systematic attack, legal figures warn, in: The Guardian v. 26.05.2022, abrufbar: https://t1p.de/k29lf

(zuletzt abgerufen: 12.06.2023) [zitiert als: Wintour, in: The Guardian v. 26.05.2022].

Wong, Wai Cheuk, Should the law on labour protection for "gig workers" in Hong Kong be reformed? If so, why and how? If not, why not?, Law Reform Committee, Essay Competition, Essay No. 6, Hongkong 2022, abrufbar: https://t1p.de/j77qk (zuletzt abgerufen: 12.06.2023) [zitiert als: *Wong*, Should the law on labour protection for "gig workers" in Hong Kong be reformed?].

Wong, Yue Chim Richard, Fixing Inequality in Hong Kong, Hongkong 2017, ISBN 9789888390670.

Working Party on the Review of the Labour Tribunal, Report of Working Party on Review of the Labour Tribunal – LC Paper No. CB(2)3033/03-04(01), Hongkong 2004, abrufbar: https://t1p.de/2dfc7 (zuletzt abgerufen: 12.06.2023) [zitiert als: *Working Party on the Review of the Labour Tribunal*, Report of Working Party – LC Paper No. CB(2)3033/03-04(01)] zuletzt abgerufen: 30.05.2023.

World Justice Project, Findings from the World Justice Project General Population Poll in 101 Countries – Global Insights on Access to Justice, Washington 2019, abrufbar: https://t1p.de/zddu1 (zuletzt abgerufen: 12.06.2023) [zitiert als: World Justice Project, Global Insights on Access to Justice].

Wrase, Michael / Behr, Johanna / Günther, Philipp / Mobers, Lena / Stegemann, Tim / Thies, Leonie, Zugang zum Recht in Berlin – Zwischenbericht explorative Phase, Berlin 2022, abrufbar: https://t1p.de/cw52l (zuletzt abgerufen: 12.06.2023) [zitiert als: *Wrase* et al., Zugang zum Recht in Berlin].

Wrase, Michael / Thies, Leonie / Behr, Johanna / Stegemann, Tim, Gleicher Zugang zum Recht. (Menschen-)Rechtlicher Anspruch und Wirklichkeit, APuZ 2021, 48–54.

Yeung, Matthew W. L. / Leung, Janny H. C., "You have to teach the judge what to do": Semiotic gaps between unrepresented litigants and the common law, Semiotica 2017, 363–381.

Yeung, Matthew W. L. / Leung, Janny H. C., Litigating without speaking legalese: the case of unrepresented litigants in Hong Kong, Int. J. Speech Lang. Law 2019, 231–256.

Yeung, Matthew W. L. / Leung, Janny H. C., Removing Linguistic Barriers to Justice: A Study of Official Reference Texts for Unrepresented Litigants in Hong Kong, IJSoL 2013, 135–153.

Yiu, Pak / Pang, Jessie, Hong Kong trade union disbands as impact of security law deepens, in: Reuters v. 03.10.2021, abrufbar: https://t1p.de/yw2il (zuletzt abgerufen: 12.06.2023) [zitiert als: Yiu/Pang, Hong Kong trade union disbands as impact of security law deepens].

Yiu, Pak, Hong Kong opposition trade union group to disband, in: Reuters v. 19.09.2021, abrufbar: https://t1p.de/qw00h (zuletzt abgerufen: 12.06.2023) [zitiert als: *Yiu,* in: Reuters v. 19.09.2021].

Yuan, Dang, Chinas Autokraten beenden die Demokratie in Hongkong, in: Deutsche Welle v. 11.03.2021, abrufbar: https://t1p.de/w3ols (zuletzt abgerufen: 12.06.2023) [zitiert als: *Yuan,* in: Deutsche Welle v. 11.03.2021].

Žižek, Slavoj, Superego by Default, Cardozo L. Rev. 1995, 925–942.

Žižek, Slavoj, The Sublime Object of Ideology, 2. Auflage, London/New York 2009, ISBN 9781844673001.

Zou, Mimi / Leun, Kelly, Regulating Working Hours in Hong Kong: Towards Temporal Autonomy, HKLJ 2019, 1–28.

Zülich, Jan, Anspruch auf Anpassung der Betriebsrente ehemaliger Volksfürsorge-Mitarbeiter durch die Generali, in: anwalt.de v. 09.04.2021, abrufbar: https://t1p.de/x0lkg (zuletzt abgerufen: 12.06.2023) [zitiert als: Zülich, in: anwalt.de v. 09.04.2021].

Schriften zum Arbeitsrecht und Wirtschaftsrecht

Herausgegeben von Abbo Junker

Band	1	Christoph-N. Lerche: Der Europäische Betriebsrat und der deutsche Wirtschaftsausschuß. Eine vergleichende Analyse der betrieblichen Mitwirkung der Arbeitnehmer vor dem Hintergrund der Globalisierung der Märkte. 1997.
Band	2	Christian Walter Mecke: Zur rechtlichen Verbindlichkeit kollektiver Vereinbarungen in England. 1997.
Band	3	Katja Francke: Die betriebliche Mitwirkung der Arbeitnehmer in Belgien. Unter Berücksichtigung vergleichender Aspekte zum deutschen Betriebsverfassungsrecht. 1997.
Band	4	Christian Schulze: Die Zulässigkeit einstweiliger Verfügungen gegen Betriebsänderungen. 1998.
Band	5	Stefan Miersch: Die Rechtsfolgen mitbestimmungswidriger Maßnahmen für das Arbeitsverhältnis. Eine zivilrechtsdogmatische Untersuchung. 1998.
Band	6	Heike Wegner: Internationaler Verbraucherschutz beim Abschluß von Timesharing-verträgen: § 8 Teilzeitwohnrechtegesetz. 1998.
Band	7	Julia Wichmann: Dienstleistungsfreiheit und grenzüberschreitende Entsendung von Arbeitnehmern. 1998.
Band	8	Johann-Volker Peter: Société par actions simplifiée (S.A.S.). Die Vereinfachte Aktiengesellschaft in Frankreich, eine Rechtsform für die Kooperation von Unternehmen. 1999.
Band	9	Sylvia Schnelle: Der Europäische Betriebsrat in Spanien. Zugleich eine Einführung in das spanische Recht der Arbeitnehmervertretung. 1999.
Band	10	Viktoria Bornhagen: Die Zumutbarkeit als Rechtsgedanke im Arbeitsrecht. 1999.
Band	11	Thorsten Schacht: Der Übereilungsschutz beim arbeitsrechtlichen Aufhebungsvertrag. Arbeitnehmerschutz bereits de lege lata? 2000.
Band	12	Marcus Hellmann: Immobilienkauf nach spanischem Recht. 1999.
Band	13	Nicolaus Johannes Ehinger: Die juristischen Personen des öffentlichen Rechts als herrschende Unternehmen. 2000.
Band	14	Alexander Lentz: Das kollektive Arbeitsrecht der Republik Südafrika. Eine Untersuchung mit Bezügen zum deutschen Recht. 2000.
Band	15	Michaela Brunssen: Der Arbeitgeberverbandswechsel. Tarifrechtliche und arbeitskampfrechtliche Konsequenzen. 2000.
Band	16	Morten Petersenn: Das Recht des Grundstückskaufs in Südafrika. 2000.
Band	17	Stefan Krüger: Die umwandlungsrechtliche Haftungsregelung bei der Betriebsaufspaltung und ihre Analogiefähigkeit. 2001.
Band	18	Jürgen Kitzinger: Der GmbH-Geschäftsführer zwischen Arbeits- und Gesellschaftsrecht. Im Blickpunkt: Zuständigkeit der Arbeitsgerichte. 2001.

Band 19 Anja Ruge: Die Lohnersatzansprüche ehemaliger Zwangsarbeiter gegen deutsche Industrieunternehmen. 2001.

Band 20 Michael Knoll: Die Sozialauswahl im Arbeitsrecht. 2001.

Band 21 Britta Albrecht: Mediation im Arbeitsrecht. Individualarbeitsrecht und Betriebsverfassungsrecht. 2001.

Band 22 Annusch Barten: Das System der Arbeitnehmervertretung in Frankreich. 2001.

Band 23 Diane Westera: Der Wiedereinstellungsanspruch nach wirksamer Kündigung. 2001.

Band 24 Kristin Doerlich: Die Tariffähigkeit der Gewerkschaft. Eine Analyse der Mächtigkeitsrechtsprechung des Bundesarbeitsgerichts im Lichte neuerer Erfahrungen. 2002.

Band 25 Tina Witten: Vertragsgestaltung und Gesetzesbindung im Recht der Zeitarbeit. 2002.

Band 26 Martin Hellfeier: Die Leistungszeit im Arbeitsverhältnis. Eine Untersuchung zum Fixschuldcharakter der Arbeitspflicht und zu den Folgen ihrer Nichterfüllung. 2003.

Band 27 Almut Maulshagen: Betriebliche Arbeitskampfregelungen. 2003.

Band 28 Maren Band: Tarifkonkurrenz, Tarifpluralität und der Grundsatz der Tarifeinheit. 2003.

Band 29 Manuela Schulz: Der Bereitschaftsdienst in öffentlich-rechtlich organisierten Krankenhäusern. Eine rechtliche Bewertung. 2003.

Band 30 Felix Benedikt: Die Kürzung von Tariflöhnen zur Sanierung. Eine verfassungskonforme Auslegung des § 3 III TVG entsprechend § 626 BGB. 2003.

Band 31 Tim Kaden: Individuelle Bündnisse für Arbeit und Günstigkeitsprinzip. 2003.

Band 32 Simone Kreiling: Die Erstreckung betrieblicher und betriebsverfassungsrechtlicher Tarifnormen auf Außenseiter. 2004.

Band 33 Carsten Beck: Betriebliche Mitbestimmung und Kündigungsschutz. Die Funktionen betrieblicher Mitbestimmung im und deren Einfluß auf den Kündigungsschutz nach dem KSchG. 2004.

Band 34 Jost Eder: Die Regelungsabrede als Alternative zur Betriebsvereinbarung bei der Gestaltung materieller Arbeitsbedingungen. 2004.

Band 35 Christian Pfab: Wirkungsweise und Reichweite tarifvertraglicher Öffnungsklauseln. 2004.

Band 36 Julia Amlang: Die unternehmerische Entscheidungsfreiheit bei „betriebsbedingten Kündigungen" im europäischen Rechtsvergleich. Kündigung aus wirtschaftlichen Gründen in Deutschland, Frankreich, Spanien, Großbritannien und Schweden. 2005.

Band 37 Alida Milthaler: Das Fragerecht des Arbeitgebers nach den Vorstrafen des Bewerbers. 2006.

Band 38 Doreen Peter: Nebentätigkeiten von Arbeitnehmern. Interessenkollisionen von Arbeitgebern und Arbeitnehmern. 2006.

Band 39 Julia V. C. Bartlog: Das Verhältnis von Gesetz und Tarifvertrag. 2006.

Band 40 Michael Fuhlrott: Der geschädigte Arbeitnehmer. Zur Verfassungsmäßigkeit des Ausschlusses von Schmerzensgeld in der Unfallversicherung sowie zur Herleitung der Haftung bei Eigenschäden im Hinblick auf das Verschuldensprinzip. 2006.

Band 41 Femke Reinecke: Leistungsbestimmung des Arbeitnehmers. 2006.

Band 42 Maria M. Bausback: Der Bestandsschutz des Arbeitsverhältnisses auf europäischer und internationaler Ebene. Entwicklungen vom Mittelalter bis zur Gegenwart. Teil 1 / Teil 2. 2007.

Band 43 Jens Günther: AGB-Kontrolle von Arbeitsverträgen. Analyse der deutschen Rechtslage nach der Schuldrechtsreform und vergleichende Betrachtung des österreichischen Kontrollsystems. 2007.

Band 44 Claudiana Triskatis: Ethikrichtlinien im Arbeitsrecht. 2008.

Band 45 Annette Bruder: Die Weitergabe von Insiderinformationen durch Arbeitnehmervertreter. 2008.

Band 46 Ute Dietrich: Nichtraucherschutz am Arbeitsplatz. 2008.

Band 47 Markus Ebert: Übertragung und Zuordnung von Versorgungsverpflichtungen gegenüber Arbeitnehmern im Rahmen einer umwandlungsrechtlichen Spaltung. 2008.

Band 48 Susanne Schneider: Broad-based Black Economic Empowerment in der Republik Südafrika. 2008.

Band 49 Mandy Reichel: Die Einbeziehung des Außenseiter-Arbeitgebers in den Verbandsarbeitskampf. 2008.

Band 50 Abbo Junker (Hrsg.): Betriebsübergang in Europa. Symposion aus Anlass des 10-jährigen Bestehens der Schriften zum Arbeitsrecht und Wirtschaftsrecht am 10.10.2008 in München. 2009.

Band 51 Till Bender: Vorschläge zur Neuordnung des Sonderkündigungsschutzes nach MuSchG und SGB IX. 2009.

Band 52 Manuela Rauch: Die geschlechtsbezogene Diskriminierung am Arbeitsplatz nach kalifornischem Recht. 2009.

Band 53 Tina Luise Allenberg: Das französische règlement intérieur d'entreprise. Die Arbeitsordnung im französischen Arbeitsrecht. 2009.

Band 54 Bernd Haas: Anwaltliches Mandatsverhältnis zum Betriebsrat. 2009.

Band 55 Martin Fröhlich: Die erweiterte Weisungsbefugnis des Arbeitgebers im spanischen Recht. 2009.

Band 56 Stefanie Lorenzen: Inhaltskontrolle beim Betriebsübergang. Die Anpassung tariflicher Arbeitnehmerpflichten nach Privatisierungen. 2009.

Band 57 Oliver E. Aldea: Das französische Kündigungsrecht im Spannungsfeld von Abfindungen und Bestandsschutz. 2010.

Band 58 Wolfgang Stock: Die Einsetzung einer Transfergesellschaft. Unter besonderer Berücksichtigung betriebsverfassungs- und arbeitsförderungsrechtlicher Vorgaben. 2010.

Band 59 Claudia Hagedorn: Zulässigkeit und Grenzen von Tarifsozialplänen. 2010.

Band 60 Daniela Quink: Inhaltskontrolle von Freiwilligkeitsvorbehalten in Arbeitsverträgen. 2010.

Band 61 Kathrin Kentner: Arbeitskampfmittel der Arbeitgeber. 2010.

Band 62 Angela Nunes Fernandes Gil Wolf: Arbeitnehmereinsatz im Ausland. Das auf doppelte Arbeitsverhältnisse anwendbare Recht am Beispiel der Vertragsgestaltung eines internationalen Konzerns. 2010.

Band 63 Annemarie Berthold: Whistleblowing in der Rechtsprechung des Bundesarbeitsgerichts. 2010.

Band 64 Malte Koch: Die Beteiligung von Arbeitnehmervertretern an Aufsichtsrats- und Verwaltungs-ratsausschüssen einer Europäischen Aktiengesellschaft. 2011.

Band 65 Agnes Maria Kollerbaur: Die französische Arbeitsinspektion. Eine Untersuchung unter besonderer Berücksichtigung ihrer Rolle bei Kündigungen. 2011.

Band 66 Marcus Christian Leinenweber: Landesschlichtungsgesetze? 2011.

Band 67 Frederike Cathérine Gärtner: Die gesetzliche Regulierung von Bahnstreiks in Frankreich. Arbeitskampf vs. Kontinuität öffentlicher Dienstleistungen. 2011.

Band 68 Carolin van Straelen: Der Rollenkonflikt des Arbeitnehmervertreters zwischen Betriebsratsmitglied und Gewerkschaftsfunktionär. 2012.

Band 69 Anna Maria Jordan: Entgeltdiskriminierung in Frauenberufen? 2012.

Band 70 Dominic Köstner: Compliance-Richtlinien im Unternehmen. Arbeits- und datenschutzrechtliche Implementierungsaspekte. 2012.

Band 71 Michael Kobler: Fremdeinflüsse auf die tarifliche Willensbildung. 2012.

Band 72 Anne Kraas: Zulässigkeit und Grenzen der arbeitsvertraglichen Entgeltflexibilisierung. 2012.

Band 73 Melanie Amann: Die Belegschaftsabstimmung. 2012.

Band 74 Christina Mennemeyer: „Dritter Weg" und rechtliche Grenzen der Flexibilisierung des Arbeitsrechts der katholischen Kirche. 2012.

Band 75 Joël Philipp Hofmann: Rechtsmissbrauch und Verwirkung bei Widerspruch gegen den Übergang des Arbeitsverhältnisses nach § 613a BGB. 2013.

Band 76 Jennifer Junker: Das Recht der Arbeitnehmerüberlassung in Japan. 2013.

Band 77 Gabriele Geiselhart: Tarifliche Regelungsmacht bei Haustarifverträgen und Unternehmerfreiheit. Dargestellt am Beispiel von Standortgarantien und Zeitarbeitsquoten. 2013.

Band 78 Lorenz Sylvester Mitterer: AGB-Korrektur in Dauer- und Langzeitschuldverhältnissen. 2013.

Band 79 Janina Morgenweck: Die Arbeitsgerichtsbarkeit in England. 2013.

Band 80 Christoph B. Kistler: Die Rechtmäßigkeit von Spartenstreiks. Alte Kriterien in neuem Licht. 2013.

Band 81 Julia Strasser: Die Haftung bei Lohnwucher im Arbeitsrecht der USA. 2014.

Band 82 Stephanie Amschler: Constructive dismissal. Fingierte Arbeitgeberkündigung im englischen Kündigungsschutzrecht. 2014.

Band 83 Felix Berding: Die Urabstimmung im britischen Arbeitskampfrecht im Licht der EMRK. 2014.

Band 84 Christine Kumpf: Multinationalität der SE-Mitbestimmungsordnung. 2014.

Band 85 Florian Schiffer: Der Leistungsmaßstab im Arbeitsverhältnis. 2014.

Band 86 Stefan Hoffmann: Unterrichtungspflicht und Widerspruchsrecht bei Betriebsübergang gemäß § 613a Abs. 5 und 6 BGB – Grenzen, weitere aktuelle Rechtsprobleme und Strategien zur Risikominimierung. 2015.

Band 87 Marie-Theres Boetzkes: Die Konzernmutter als Mitarbeitgeberin im französischen Recht. 2015.

Band 88 Ines Kranz: Landesarbeitskampfgesetze? 2015.

Band 89 Hendrik Schulte-Wrede: Die Beteiligung der Arbeitnehmer in der Europäischen Privatgesellschaft - SPE. 2015.

Band 90 Kathrin Charlotte Enke: Beteiligungsvereinbarungen nach § 21 SEBG. 2015.

Band 91 Tom Christopher Pröstler: Modelle betrieblicher Arbeitnehmerbeteiligung. Ein historisch-europäischer Rechtsvergleich zwischen Deutschland und dem Vereinigten Königreich. 2015.

Band 92 Achim Engel: Collective Governance in Tarifverbänden. 2015.

Band 93 Michaela Felisiak: Regulierungsbedarf grenzüberschreitender Betriebsübergänge. Zweifel an der grenzüberschreitenden Anwendbarkeit des § 613a BGB. (Urteil des BAG vom 26. Mai 2011). 2015.

Band 94 Robert Cornelius Richard: Inhaltliche Grenzen des Zeugnisanspruchs des Arbeitnehmers. 2015.

Band 95 Martina Reiser: Umgehung des § 613a BGB durch Aufhebungsvereinbarung und Neu-vertrag. 2015.

Band 96 Peter Illes: Das betriebsverfassungsrechtliche Verbot parteipolitischer Betätigung im Betrieb. 2016.

Band 97 Marc Bohlen: Die arbeitsvertragliche Befristung mittels eines gerichtlichen Vergleichs. 2016.

Band 98 Reimo Robin Richarz: Insolvenzrechtliche Einordnung von Ansprüchen des Arbeitnehmers. 2016.

Band 99 Christine Hepp: Mutterschutz für GmbH-Geschäftsführerinnen. Rechtslage de lege lata im Lichte verfassungsrechtlicher und europäischer Vorgaben. 2016.

Band 100 Sabrina Susanna Pechtold: Anerkennung von Gewerkschaften als Tarifvertragspartner in Großbritannien. 2016.

Band 101 Charlotte Sander: Die Zerrüttung des Arbeitsverhältnisses. Die Stellung der gerichtlichen Auflösung des Arbeitsverhältnisses gemäß §§ 9, 10 KSchG im System des Kündigungs-schutzrechts. 2016.

Band 102 Tilmann Restle: Betriebsvereinbarungen und das Kartellverbot des Art. 101 Abs. 1 AEUV. Zur Anwendbarkeit der Albany-Ausnahme des EuGH auf Betriebsvereinbarungen im Sinne des BetrVG. 2016.

Band 103 Antje Hirsch-Hottes: Arbeitnehmerüberlassung aus vertragsrechtlicher Perspektive. 2017.

Band 104 Florian Hertenstein: Die schuldrechtliche Regelungsbefugnis der Tarifvertragsparteien. Unter besonderer Berücksichtigung schuldrechtlicher Verpflichtungen des Arbeitgebers zu einem unternehmerischen Verhalten. 2017.

Band 105 Eva Susanne Felisa Frey: Kündigungsschutz im portugiesischen Arbeitsrecht. 2018.

Band 106 Katrin Maily: Vergütung der Arbeitnehmervertreter. Governanceprobleme bei Doppelmandaten. 2019.

Band 107 Lea Sophie Grohmann: Mitbestimmungsvereitelung nach § 43 SEBG. 2020.

Band 108 Christina Meyer: Arbeitsrechtliche Streitbeilegung in Australien. 2020.

Band 109 Sarah Schimm: Arbeitgeberfluktuation. 2020.

Band 110 Miriam Engler: Entgeltgleichheit zwischen Männern und Frauen im französischen Arbeitsrecht. 2021.

Band 111 Andreas Schöberle: Der Streik im mexikanischen Arbeitsrecht. 2022.

Band 112 Philipp Bienstein: Die Auswirkungen des Tarifeinheitsgesetzes auf Betriebsübergänge und Unternehmensumstrukturierungen. 2023.

Band 113 Sarah Häußinger: Die TUPE Regulations: Betriebsübergang in Großbritannien. 2024.

Band 114 Monika Flößer: Die französischen Conseils de Prud'hommes. 2023.

Band 115 Thomas Ittner: Der Zugang der Arbeitnehmer zum Recht. 2024

www.peterlang.com

www.ingramcontent.com/pod-product-compliance
Ingram Content Group UK Ltd.
Pitfield, Milton Keynes, MK11 3LW, UK
UKHW021850290926
8980IPUK00005B/741